혁명의 여신들

혁명의 여신들

혁명의 여신들

역사를 바꾼 10명의 여인들

정명섭 · 박지선 지음

초판 1쇄 인쇄   2010. 7. 30.
초판 1쇄 발행   2010. 8. 10.

발행인   김은정
발행처   도서출판 책우리
출판등록   2009. 3. 3.   제 318-2009-000033호
주소   경기도 파주시 교하읍 문발리 파주출판문화정보산업단지 535-7 202호
대표전화   02) 733-7064
편집부   02) 733-7064
팩시밀리   02) 733-7065
ISBN   978-89-93975-04-8 03900

E-mail. jong7068@naver.com

역사를 바꾼 10명의 여인들

혁명의 여신들

Women of Revolution

정명섭 · 박지선 지음

책
우리

우리는 세상이라는 감옥에 갇혀 살고 있다. 매달 받는 월급봉투와 진급, 그리고 성공이라는 보이지 않는 쇠창살에 갇힌 채, 아니 갇혀 있는지조차 모른 채 말이다. 어린 시절의 호기심과 젊은 시절의 혈기 왕성함이 사라진 자리에는 어쩔 수 없다는 자조 섞인 체념이 자리 잡는다. 그리고 어느덧 변화와 도전을 두려워하게 된다. 그냥 놔두면 잘 굴러간다는, 시간이 지날수록 나아진다는 환상을 껍질삼아서 말이다.

하지만 한 번만 뒤돌아보면 생각지도 못한 진실과 마주칠 것이다. 우리가 지금 당연하다는 듯 누리고 있는 대부분의 권리가 어떻게 주어졌는지 말이다. 성인이 되면 누구나 다 행사할 수 있는 투표권을 성취하기 위해 얼마나 많은 피가 흘렀는지 상상조차 못할 것이다. 피부색과 인종, 그리고 종교에 따른 차별을 없애기 위해 죽음이라는 강물 속으로 얼마나 많은 목숨들이 사라졌는지 안다면 분명 어이가 없을 것이다. 10시간이 넘는 노동시간을 줄이기 위해 많은 노동자들이 목숨을 건 데모에 나섰다. 우리 역시 불과 25년 전만 해도 군부독재를 타도하고 대통령을 직접 뽑겠다는 주장을 하면 죽음을 각오해야만 했던 시대를 살았다. 시간이라는 괴물은 기억을 집어삼킨다.

하지만 그 괴물조차 먹어치우지 못하는 것들이 있다.

1913년 영국의 엡섬 더비Epsom Derby가 열리던 경마장에 한 여인이 뛰어든다. 선두를 달리던 여왕의 경주마와 충돌한 여인은 그대로 쓰러지고 만다. 말과 충돌한 여인은 사경을 헤매다 사흘 후 숨을 거둔다. 말과 기수 역시 크게 다치고 말았다. 어느 미치광이 여인의 소행이었을까? 달리는 말 앞에 몸을 날린 여인은 에밀리 데이비슨Emily Davison이라는 과격파 여성 참정권자였다. 그녀는 여성에게도 참정권을 부여해달라는 주장을 알리기 위해 사람들의 이목이 집중된 경마장에 뛰어든 것이다.

하지만 그 사건을 접한 영국인들은 그녀가 목숨을 내던지면서까지 주장했던 여성 참정권보다는 여왕이 참석한 경마를 훼방한 것과 기수와 말이 다쳤다는 사실에만 관심을 두었다. 목표를 이루기 위해 목숨까지 내던진 그녀에게는 미치광이 혹은 광신도라는 손가락질만이 남았다. 그렇지만 에밀리 데이비슨이 달리는 말 앞에 뛰어들지 않았다면 대다수의 영국 남성들은 여성에게 참정권을 줘야한다는 것에 대해서 단 1초도 생각하지 않았을 것이다.

그녀가 목숨을 내던지면서까지 쟁취하려고 했던 참정권이 영국 여성들에게 주어지기까지는 그 후로도 15년이라는 시간이 더 걸렸다. 에밀리나 그녀의 동료들이 살아 있다면 오늘날 투표를 하지 않는 것도 권리라고 말하는 사람들을 어떤 심정으로 바라볼까? 투표를 하지 않는 것조차 자연스럽게 여겨지는 이 세상을 만들기 위해서 피와 눈물을 뿌렸던 사람들이 존재한다는 사실을 기억하는 건 현대인들이 과거인들에게 진 빚이다.

세상은 점점 더 좋아지고 있다. 수천 년 전에 비해서 더 풍요롭게 살고 있고, 수백 년 전에 비해서 더 진보했고, 수십 년 전에 비해서 좀 더 인간답게 살고 있다. 하지만 당대 대다수의 사람들로부터 시끄럽고, 무례하며, 천박하다는 평을 받은 소수의 열정이 없었다면 온전히 주어지지는 않았을 것이다. 끊임없이 도전하는 게 인간이 본능이라면 가로막는 것을 넘어서는 것이 혁명가들의 운명이었다. 그리고 그런 운명들이 하나 둘씩 모여서 지금 우리가 사는 세상을 만들었다. 어마어마한 양의 피와 눈물이 농축된 권리라는 물방울들이 모여서 말이다.

제 어머니가 제게 남겨주셨던 가훈은 "야! 이놈아, 모난 돌이 정 맞는다. 계란으로 바위치기다. 바람 부는 대로 물결치는 대로 눈치 보며 살아라."였습니다. 80년대 시위하다가 감옥에 간 우리의 정의롭고 혈기 넘치는 우리 젊은 아이들에게 그 어머니들이 간곡히, 간곡히 타일렀던 그들의 가훈 역시 "야! 이놈아. 계란으로 바위치기다. 그만두거라. 너는 빠지거라."입니다. 이 비겁한 교훈을 가르쳐야 했던 우리 600년의 역사, 이 역사를 청산해야 합니다!

2002년 대선 출마를 선언했던 고 노무현 전 대통령의 연설문 중 일부이다. 그가 과연 이루고자 하는 꿈을 이뤘는지 혹은 실패했는지 평가하는 건 너무 성급한 일일 것이다. 확실한 건 그가 다른 대통령 출마자들과 달랐다는 점이다. 나를 대통령으로 뽑아주면 이런저런 일들을 하겠다는 공약 대신 그는 감히 대한민국을 바꿔보겠다고 나선 것이다. 어쩌면 우리가 느끼지 못했던 사이 지나친 '혁명'일지도 모르겠다. 아직도 주변에는 그의 재임기간이 유난히 시끄러웠다고 말하는 사람들이 있다. 그럴 때마다 에밀리 데이비슨이 경마장이 뛰어들어서 경마를 망쳤다고 혀를 찬 영국 신사들이 오버랩된다.

고 노무현 전 대통령이 세상을 향해 개혁과 도전을 외칠 수 있었던 것은 어렵고 힘없는 삶이 어떤 것인지 눈물 나게 겪었기 때문이었다. 풍족한 삶을 사는 기득권층 밑에 억눌린 피지배계층은 끊임없이 꿈을 꾸었다. 태어날 때부터 노예로, 혹은 비천한 자로 낙인찍힌 삶을 거부한 그들의 몸부림은 당대에는 '반역' 혹은 '난동'이라고 표현되었다. 시간이 흐른 뒤에 몇 개의 몸부림들은 '혁명'이라는 타이틀로 바꿔달았다. 노예라고 불린 자들이, 비천한 종자들이라고 경멸당한 이들이, 여성이라는 이유만으로 무시당한 이들이 역사를 향해 벌인 통쾌한 복수극이다.

여기, 세상이라는 파도를 뛰어넘은 여인들이 있다. 그녀들은 여성은 남성보다 나약하고 부족한 존재라는 인식이 당연시되던 시대에 도전했다. 투표권은 당연히 남자에게만 있어야 한다고 믿었던 시대를 뛰어넘었다. 모두들 전쟁의 광기에 취해 있을 때 과감하게 반전의 목소리를 높였다. 당대에는 시끄럽고, 불쾌하고, 심지어는 미쳤다는 평가까지 받아야만 했다.

하지만 여기에 언급되는 여인들은 그들을 탄압하거나 반대했던 이들보다 더 오랫동안 기억에 남았다. 여성이었기 때문에 남성들이 보지 못했던 세상 너머를 바라봤다. 당연시되던 불합리함에 맞서 행동했고, 남성들이 기꺼이 받아들였던 부조리한 세상에 도전했다. 기득권자들이 아무것도 없고, 가봤자 고생문이 훤히 열렸다는 감언이설을 늘어 놓은 그곳으로 말이다.

로자 룩셈부르크는 어이가 없을 정도로 불리한 조건 속에서 시작했다. 독일에서 그녀는 키 작은 절름발이 여인에 폴란드 출신의 유대인이었다. 세상이라는 무게에 짓눌려 고개조차 제대로 쳐들지 못했어야만 하지만 그녀는 죽는 순간까지 세상을 똑바로 바라보았다. 그녀의 희생 덕분에 더 이상의 로자는 나오지 않았다. 세상이 좀 더 침착해졌으니까, 그녀에게 쏟아졌던 과격하다는 비난이 무색할 정도로 끔찍한 독재자 아돌프 히틀러를 탄생시킨 독일은 또 한 번 잿더미가 된 후에야 그녀의 진심을 받아들였다.

영혼의 순수함을 담은 이사도라 덩컨의 춤은 현대 무용의 시작을 알리는 울음소리였다. 자유분방했기 때문에 세상을 담아낼 수 있었고, 도전했기 때문에 그녀의 춤은 오늘날까지 존재한다.

어린 시절 읽었던 헬렌 켈러의 위인전이 왜 20살이 되기 전에 끝맺었는지 어른이 된 후에 알게 되었다. 보지도, 듣지도, 말하지도 못했기 때문에 그녀는 좀 더 과격하게 세상을 향해 말할 수 있었다. 눈을 똑바로 뜨고, 감언이설에 속지 말고, 거짓을 말하지 말라고.

코코 샤넬이 없었다면 오늘날의 여성들은 좀 더 답답한 세상 속에 갇혀 있을 게 분명하다. 여성들은 조신해야 한다는 남성들의 억압된 시선을 산산 조각낸 그녀의 바느질은 가히 혁명이라고 부르기에 어색함이 없다.

애거서 크리스티가 여성이 아니었다면 오늘날에도 추리소설은 남자들의 전유물이었을 것이다. 그녀의 등장 이후 남자들은 더 이상 여성이 추리소설을 쓰는 것에 의구심을 품지 않았다.

아멜리아 에어하트는 남자들에게도 미지의 영역이었던 하늘에 용감하게 도전했다. 그녀가 탄 비행기는 영원히 돌아오지 못했지만 그녀가 남겨놓은 발자취는 여성도 하늘의 주인공이 될 수 있다는 사실을 명백하게 보여준다.

레니 리펜슈탈에게는 히틀러의 정부라는 비난이 따라다녔다. 하지만 그녀는 여성이 영화라는 세상에서 얼마나 잘 버티고 능력을 발휘할 수 있는지 명백하게 보여줬다.

멕시코의 위대한 여류화가 프리다 칼로 역시 로자 룩셈부르크처럼 절름발이였다. 세상을 힘겹게 걸어야 했던 그녀는 자신처럼 똑바로 세상을 바라다보지 못하던 멕시코를 그려냈다.

조피 숄은 모두가 "예."라고 했던 세상 속에서 "아니오."라고 대답하는 용기를 보여줬다. 그녀와 그녀가 속한 백장미단의 저항은 미약했다. 하지만 그녀의 "아니오."가 없었다면 오늘날에도 세상과 다른 대답을 하기 위해서 목숨을 걸어야만 했을지도 모른다.

동물과 교감하고자 했던 제인 구달의 열정은 그녀를 위대한 동물 학자로 만들었다. 동물에 쏟은 그녀의 애정은 동물학이라는 낯선 분야에 여성들의 보금자리를 만들었다.

나에게 배상열 씨와 최혁곤 씨라는 두 스승님이 있다는 사실을 늘 자랑스럽게 여긴다. 같은 길을 걷는 한이, 김재희, 이대환, 박하익, 송시우, 박지혁, 이지선, 임태훈, 전건우, 김주동, 김지아, 문지혁 작가에게 행운이 함께 하기를 바란다. 열악한 환경에서도 자부심을 잃지 않는 국가대표 스키점프팀 선수들과 김흥수 코치에게 힘찬 응원을 보낸다. 멀리 있지만 사랑하는 동생 효제가 멋진 사진을 찍을 수 있기를 바란다. 사랑하는 동생 효승이와 웅진, 상호, 그리고 공존 형님에게도 고마움을 전한다. 해군 사관학교의 박세홍 생도가 용감하게 바다를 지키는 해군이 되기를 꿈꾼다. 작년 가을 어머니를 떠나보낸 지인에게 위로를 건넨다. 가족을 떠나보낸 일은 겪어보지 않으면 그 참담함을 모른다. 글을 마무리하는 와중에 뜻밖의 비보를 들었다. 조국의 바다를 지키다 순직한 천안함의 승무원들과 그 가족들에게 깊은 애도의 마음을 전한다.

항상 하는 얘기지만 가족들이 없었다면 오늘날의 나는 없었을 것이다. 특히 어머니의 헌신과 애정이 없었다면 말이다. 세상에 맞서 아들을 지켜준 어머니에게 감사드린다. 멀리 떨어져 살지만 늘 옆에 있는 것 같은 누나 윤숙과 매형 존 마이클 엘리엇, 그리고 두 조카 카이런 기준 엘리엇과 예나 브리엔 엘리엇에게 항상 행운과 건강이 함께 했으면 좋겠다. 곁에서 도와주는 동생 홍섭과 유진부부에게도 감사의 뜻을 남긴다. 그리고 무엇보다도 뒤에서 온갖 힘든 일들을 묵묵히 도와주는 내 인생의 공동저자 지선에게 내가 표현할 수 있는 모든 사랑과 애정을 전한다.

2010년 7월
정명섭

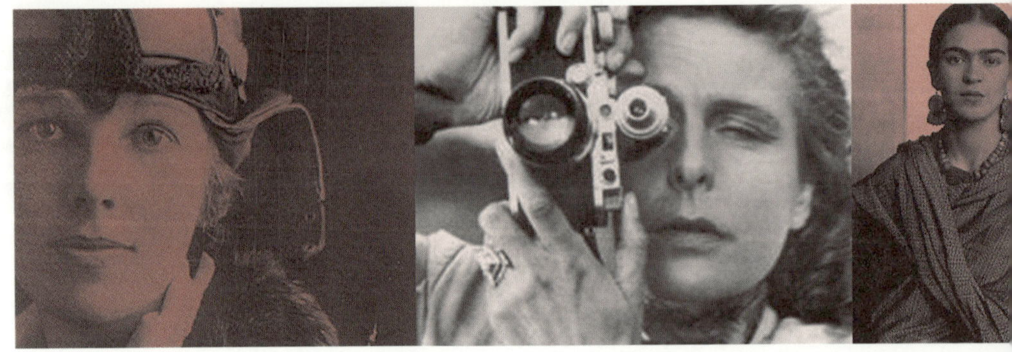

SCHOLL
+ 22. II.
1943

01
로자 룩셈부르크
Rosa Luxemburg

그녀의 외침은 혁명이었다

시간이 흐르고 생각이 변하면서 단어의 뜻과 폭이 넓어지는 경우가 종종 발생한다. 한 사람이 통치하는 것이 지극히 정상이라고 믿었던 시대에는 '혁명'이라는 말은 곧 '반역'을 의미했다. 하지만 오늘날 혁명이라는 단어는 혁신과 도전의 동의어로 쓰인다. 혁명 정신으로 무장한 자본주의자라는 말이 이제는 어색하게 들리지 않는다. 또한 쿠바 혁명의 주인공인 체 게바라가 그려진 티셔츠가 날개 돋친 듯 팔린다. 그럼 그동안 어떤 일이 있어서 혁명이 가리키는 방향이 달라지고 폭이 넓어졌을까?

혁명처럼 난해하고 복잡한 뜻을 내포한 단어도 없을 것이다. 이 단어에는 많은 피와 죽음들이 농축되어 있다. 불합리한 세상에 덤벼드는 건 인간의 본성이나 다름없다. 혁명이라는 단어가 탄생되기 이전부터 시작된 도전은 장구한 역사의 한 축을 담당했다. 혁명을 지극히 사전적으로 해석하자면 아마 '지배자에 대한 피지배자의 도전' 쯤이 될 것이다.

인간은 뜻밖에 순응적이어서 자신이 노예로 태어났고, 주변의 노예들이 모두 주인에게 복종하면 그런가 보다 하고 넘어간다. 간혹 내가 왜 나보다 어린 애한테 반말을 듣고 굽실거려야 하는지 고개를 갸우뚱거리기는 한다. 하지만 남들이 다 그러고 있으면 감히 입 밖으로 내지는 못한다.

세상은 그렇게 순응하면서 자기 자리를 지키는 사람들에 의해 유지된다. 그리고 간혹 나타나는 반항아들에 의해서 움직인다. 공존할 수 없을 것 같은 양쪽의 묘한 동거는 소위 애기하는 '균형'으로 결론 지어지곤 한다. 물론 양쪽 다 만족하지는 않은 탓에 세상에는 다시 갈등이 빚어지곤 했다.

로자 룩셈부르크는 150센티미터의 작은 키에 어린 시절에 앓은 소아마비 탓에 절름발이였다. 거기다 유대인 출신의 여자였다. 세상의 약점이란 약점은 모조리 가진 이 여인은 그럼에도 삶의 무게에 짓눌려 고개를 숙이지 않았다. 오히려 당당하게 고개를 들어 자신보다 더 크고 힘센 남자들도 쳐다보지 못한 세상을 똑바로 바라봤다.

스스로가 아무런 권력이 없었기 때문에 다른 남성 사회주의자들이 정치에 얽매여 있을 때 그녀는 노동자를 바라볼 수 있었다. 폴란드와 독일 그 어디에도 속하지 못한 유대인이었기 때문에 국가와 민족이라는 감옥에 갇히지 않았다. 자유로웠기 때문에 자신이 정의라고 생각한 방향으로 아무 거리낌 없이 날아갔다. 모두 노동자가 주인이 되는 세상은 실현 불가능한 꿈이라고 현실과 타협을 했을 때에도 그녀는 결코 신념을 포기하지 않았다.

남의 말을 귀담아듣지 않는 고집불통과 세상을 혼란에 빠뜨릴 것 같은 과격함 때문에 남자들은 그녀를 증오했다. 결국 독일이 패배했을 때 그녀는 표적이 되었다. 용감한 군인들이 전선에서 싸우는 사이 그녀가 노동자들을 선동해 파업하는 반역을 저질렀다는 것이다. 전쟁 기간 내내 감옥에 갇혀 있었다는 사실은 중요하지 않았다. 패배에 대한 책임을 누군가에게 지워야 했고, 완고한 사회주의자에 폴란드에서 온 유대인 여자만큼 완벽한 대상은 그 어디에도 없었다.

그녀와 카를 리프크네히트*가 죽고 스파르타쿠스단이 무너지자 사람들은 이제 독일이 평화를 맞이했고, 자존심을 지켰다고 믿었다. 하지만 그녀가 죽고 나서도 봉기는 계속 이어졌고, 나중에는 자유군단까지 쿠데타를 일으켰다. 그리고 모든 이들이 한숨 돌렸을 때 진짜 괴물이 독일인들 앞에 나타났다. 히틀러는 독일을 다시 파괴의 블랙홀로 이끌었다.

모든 것이 잿더미가 된 후에야 사람들은 로자 룩셈부르크의 열정과 용기를 받아들였다. 사회주의가 붕괴하고 신자유주의가 지구를 뒤덮는 오늘날에도 그녀는 당당하게 혁명가의 반열에 서 있다.

하지만 그녀는 로자 룩셈부르크였을 뿐이다. 여자라고 무시당하

---

* 독일 사회민주당을 창당한 빌헬름 리프크네히트의 둘째 아들로 1871년 8월 31일 독일 라이프치히에서 태어났다. 아버지의 영향으로 사회주의자가 되었다. 베를린 대학에서 법률을 전공하고 졸업 후에는 변호사로 활동했다. 1908년 국회의원으로 선출된 그는 사민당 내의 수정주의에 거세게 반발했으며 제1차 세계대전 발발 후에도 반전운동을 펼치다 투옥되었다. 독일의 패망 후 로자 룩셈부르크와 함께 스파르타쿠스단을 조직하고 사회주의 혁명을 주도하다가 우익 자유군단에게 살해당했다.

지 않고, 유대인 출신의 절름발이가 비웃음의 대상이 되지 않는 세
상이 오기를 꿈꿨을 뿐이다. 모두가 똑바로 걸을 수 있기를, 뒤처지
거나 비틀거리지 않는 길이 세상 앞에 펼쳐지기를 꿈꿨을 뿐이다.

✺ 1919년 1월 15일 밤 베를린 에덴 호텔 – 그녀가 죽던 날

호텔 로비에 울려 퍼진 대부분의 욕설과 함성은 한 여인에게 향했다. 검은색 드레스에 깃털이 달린 챙 넓은 모자를 쓴 그녀는 군인들의 가슴에도 닿지 못할 작은 키에 한쪽 다리를 절름거렸다.

"폴란드 창녀를 죽여라!"

"독일을 러시아에 팔아먹으려는 반역자를 없애라."

승리감과 맥주에 취한 자유군단* 병사들은 양팔을 잡은 군인들에게 질질 끌려가다시피 하는 그녀에게 욕설과 저주를 퍼부었다.

그녀는 지나간 시간을 회상했다. 영원히 계속될 것 같던 전쟁은 1918년 10월 28일 북부 독일의 킬 군항에서 일어난 폭동을 계기로 종말을 향해 치달았다. 퇴임 압력을 받은 카이저 빌헬름 2세는 황제의 자리에서 물러나 네덜란드로 망명했다. 전쟁 기간 내내 감옥에 갇혀 있던 그녀가 베를린으로 돌아오기 하루 전날인 1918년 11월 9

---

* 자유군단은 제1차 세계대전 패전 이후 퇴역군인들로 구성된 우익 민병대다. 흔히 생각하는 것처럼 통일된 하나의 조직은 아니고 비슷한 목적으로 구성된 민병대 전체를 자유군단이라고 부른다. 패전 이후 벌어진 스파르타쿠스단의 좌익 혁명을 무력으로 진압했다.

일 독일 사회민주당 당수인 샤이데만과 독일 독립 사회민주당 당수 카를 리프크네히트는 각각 제국의 종말과 공화국의 탄생을 알렸다. 샤이데만과 에베르트, 노스케가 군부와 보수주의자의 추대를 받았던 반면 카를 리프크네히트는 노동자들이 지지 기반이었다.

"불길한 시작이었지. 두 개의 공화국이라니, 배신자들."

서서히 물들어가는 색깔이 더 진해지는 것처럼 정권과 결탁한 사회주의자들은 더 보수적이 되었다. 평생 원칙주의자로 살아온 로자로서는 믿을 수 없는 일이었다.

"노동자와 농민이 평등하고 자유롭게 살 수 있는 세상을 꿈꾸기는 했을까?"

로자가 평생 기다리던 혁명의 물결은 패전과 함께 독일을 휩쓸었지만 군대라는 벽을 넘지 못했다. 그녀가 아무리 노력해도 여자, 그리고 이방인이라는 딱지를 떼어 내지 못했다. 그녀는 평생 똑바로 걷고 싶었다. 어린 시절 앓았던 소아마비가 기적처럼 낳아서 제대로 걷는 것이 아닌 인간의 걸음으로서 말이다.

민족이라는 허울을 벗어던지고, 종교와 인종이라는 무게를 내던진, 하나의 인간으로 똑바로 걷고 싶었다. 다만, 그것뿐이었다. 상념에 잠겨 있던 그녀는 삐쩍 마른 얼굴에 칼날 같은 콧수염을 기른 군인이 불쑥 다가오는 걸 알아차리지 못했다. 발밑에 드리워진 그림자를 따라 고개를 든 로자 룩셈부르크는 그 군인의 창백한 얼굴을 보는 순간 종착역에 도달했다는 사실을 받아들였다. 희미하게 웃은 그녀는 떨리는 손으로 소총을 움켜쥔 그에게 말했다.

"난 사람들이 똑바로 걷는 걸 보고 싶었을 뿐이에요. 이해해요?"

창백한 얼굴의 군인은 아무 말 없이 소총의 개머리판으로 그녀의 얼굴을 후려쳤다. 로자 룩셈부르크는 그 순간 예전에 감옥에서 봤던 루마니아의 물소를 떠올렸다. 슬픈 눈을 가진 물소는 익숙하지 않은 굴레를 쓰고 수레를 끌어야만 했다. 그녀는 자신을 증오하고 미워하던 이들의 얼굴에서 두려움을 엿볼 수 있었다. 가진 것을 잃는다는 두려움, 허물을 벗어던지고 인간의 알몸을 마주할 용기가 없는 이들이 가질 수밖에 없는 약하디약한 증오들.

룽에라는 이름의 군인은 주변의 환호성과 박수를 받으며 몇 차례 더 그녀를 때렸다. 그리고는 뺨에 흐르는 땀을 닦아내면서 옆으로 물러났다. 그는 몇 시간 전 그녀의 절친한 동지였던 카를 리프크네히트를 같은 방법으로 쓰러뜨렸다.

피를 흘리며 의식을 잃은 그녀는 호텔 밖으로 질질 끌려갔다. 군인들은 희미한 가스등 아래 대기하고 있던 차에 그녀를 던져 넣었다. 급하게 출발한 자동차는 새벽녘에 란트베르 운하를 가로지르는 다리 위에 멈춰 섰다. 갈색 군용 코트를 입고 철 십자 훈장을 목에 건 장교 둘이 뒷좌석에서 축 늘어진 시신을 꺼내서 다리 아래로 던졌다. 깨진 얼음들 사이로 잠시 떠다니던 시신은 곧 물속으로 빨려 들어갔다.

❀ 1919년 1월 14일 베를린 – 그녀의 죽음 하루 전

창가에 기대서서 바깥을 바라보던 로자는 한쪽 손을 펼쳤다가 천천히 움켜쥐었다.

"운명이었을까?"

그녀는 텅 빈 손바닥을 다시 펼쳐보면서 중얼거렸다. 작년 겨울, 차가운 감옥이라는 현실이 혁명이라는 꿈으로 한 발짝 다가오는 것을 느꼈을 때 불현듯 두려움을 느꼈다. 환희에 찬 사람들의 입에서 혁명과 사회민주주의라는 말이 메아리처럼 맴돌았을 때 그녀는 미소와 격려의 말을 건네면서도 내내 불안감에 젖었다. 그리고 불안은 창 밖에서 간헐적으로 들려오는 총성으로 변했다.

일주일 전 수십만의 노동자들이 베를린을 붉은 물결로 수놓았을 때가 생생하게 기억났다. 독일 공산당 깃발을 앞세운 노동자들의 굳건한 어깨들을 내려다보던 그녀는 오랫동안 꿈꿔왔던 광경을 보면서 전율했다. 그것은 마치 손을 뻗으면 닿을만한 곳에 있지만, 막상 움켜잡으면 아무것도 잡을 수 없는 안개처럼 느껴졌다.

낡아빠진 책상으로 돌아온 로자는 의자에 앉았다. 지난 일주일간의 전투는 명백한 학살이었다. 혁명에 대한 열정만으로 무장한 노동자들은 전쟁을 경험한 군인들을 이길 수가 없었다. 등 뒤의 칼*에 찔려서 패배했다고 믿은 자유군단의 병사들은 중기관총과 야포, 그리고 화염방사기까지 동원했다.

스파르타쿠스 단원들이 장악했던 관공서와 신문서, 경찰서 건물들이 차례로 넘어갔다. 끌려나온 단원들은 길거리에서 처형당했고,

* '등 뒤의 칼'은 제1차 세계대전의 패배를 군부가 아니라 정부와 민간에게 있다는 의미다. 전쟁터의 군인들은 열심히 싸웠지만, 공산당원들과 사회주의자들에 의한 분열과 유대인들의 사재기로 인한 경제적 혼란으로 무릎을 꿇었다는 주장이다. 이 이론은 훗날 독일의 재무장과 제2차 세계대전으로 가는 열쇠가 되었다.

그들의 피가 도로를 적셨다. 체포의 손길을 피해 은신처로 숨어든 그녀는 유일한 무기인 펜을 움직였다. 스파르타쿠스단의 공식 기관지인 로테파네는 곧 출간이 금지되겠지만, 그녀는 자신이 남긴 글이 생명보다 더 오래 살아남을 것이라는 사실을 믿어 의심치 않았다.

"야만의 질서가 베를린을 지배한다. 질서가 세상을 지배한다. 질서를 지키고 유지한다는 명목으로 지난 전쟁이 벌어졌다. 위선적인 기득권자들은 사람의 생명을 장작개비처럼 전쟁이라는 모닥불 안으로 던져 넣었다. 질서를 지킨다는 명목으로…."

건너편 방에서 카를 리프크네히트의 기침 소리가 들려왔다. 그 역시 글을 쓰고 있을 것이라는 생각에 로자는 잠시 펜을 멈췄다. 다시 펜을 움직이려는 찰나 갑작스러운 총성이 그녀를 놀라게 했다. 벌떡 일어난 그녀는 창가로 걸어갔다. 짧은 고함과 함께 여러 발의 총성이 들려왔다. 푸른색의 해군 수병복을 입은 병사가 헐떡거리며 거리를 뛰어갔다. 그리고 그의 뒤를 쫓는 자유군단 대원들의 모습이 보였다. 하얀색 완장을 찬 자유군단 대원들은 불타버린 궤도 전차 뒤로 숨으려는 푸른 수병복의 병사에게 발포했다. 털썩 무릎을 꿇은 해군 병사가 두 팔을 허우적거리며 천천히 앞으로 꼬꾸라졌다. 푸른 수병복 위로 점점이 돋아난 붉은 피가 로자의 눈을 시리게 만들었다. 그녀는 천천히 자리로 돌아왔다. 그리고 아직 식지 않은 펜을 움켜잡았다.

❀ 1919년 1월 5일 베를린―그녀의 죽음 7일 전

"세상에, 노스케*가 이 군중을 보면 뭐라고 할지 상상이 가?"

경찰청 난간에 선 그녀는 거리를 가득 메운 군중의 함성을 뚫고 들어온 카를의 목소리에 귀를 쫑긋거렸다. 거리에는 작년 말부터 벌어진 우익 민병대, 일명 자유군단의 습격에 대비해 무장한 노동자들의 모습이 보였다. 어깨를 맞댄 채 구호를 외치고 함성을 지르는 군중을 보면서 로자는 온몸에 흐르는 전율에 압도당했다. 평생 꿈꿔왔지만 이뤄질 수 없으리라 믿었던 일이 갑자기 다가온 탓이었다.

"이제 독일은 사회주의의 길을 걸어갈 거야. 로자. 내 아버지가 꿈꿔왔던 그 길로 말이야."

흥분한 카를의 말에 로자는 천천히 고개를 저었다.

"설마 이들을 끌고 정부를 전복할 생각은 아니죠? 카를, 아직 때가 일러요."

"왜? 천하의 로자가 그렇게 겁을 먹는 거지? 이 군중을 봐. 이들이라면 베를린을 완전히 장악할 수 있어."

"그다음은요? 노스케와 에베르트가 이끄는 반혁명군이 베를린을 포위하고 있어요. 자칫하다가는 파리코뮌**처럼 될 수도 있다고요."

"맙소사. 그래서 여기서 물러나자는 소리요?"

---

* 구스타프 노스케는 독일 사회민주당 소속의 정치인으로 사회주의 이념과 군국주의 성향을 띤 인물이다. 제1차 세계대전의 패전으로 제정이 붕괴하고 나서 임시정부의 국방장관을 맡았다. 사회민주당 좌파와 공산당의 혁명을 유혈 진압한 것으로 악명을 떨쳤다.

"아뇨. 하지만 지금은 아니에요. 노동자들은 아직 덜 조직화되어 있어요. 아직도 전쟁에서 패배한 게 우리 탓이라는 흑색선전을 믿는 사람들이 많다고요."

그녀의 단호함에 카를은 한 손에 쥐고 있던 선언문을 물끄러미 내려다봤다. 공공연히 우익과 손을 잡은 사회민주당 정권의 퇴진을 요구하는 내용이 담겨 있었다. 로자는 떠는 그의 손을 움켜잡았다. 희미하게 웃은 카를이 뒤를 돌아봤다. 독일 독립 사회민주당과 스파르타쿠스단의 모체가 되는 독일 공산당 지도부 모두 만류하는 눈빛을 던졌다. 결국, 카를은 선언문을 구석의 테이블에 내려놓았다. 로자는 그의 손을 잡았다.

"우리가 과연 옳은 선택을 한 것일까?"

"물론이에요. 더 많은 피와 유혈을 막았잖아요."

"내일이면 이 군중은 모두 없어질 거요. 그러면 어둠과 안개가 몰려오겠지."

밖에서는 정부로부터 해임된 베를린 경찰청장인 아이히호른의 연설이 들려왔다.

"내가 러시아의 볼셰비키에게 뇌물을 받았다는 주장은 뻔뻔하고도 명백한 날조입니다. 이것은 자신들이 정권을 독점하겠다는 선전

** 파리코뮌은 1871년 3월 28일부터 5월 28일까지 파리에 세워진 혁명적인 자치 정부이다. 1870년부터 벌어진 프로이센과의 전쟁에서 패배한 프랑스 정부가 굴욕적인 협상을 맺자 이에 반발한 파리 시민이 독자적인 정부를 구성했다. 파리코뮌은 징병제를 폐지하고 완전 자유선거와 종교와 기업의 국유화를 선언하는 등 급진적인 정책을 시행했다. 혁명의 파급을 우려한 프로이센의 묵인하에 파리로 진격한 프랑스군에 의해 유혈 진압되었다.

포고나 다름없습니다."

광장에 모여선 군중이 뿜어낸 입김들이 거대한 안개를 만들어 냈다. 로자는 시간이 흐르고 해가 떨어지면서 차츰 작아진 안개가 어둠 속으로 사라져가는 모습을 지켜보았다.

❄ 1918년 11월 11일 베를린―그녀의 죽음 64일 전

윤전기는 모두 멈춰 있었다. 잉크가 묻은 앞치마를 두른 인쇄공들은 공장 한쪽에 모여서 담배를 피우는 중이었다. 아직 연합국의 봉쇄가 풀리지 않은 시점이라 담배는 구하기 어려운 물건이었다. 아마 인쇄소 사장이 인심 좋게 푼 모양이었다. 로자는 그들을 향해 천천히 걸어갔다. 그녀의 얼굴을 아는 듯 몇몇 인쇄공들이 고개를 돌리거나 담배를 바닥에 비벼 껐다.

"여러분이 우리 스파르타쿠스단의 기관지인 로테파네의 인쇄를 거부했다는 이야기를 들었습니다. 노동자가 노동자의 편을 들지 않는다면 이 세상은 가진 자들의 천국이 될 것입니다."

그녀는 몸속에 가득 찬 분노를 조금씩 뱉어 냈다. 사흘 전 브레슬라우 감옥의 문을 열고 나온 이후 너무나 많은 일이 닥쳐왔다. 킬 군항에 정박 중인 함대의 수병들이 출동명령을 거부했던 것이 시작이었다. 패전이 명백해지자 군부는 그때까지 외면했던 사회민주당에 손을 내밀었다. 민간인들을 내세워 패전의 뒤처리를 맡길 속셈이었다. 그리고 권력에 눈이 어두워진 사회민주당은 냉큼 그 손을 잡았다. 어제 열린 임시정부 수립 총회에서도 혁명이라는 말은 눈을 씻고 찾아봐도 없었다. 오직 정권 수립, 안정, 평화라는 말만 되풀이되었다.

"로테파네는 지금까지 외면당했던 여러분의 목소리를 대변해줄 것입니다. 지금 피우는 담배는 재와 연기만 남겠지만, 신문은 여러분의 마음을 영원히 남겨줄 겁니다."

로자는 아무 반응도 보이지 않는 인쇄공들을 보면서 답답함을 느꼈다. 연설을 멈춘 그녀는 인쇄공들 한 명 한 명을 쏘아봤다. 그런 시선을 뚫고 적의에 가득 찬 목소리가 들려왔다.

"우린 볼셰비키를 위해 일하지 않소."

"우린 그들과 다릅니다."

로자는 반사적으로 대꾸하고는 목소리의 주인공을 찾았다. 광대뼈가 두드러져 보일 정도로 깡마른 얼굴에 카이젤 수염을 한 사내였다. 로자는 사내의 한쪽 뺨을 가로지른 상처를 보고는 멈칫했다. 동료를 제치고 앞으로 나온 그 사내는 왼쪽 팔이 없었다. 사내는 팔이 없는 손을 내려다보면서 말했다.

"베르뎅에 있는 두에몽 요새에서 팔 한쪽을 잃었지만 죽은 동료보다는 운이 좋다고 생각하면서 고향으로 돌아왔소. 그런데 어이없게도 당신들은 안전한 후방에서 파업하고 있더군. 우리가 패배한 건 당신들 때문이요. 근데 이제 와서 우리 편이라는 말을 하면 누가 믿겠소?"

"베르뎅에서 당신과 싸운 건 적이 아니라 같은 노동자입니다. 우리들의 진짜 적은 전쟁을 꾸미고 노동자들을 그곳으로 밀어 넣은 자들입니다."

"거짓말! 당신같이 연설이나 하러 다니는 여자들은 전쟁터의 진흙탕에 스며든 피의 의미를 이해하지 못할 거요. 돌아가시오. 여기에는 당신 같은 볼셰비키를 위해 일할 사람은 없소."

그의 말에 동료들은 동조의 눈빛을 보였다. 그 완강한 마음의 장벽 앞에서 로자는 맥이 풀렸다. 함께 왔던 레오 요기헤스가 그녀의 어깨에 손을 얹었다.

"이제 그만해. 아무래도 말로는 설득을 못 할 것 같아."

레오의 말에 로자는 울먹거렸다.

"어떻게 노동자가 노동자를 억압해요?"

"모든 노동자 깨어 있었다면 전쟁 따위는 없었어. 환상을 버려. 나머진 스파르타쿠스 단원들이 처리할 거야."

냉담하게 내뱉은 레오가 그녀의 어깨를 잡아끌고 밖으로 나왔다. 붉은 천을 목에 두른 단원들이 기다렸다는 듯 공장 안으로 몰려갔다. 로자는 곧 들려올 파열음에서 도망치기 위해 귀를 막았다.

✸ 그녀, 로자 룩셈부르크라는 전설

소설보다 더 소설 같은 로자 룩셈부르크의 전설은 그녀의 죽음으로 대단원의 막을 내린다. 누군가 비극이 더 사람들의 마음속에 깊이 남는다고 그랬던가? 실패한 혁명가의 발자취는 밤하늘의 별처럼 반짝거린다. 이제 다시 그녀의 삶을 처음부터 살펴보자. 왜 쉼 없이 걷고, 멈추지 못했는지 말이다.

그녀가 맞이한 첫 번째 시련은 1871년 3월 5일 폴란드의 작은 도시 자모시치에서 태어난 지 3년 만인 1874년에 찾아왔다. 다른 아이들처럼 이제 막 시작된 걸음마에 재미를 붙이던 그녀는 한쪽 발을 따라 올라온 통증을 뭐라고 설명했을까? 1년 전 자모시치를 떠나 바르샤바로 이사를 온 그녀의 가족들에게는 청천벽력 같은 일이었다. 가족들은 결핵균에 전염되었다는 의사의 진단대로 침대에 로자를 눕혔다. 한참 뛰어놀 나이의 어린 그녀는 꼼짝도 하지 못한 채 침대에서 시간을 보내야만 했다. 한참 넓어져야 할 그녀의 세계는 좁은 방과 거기에 딸린 작은 창문처럼 쪼그라들었다.

그러나 그 시련은 그녀의 육체에는 더 없는 불행이었지만 그녀의 정신에는 크나큰 행운이었다. 어머니 리나 룩셈부르크가 권해 주는 책읽기에 빠져든 것이다. 그녀가 침대에서 일어났을 때 두 다리는 균형을 잡지 못했다. 보통의 어린 소녀였다면 남들처럼 똑바로 걷지 못하는 다리를 원망했겠지만 로자 룩셈부르크는 씩씩하게 견뎠다. 당연히 또래의 아이들에게 놀림거리가 되고 함께 섞이지 못했지만, 대신 그녀는 더 넓은 세상을 멀리 바라볼 수 있게 되었다. 남들과 다르면 어떤 차별과 모욕을 받아야 하는지 알게 된 그녀는 평생 그 틀을 깨기 위해 싸웠다.

그녀가 중학교에 입학하기 2년 전인 1881년, 러시아의 차르 알렉산드르 2세가 폭탄 테러로 사망한다. 당대의 러시아인들이 받은 충격의 무게는 9·11사태를 눈앞에서 본 미국인들과 다를 바가 없었다. 차르의 피살 이후 바르샤바에는 포그롬*의 광풍이 몰아닥친다.

다른 유대인들이 엉뚱하게 자신들에게 불똥이 튄 것을 한탄하면서 재산을 숨기는 동안 로자는 다른 생각들을 품게 되었다. 아직 어린 그녀에게 사태의 본질과 지배층의 교묘한 술책까지는 보이지 않았겠지만 일련의 과정에 대한 인과관계는 충분히 엿볼 수 있었을 것이다. 폭동의 상흔을 뒤로 한 로자는 열두 살이 되던 해 바르샤바 제2여자 중학교에 입학했다.

당시 러시아의 지배를 받고 있던 폴란드는 모든 것에 러시아, 폴란드, 그리고 폴란드에 사는 외국인들이라는 순서가 지켜졌다. 으스대는 러시아 여학생과 자기들끼리만 모여 다니는 폴란드 여학생들 사이에 그 어디에도 로자 룩셈부르크가 낄 자리는 없었다. 이런 경우 두 가지 선택권이 남는다. 순종하든지, 아니면 반항하든지….

"난 남과 달라. 하지만 굴복하지는 않겠어."

로자 룩셈부르크는 후자를 택했다. 그리고 억압받는 폴란드라는 토양은 그녀의 반항심에 싹을 틔웠다. 반항심에 똘똘 뭉친 그녀는 반항기 어린 천재의 분노를 유감없이 발휘했다. 지식이 쌓이고 옳고 그른 것에 대한 판단이 나이테처럼 켜켜이 그녀를 둘러싸면서 그녀가 가야 할 길 역시 정해졌다. 그녀는 프롤레타리아 당에 가입했다. 세상이 그녀에게 준 첫 번째 시련인 유대인으로 태어난 지 16년 만이었고, 두 번째 시련인 절름발이가 된 지 13년 만이었다.

* 러시아 어로 포그롬Pogrom이라고 부르는 유대인 탄압과 박해의 역사는 오래되었다. 농노제의 확대와 그에 따른 반발이 극심했던 러시아에서는 피지배층의 시선을 돌리기 위해 포그롬이 종종 자행되었다. 유대인뿐만 아니라 반정부주의자나 기타 소수민족도 희생양이 되었다.

❀ 도피, 운명적인 사랑

그녀가 사회주의 운동에 매혹된 것은 민족과 국가를 초월한 이념에서 희망을 봤기 때문이었다. 그 안에서는 유대인이나 폴란드인이냐는 구분은 무의미했다. 오직 가진 것 없는 프롤레타리아와 기득권자인 부르주아만 존재했다.

러시아의 탄압에 붕괴 일보 직전까지 갔던 프롤레타리아 당은 마르틴 카프자스크라는 열성적인 노동자에 의해 기적적으로 회생한다. 조직은 파업을 일으키고, 차르의 억압에 저항하라는 유인물을 뿌린다. 러시아의 비밀경찰들 역시 촉각을 곤두세운다. 동지들이 한둘씩 체포되는 가운데 로자 역시 위험에 처했다. 망명자들의 천국인 스위스의 취리히로 가기로 한 그녀는 1889년 가족들에게 이별을 고하고 스위스 취리히로 향한다.

망명 이듬해인 1890년 취리히 대학에 입학하면서 로자는 본격적인 혁명가의 길을 걷는다. 당시 취리히는 각지에서 추방되거나 망명한 사회주의자들이 둥지를 틀었다. 로자는 플레이하노프나 엑설로트 같은 러시아 출신의 혁명가들과 교류하게 된다. 그러는 사이 독일에서는 사회주의자들이 창당한 독일 사회민주당이 국회에 진출하는 획기적인 일이 발생한다. 러시아의 혁명가들이 기존 체제에 대한 폭력적인 도전을 거듭하면서 끔찍한 탄압을 겪는 동안 독일에서는 정치계의 핵심이라고 할 수 있는 입법 기능 안에 사회주의자들이 발을 들여 놓은 것이다.

취리히 거리에 있는 커피숍에서는 타협과 안정을 선택한 독일인의 방식과 거부와 도전을 택한 러시아인의 방식 중 어떤 게 옳은지에 대한 끊이지 않는 토론이 벌어졌다. 그 시기의 로자는 심각한 고민에 빠졌다.

"난 유대인일까? 아니면 폴란드인일까?"

망명지에서도 혁명가는 국적에 따라 나누어졌다. 러시아인이 가장 많았고, 폴란드인이 그 뒤를 따랐다. 양쪽은 혁명의 길을 나란히 걷는 동지였지만 지배 민족과 피지배 민족이라는 미묘한 갈등과 긴장감 역시 존재했다. 유대인인 그녀에게 폴란드는 태어난 곳일 뿐 조국이 아니었다. 로자의 정체성은 한 남자의 등장과 더불어 굳건해졌다.

레오 요기헤스는 리투아니아의 수도 빌나에 자리 잡은 유력한 유대인 집안 출신이었다. 안락한 삶을 보장받은 부유층 청년이 험난한 혁명의 길로 뛰어든 것은 1980년대의 대한민국에서만 벌어진 일은 아니었다. 1825년 벌어진 러시아 최초의 혁명인 데카브리스트의 난의 주동자들 역시 귀족 출신의 청년 장교들이었다. 노동자로 일하면서 파업을 주도했던 레오는 곧 도망자 신세가 되었다. 투쟁과 열정이 모든 것이었던 혁명가들 사이에서도 그는 눈에 띄는 존재였다.

둘은 자연스럽게 만났다. 잘생긴 얼굴과 훈장처럼 달린 투쟁 경력 덕분에 어디에서나 눈에 띄던 레오와 작은 키에 절름발이 여학생 로자의 결합은 어색해 보였다. 하지만 레오의 깊은 통찰력은 볼품없는 외모 속에 숨겨져 있는 그녀의 불 같은 재능을 찾아냈다.

둘은 곧 연인이 되었다. 사랑까지 얻은 로자는 맹렬하게 타오른다. 그녀가 내뿜는 불길은 대학에서, 그리고 토론장에서 빛을 발한다. 차츰 둘의 관계는 역전되기 시작했다. 하지만 아직 둘의 관계에서 파멸의 그림자는 찾아오지 않았다. 그들이 함께할 첫 번째 적 때문이었다. 레오 요기헤스는 다른 사람을 추종하기보다는 리더가 되고 싶어 하는 인물이었다. 그 역시 어디서도 환영받지 못한 유대인이었기 때문에 자신만의 작은 조직을 꾸렸다. 그가 만든 폴란드 왕국 사회민주당은 폴란드 민족주의를 내세운 폴란드 사회당과 대립한다. 로자 룩셈부르크를 증오했던 적들은 이 당시에도 그렇고 후반부에도 대부분은 같은 사회주의자들이었다. 사회주의보다 민족 해방이 우선이라고 믿는 대다수의 폴란드 사회주의자들에게 민족을 초월하자고 주장한 두 사람은 눈엣가시 같은 존재였다.

로자는 같은 해에 취리히에서 열린 제3회 사회주의 인터내셔널 대회에 참석했다. 폴란드 대표 자격을 놓고 벌인 폴란드 사회당과의 논쟁에서 두각을 나타낸다. 누군가 토론을 위해 일어선 그녀의 키가 작다고 놀리자 의자 위에 올라가서 당당하게 자신의 의견을 피력했다. 비록 폴란드 대표 자격으로 대회에 참석하는 데는 실패했지만 로자 룩셈부르크는 자신의 이름을 참석자들에게 각인시키는 데 성공했다.

❀ 이별, 혁명의 꿈

로자는 야생마 같았다. 논쟁의 한복판에서 사방에서 쏟아지는 비아냥과 냉대에 맞서 싸우고, 열정적으로 글을 써댔다. 그런 그녀에게 슬픔과 기쁨이 교차한다. 대학 졸업 논문이 지도교수의 찬사를 받으며 책으로 출판된 것이다. 몇 년 전 폴란드에서 다니던 고등학교에서 우수한 성적을 내고도 제대로 상장을 받지 못했던 것에 대한 통쾌한 복수였다. 사회주의자로서의 지명도나 명성은 이제 누구도 의심하지 않았다. 하지만 기쁨도 잠시 1897년 9월 30일 그녀의 어머니 리나 룩셈부르크의 사망 비보가 날라왔다.

로자 룩셈부르크는 좁고 끔찍한 취리히를 벗어나 좀 더 넓은 곳, 인연과 출신이 발목을 잡지 않을 만한 장소를 찾았다. 그리고 적당한 곳을 발견했다. 사회주의 정당이 원내에 진출하는 데 성공한 독일이었다.

성공을 향한 야망, 해바라기처럼 누군가를 바라만 봐야 한다는 집착에서 벗어나고 싶던 그녀는 주변에서 제안한 독일행을 승낙했다. 걸림돌이었던 독일 시민권은 가짜 결혼으로 해결되었다. 취리히에 처음 왔을 때 신세를 졌던 카를 뤼벡의 아들 구스타프 뤼벡과 서류상 결혼을 감행한 것이다. 1898년 그녀는 죽은 어머니, 그리고 멀어진 연인 레오 요기헤스를 두고 베를린행 열차에 몸을 싣는다.

독일 사회민주당의 문을 두드린 그녀는 의외로 빠르게 자리를 잡았다. 저술가로서 그리고 이념가로서의 그녀의 명성, 그리고 폴란드 출신이라는 점이 먹혀들어간 것이다. 당은 그녀를 얼마 전까지 폴란드 영토였던 북부 슐레지엔으로 보냈다. 로자는 능수능란하게 폴란드어를 구사하면서 자리를 잡았다. 하지만 반항과 도전의 본능이 그녀를 다시 투쟁의 무대로 불러 세웠다. 목적지가 하나라고 해도 가는 길과 방법에 대한 차이는 존재한다. 빨리 가기 위해 험한 길을 갈 수도 있고, 편하게 가기 위해서 빙 돌아가기도 한다. 목적지에 빨리 도착하는 쪽이 정답이겠지만 가도 가도 목적지가 안 보인다면?

자본주의가 폭발하고 말 것이라는 마르크스의 예언이 실현될 가능성이 보이지 않자 대안으로 등장한 것이 노선 변경 혹은 수정이었다. 수정주의자들의 주장은 체제가 붕괴하지 않는다면 체제 안에서 자리를 잡고 기다렸다가 기회를 노린다는 것이다. 이미 원내에 진출하는 데 성공한 독일 사회민주당 안에서 로자 룩셈부르크는 목소리를 높였다. 이념의 순수성을 훼손하지 말라는 말로 논쟁의 포문을 연 그녀는 감히 지도부 인사인 에두아르트 베른슈타인을 비판했다.

그즈음 취리히에 남은 레오와의 관계는 점점 더 소원해져 갔고, 늘 병약한 딸을 걱정하던 아버지 엘리아스는 세상을 떠났다. 그녀는 가족이라는 세상에서 점차 밀려나갔다.

❊ 고난, 혁명으로 가는 길

1900년대로 들어서면서 독일 사회민주당 내에서 그녀의 위치는 확고해졌다. 누구든 인정사정없이 물어뜯는 쪼그만 여인을 싫어했지만, 그녀만큼 대중연설을 멋들어지게 하는 사람도 드물었다. 그리고 그녀의 이력에 덧붙여질 사건이 벌어진다. 1903년 어느 대중 연설에서 그녀는 선을 넘어섰다.

"독일 노동자들의 행복을 이야기하는 그 사람은 정작 현실에 대해서는 눈을 감고 있습니다."

'그 사람'은 물론 독일 황제인 빌헬름 2세였다. 연설을 마치고 베를린으로 돌아온 그녀에게 황제 모독죄를 저질렀다는 고발장이 날

아들었다. 결국, 작센의 츠비카우에 있는 교도소에 수감되었다. 난생 처음 겪는 감옥 생활이었지만 씩씩하게 견뎌낸다. 그리고 드디어 러시아에서 혁명이 일어난다. 시작은 늘 그렇듯 우연찮았다.

일본과의 전쟁이 한창이던 1905년 1월 22일 가폰 신부가 이끄는 시위대가 상트페테르부르크에 있는 차르의 겨울 궁전으로 향했다. 시위대는 성모상과 차르의 초상화를 들고 거리를 행진했다. 이들의 주장은 과격함과는 거리가 멀었다. 하지만 겨울 궁전 앞에서 기다리고 있던 코사크 기병대 눈에는 그냥 폭도로 보였다. 그들의 공격으로 수천 명의 사상자가 발생하고 만다.

코사크 기병대는 무엄한 시위대를 진압했지만, 그 대가로 온 러시아가 혁명의 불길에 휩싸이는 계기를 마련하고 말았다. 일요일 날 벌어진 탓에 피의 일요일이라는 이름이 붙었다. 혁명의 불길은 러시아의 지배를 받고 있던 폴란드에도 옮겨 붙는다. 그렇다면 독일의 사회주의자들은 어떤 시선으로 바라봤을까?

"맙소사. 두려워하고 있어. 말이나 되는 소리야?"

로자는 한탄했다. 그들은 이미 국회 의석의 상당수를 차지한 정당이었다. 말로는 투쟁과 혁명을 외치지만 실상 변화를 두려워한다는 사실은 올 것 같지 않은 진짜 혁명의 불길 앞에서 명백해졌다.

1905년 12월 그녀는 베를린을 떠나 바르샤바로 향한다. 모두 위험하다고 만류했지만 안나 마츠케라는 신문기자로 위장한 그녀는 바르샤바행 열차에 몸을 싣는다. 행동하고 싶다는 욕망 탓이었을까?

그녀는 혁명가는 행동하고 투쟁해야 한다는 당연한 명제를 실천하기 위해 사지로 뛰어들었다. 천신만고 끝에 바르샤바에 도착한 그녀는 먼저 잠입해 있던 레오 요기헤스와 재회한다. 사랑의 감정은 티끌조차도 남아 있진 않지만 같은 길을 걷는 동지로서는 아직 서로가 필요했다. 둘은 꺼져가는 혁명의 불씨를 키우기 위해 동분서주했지만 아무 소용이 없었다. 1906년 3월 차르의 비밀경찰들이 둘이 머물고 있던 곳을 급습했다. 로자 룩셈부르크는 생애 두 번째로 체포당했다.

바르샤바 요새의 감옥에 갇힌 그녀를 구하기 위한 노력이 줄을 이었다. 그녀의 가짜 신분은 쉽사리 들통이 났지만, 독일 시민이라는 점은 유리하게 작용했다. 1906년 7월 가족들과 독일 사회민주당 지도부의 노력 덕분에 그녀는 보석으로 풀려나서 레오를 남겨둔 채 스위스로 향한다. 쿠오칼라라는 조용한 도시에서 잠시 쉬면서 원기를 충전하던 그녀는 두 달 후인 9월 베를린으로 돌아온다.

1907년의 짧은 투옥 생활을 끝낸 그녀는 사회민주당이 설립한 연수원의 교육을 맡는다. 제국주의는 점점 거칠어져 갔고, 로자의 눈에는 그것의 종말이 보였다.

"탐욕스러운 제국주의는 결국, 서로 물어뜯을 겁니다. 우린 그들의 시체에 사회주의 깃발을 꽂아야 합니다."

현장에 서 있던 그녀의 확신은 토론과 관념에만 머물던 이들에게는 불안한 망상처럼 비춰졌다. 그녀의 편이라고 믿었던 카를 카우츠키와의 관계도 악화되어 갔다.

로자가 당 지도부와 마찰을 빚는 사이 독일은 전쟁의 용광로에 몸을 던질 준비를 끝냈다. 1911년 모로코를 두고 프랑스와 충돌 일보 직전까지 간 상황에서 독일 사회민주당은 몸을 사렸다. 노동자들의 연대를 주장하는 사회주의가 민족을 앞세운 제국주의 앞에 굴복했다는 사실에 분노한 로자는 거칠게 항의했다. 그러나 다음 해 선거를 앞둔 당은 그녀의 말에 귀를 기울이지 않았다. 안팎으로 위기에 몰린 그녀는 《자본 축적론》이라는 저서를 쓰면서 시간을 보냈다. 그리고 진짜 전쟁이 벌어졌다. 혁명을 부르짖는 인간들의 인내와 용기, 그리고 신념과 인간성이 시험대에 오른 것이다.

1914년 6월 28일 사라예보를 방문하던 오스트리아 - 헝가리 이중 제국의 황태자 프란츠 페르디난트와 황태자비가 암살당하는 일대 사건이 벌어졌다. 세르비아 민족주의자인 가브릴로 프란치프가 쏜 총탄은 수백만 명의 희생을 불러오는 제1차 세계대전—당대에는 그레이트 워 Great War 라고 불렀다—의 신호탄이 되었다.

유럽 각국은 그동안 손봐주고 싶었던 상대방들에게 연달아 선전포고를 했다. 전쟁을 연료 삼아 활활 타오른 민족주의가 지나간 자리에는 초라한 진실이라는 잿더미만 남았다. 자본가들과 귀족들의 전쟁놀음에 희생되지 않아야 한다는 외침은 금세 사그라졌다. 얼마 전까지 동지라고 부르며 스스럼없이 악수를 하던 프랑스와 독일과 러시아의 사회주의자들은 조국을 위해 상대방을 무찌를 결의를 다졌다.

로자는 현실을 이해하지 못했던 것일까? 혹은 여자였기 때문에 남자들의 본성과 그들이 내뿜는 정치적인 향기를 감지하지 못했을까? 전쟁을 위해 증액된 국방 예산안에 사회민주당 의원들이 압도적으로 찬성표를 던진 가운데 로자는 나 홀로 투쟁에 나선다. 클라라 체트킨, 그리고 카를 리프크네히트만이 동조했다.

독일 정부는 연설을 꼬투리 삼아 그녀를 또다시 감옥에 가뒀다. 하지만 이내 풀려난 그녀는 지지하는 세력을 모아 조직을 만들었다. 그 유명한 '스파르타쿠스단'이었다. 어느 틈엔가 그녀 곁에 돌아온 레오 요기헤스가 조직을 책임진다.

그녀가 이끈 스파르타쿠스단은 1916년 5월 1일 베를린에서 시위를 벌였다. 그녀와 함께 시가행진을 벌이던 카를 리프크네히트는 경찰에 체포되고 시위대는 경찰들에게 해산됐다. 카를 리프크네히트의 재판이 진행 중이던 1916년 7월 10일 로자 룩셈부르크 역시 체포당한다. 이번에는 형량조차 없었다. 몇 차례의 이송 끝에 그녀는 브론케에 있는 감옥에 자리 잡는다. 고난은 이제 시작에 불과했다. 한때의 연인들이자 동료였던 클라라 체트킨의 아들 코스티아와 한스 디펜바흐가 전쟁터에서 차례로 사망한 것이다.

전쟁은 점점 끝을 알 수 없는 수렁으로 빠져 들어갔다. 러시아에서 또다시 혁명이 일어났다는 소식이 들려왔지만, 그녀는 여전히 감옥에 있었다. 전쟁이 길어지면서 독일 국민은 고통을 겪어야만 했다. 영국 해군에 의해 바다가 봉쇄되면서 수입에 의존했던 생필품들이 품귀현상을 빚은 것이다. 오직 순무밖에 먹을 게 없어서 '순무의 겨울'이라고 불렸던 1917년 겨울의 굶주림과 절망감은 전쟁에 대한 염증으로 이어졌다.

1918년에 접어들면서 숨죽이고 있던 노동자들이 다시 저항의 깃발을 세운다. 전쟁은 시작만큼이나 빠르게 소멸할 준비를 했다. 불굴의 로자 룩셈부르크는 다시 한 번 비상할 준비를 갖췄다. 1918년 8월 8일 프랑스 아미앵에서 신무기인 탱크를 앞세운 연합군의 반격에 참패한 '암흑의 날' 이후 독일 군부는 승리에 대한 기대감을 접었다. 이제 남은 건 군대를 유지하고 혼란을 막는 일뿐이었다. 군부와 보수진영은 전쟁을 마무리 짓기 위해 사회민주당에 손을 내민다. 11월 9일 군부의 압력에 밀린 황제는 퇴위를 선언한다. 11월 11일 독일은 연합국에 항복한다.

독일이 세상과 치른 전쟁은 끝이 났다. 하지만 또 한때의 동지들이 서로에게 총구를 겨눈 전쟁이 기다리는 중이었다. 하나의 이념을 공유했던 양쪽은 나란히 제정의 폐지와 함께 공화국의 탄생을 알리는 선포를 했다. 단어 차이는 아주 미약했다. 제국 의회 난간에 선 사회민주당 우파 지도자인 샤이데만은 "독일 공화국 만세!"를 외쳤다. 비슷한 시각 네덜란드로 도망친 황제가 비운 궁전에서는 카를 리프크네히트역시 우렁찬 목소리로 '독일 사회주의 공화국'의 탄생을 알렸다. 제정이 무너진 자리에 두 개의 공화국이 세워진 것이다.

독일 사회민주당 당수인 프리드리히 에베르트와 새로 취임한 참모총장 그뢰너 장군은 협약을 맺었다. 에베르트–그뢰너 협약의 핵심은 질서의 유지, 그리고 기득권의 옹호와 공산주의 확산의 방지였다. 혁명과 반혁명의 기운이 교차하는 가운데 조용히 석방된 그녀는 이제 신화와 전설로 포징된 마지막 길을 향해 걷는다.

끝나지 않는 혼란

강에 던져진 로자의 시신은 그해 5월 31일 발견되었다. 폭동을 우려한 정부는 그녀의 시신을 조용히 매장하려 했지만, 진실을 밝히라는 요구가 빗발쳤다. 결국, 살인범들에 대한 재판이 벌어지긴 했지만, 당연히 흐지부지 끝나고 말았다. 최근 그 당시 발견된 시신은 가짜고 진짜 로자 룩셈부르크의 시신이 베를린 자선병원 지하실에서 발견되었다는 주장이 제기되고 있다.

그녀의 연인이자 애증의 대상이었던 레오 요기헤스는 로자의 시신이 발견되는 걸 지켜보지 못했다. 그녀가 죽은 지 두 달 뒤 그 역시 로자와 비슷한 방식으로 살해당했기 때문이다. 그녀의 죽음 이후 레오는 삶을 내던진 사람처럼 보였다고 한다. 평생 사랑하고 증오하고 동지로서 존중했던 분신의 죽음이 험난한 역경을 헤쳐 나온 그의 용기를 꺾은 것이다.

로자와 카를의 죽음 이후에도 혼란은 끝나지 않았다. 각지에서 벌어진 반란과 폭동을 진압한 건 역시 자유군단이었다. 하지만 사냥이 끝나면 사냥개는 솥에 들어가야 하는 법. 쓸모가 없어진 자유군단 역시 제거 대상이 되었다. 1920년 3월 해산 명령을 받고 격분한 자유군단의 지도자 중 한 명인 뤼트비츠는 우익 정치인 카프 박사와 손을 잡고 반란을 일으킨다. 그들은 한때 수도 베를린을 장악하는 데 성공하지만, 곧 진압당하고 만다. 제1차 세계대전 종전 직후 벌어진 독일의 내전은 패전 뒤에 찾아온 약간의 혼란쯤으로 요약된다. 하지만 이 내전은 약 2만 5천 명에서 3만 명의 희생자를 내고 종결되었다.

해산명령을 받은 자유군단 단원들은 그들을 배신한 바이마르 공화국을 절대로 용서하지 않았다. 그들은 곧 바이마르 공화국의 나약함을 비판하며 우후죽순처럼 자라나는 각종 정치 단체에 몸을 담았다. 그들 중 하나가 바로 국가 사회주의 노동자당 속칭 나치라고 부르는 단체였다. SA돌격대라는 명칭으로 불린 나치의 사병조직을 이끌었던 사람은 자유군단 지도자 중 한 명이었던 에른스트 룀이었다.

스파르타쿠스단의 봉기를 진압한 사회민주당은 1919년 1월에 벌어진 총선에서 승리하면서 그토록 고대하던 정권을 수립했다. 하지만 기쁨은 오래가지 못했다. 자유군단이 퇴장당한 것처럼 이들 역시 주어진 몫을 해내자 쓸모가 없어진 것이다.

그해 8월에 진보적이고 민주적인 바이마르 헌법을 앞세우고 수립한 독일 민주공화국은 시작부터 비틀거렸다. 막대한 전쟁 배상금과 전후에 찾아온 경제적인 혼란은 보수주의자들에게 힘을 실어주었다. 1933년 1월 히틀러의 수상 취임을 바이마르 공화국의 종말로 보기는 하지만 1925년 힌덴부르크의 대통령 취임을 사실상 공화국의 붕괴로 보는 견해도 있다.

로자가 체포되기 직전 방문했던 빌헬름 피크는 살인자들과 공범이라는 의심을 샀다. 그가 유유히 호텔을 빠져나왔다는 증언 덕분에 매수되었거나 협박을 받고 그녀를 밀고했다는 추측이 떠돌았다. 하지만 아무것도 입증되지 않았다. 나치 독일의 탄압을 피해 러시아로 피신했던 그는 종전 후 조국으로 돌아왔다. 그리고 1949년 새로 수립된 독일 민주 공화국, 즉 동독의 대통령으로 선출되었다.

이사도라 던컨

Isadora Duncan

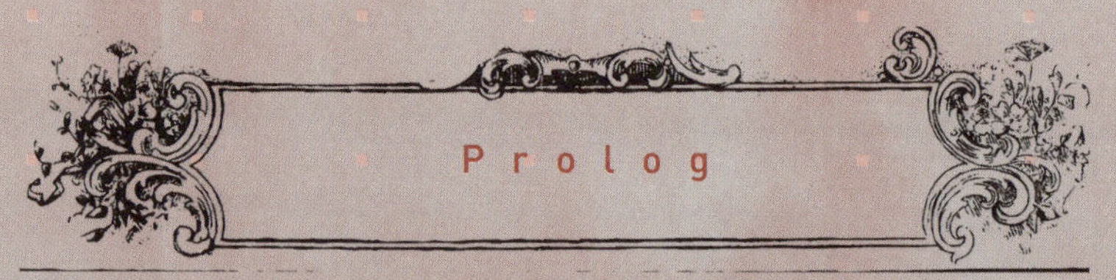

꿈꾸지 않는 프롤로그

"안녕 친구들! 나는 영광을 향해 떠난다!"

나는 쾌활한 목소리로 외치고는 조수석에 앉았다. 늘 목에 두르던 붉은색 스카프도 따라서 내려앉았지만, 신경 쓰지 않았다. 길 건너편에서 나를 쳐다보던 친구들이 기겁하며 바퀴에 스카프가 걸렸다고 소리쳤다. 하지만 운전석에 앉아있던 베누아 팔체토는 영어를 알아듣지 못한 듯 내게 말했다.

"마드무아젤. 출발합니다."

"최대한 빨리, 그리고 멀리 가줘요."

내 말에 그는 고개를 끄덕거리고는 액셀을 밟았다. 차는 굉음을 내며 출발했고, 바퀴에 엉킨 스카프가 단숨에 내 목을 휘어 감았다. 폭죽이 터지는 것처럼 고통이 폭발했다. 내 연약한 목은 단숨에 뚝 부러졌다.

나는 비명을 지르며 잠에서 깨어났다. 한참 후에야 내가 니스에 있는 허름한 내 스튜디오에서 이제 막 꿈에서 깨어났다는 사실을 느겼다. 축축한 어둠을 피해 시트로 목을 가리고 다시 침대에 누워서 잠을 청하려고 애썼다.

"이사도라, 그냥 꿈일 뿐이잖아. 그냥 꿈이라고."

하지만 꿈이라고 생각하기에는 너무나 생생했다. 그리고 처음도 아니었다. 기억하기도 싫은 그 사건이 떠오르자 나는 다시 질끈 눈을 감았다. 꿈을 잊으려고 과거를 더듬었다.

❀ 나, 이사도라 던컨

나 이사도라 던컨은 1877년 5월 26일 미국 샌프란시스코에서 태어났다. 나는 내 운명이 별과 밀접하게 연관되어 있다고 믿었다. 내 별은 금성, 사랑과 미의 여신인 아프로디테의 별이었다. 내가 뱃속에 있던 시절 어머니는 가혹할 정도로 입덧을 심하게 하셨다. 그래서 내가 잘 태어나고, 건강하게 자랄지 늘 걱정하셨다. 하지만 난 건강하게 잘 자랐고, 집안의 귀여움을 독차지했다.

내 얘기를 하기 전에 아버지 얘기를 해야만 할 것 같다. 내 아버지 조셉 던컨은 1819년 필라델피아에서 태어났다. 아버지는 젊은 시절부터 사업을 벌였고, 성공과 실패를 반복했다. 이제 막 성장하는 샌프란스시코는 그런 아버지의 성향과 잘 맞아떨어졌다. 아버지는 잡지사 편집장과 공예품 수입상을 거쳤다. 아버지는 일평생 많은 여인을 만났다. 내 어머니 메리 도라 그레이는 아버지가 50살이 넘었을 때 만난 여인이었다. 그때 어머니의 나이는 갓 스물을 넘길 때였다.

1871년 집안의 극심한 반대를 물리치고 아버지뻘이 되는 남편과 결혼한 어머니는 네 자녀를 두었다. 큰언니 엘리자베스는 그해 겨울에, 1873년에는 큰오빠 오거스틴이, 1875년에는 둘째 오빠 레이몬드가 태어났다. 나 이사도라 던컨은 1877년에 세상 밖으로 나왔다.

내가 태어날 즈음 아버지가 운영하던 신용금고가 파산했다. 요즘도 그렇지만 높은 이율에 가려진 파산위험을 눈치채지 못했던 예금주들―대부분 하녀와 마부 같은 저소득층이었다―은 폭동을 일으켰고, 아버지는 오랫동안 그들을 피해서 숨어 살아야만 했다. 그리고 당연하게도 아버지와 어머니는 그 일 이후 실질적으로 이혼하셨다. 어머니는 훗날 자기는 끝까지 아버지에 대한 믿음을 버리지 않았지만, 성난 예금주들을 피해서 숨어 살 무렵 아버지가 미모의 여인과 동거했다는 말을 듣고는 더는 참을 수가 없었다고 말씀하셨다.

"이사도라, 내 보석을 저당잡히고, 은식기들을 내다 판 건 용서할 수 있겠어. 그런데 다른 여자라니, 네 아버지는 머리에 뿔이 있고, 꼬리가 달린 악마란다."

어머니한테는 아버지는 분명히 악마 같은 존재였을 것이다. 우여곡절 끝에 LA로 이주한 아버지는 재혼하셨고, 부동산 중개업으로 다시 떼돈을 벌었다. 아버지가 우릴 찾아온 것도 그 즈음이었다. 초인종 소리를 듣고 나간 나에게 멋지게 생긴 중년 신사가 어머니를 찾았다. 누구냐는 물음에 그 중년 신사는 그윽한 눈길로 나를 바라보며 말했다.

"조셉 던컨, 네 아버지란다. 가서 어머니한테 내가 왔다고 전해 주겠니."

나는 한걸음에 3층에 있는 집으로 뛰어올라갔다. 문을 벌컥 열면서 아버지가 왔다는 말을 하자 어머니는 울부짖으며 옆방으로 피했고, 오빠들도 침대 밑이나 옷장으로 숨었다. 할 수 없이 도로 내려와

서는 어머니는 사정이 있어서 못 나올 것 같다고 정중하게 대답했
다. 아버지는 대신 내게 산책하러 가자고 제안하셨다. 아버지가 뿔
과 꼬리가 있는 악마가 아니라는 점에 혹한 나는 아버지의 팔을 잡
고 시내를 돌아다녔다. 해가 질 무렵 집 앞까지 바래다준 아버지는
다시 돌아오겠다고 하셨지만 결국 그것이 마지막 만남이 되었다.

그 후 부동산 사업이 몰락하면서 다시 빈털터리 신세가 된 아버지
는 재기를 위해 영국으로 건너가기로 하셨다는 얘기를 들었다. 1898
년 아버지와 아버지의 새로운 가족들을 태운 배는 콘웰 인근 해안가
에서 암초에 부딪혀 침몰하고 말았다. 파란만장한 아버지의 삶은 거
기서 막을 내렸다.

아버지가 없는 우리 가족의 삶은 빈곤하고 또 빈곤했다. 어머니는
난방도 안 되는 추운 방에서 털실을 짜서 스웨터와 모자를 만들어
팔아 생활을 연명했다. 하지만 우린 늘 행복했다. 춥고 배고프긴 했
지만 늘 음악이 있었다. 감자 몇 조각으로 겨우 배를 채운 날에도 형
제들 모두 둘러앉아 어머니의 피아노 반주에 맞춰 춤을 추고 노래를
불렀다.

난 주변 사람들에게 가난했던 어린 시절에 감사한다고 말했다. 만
약 하인들이 입혀주는 우스꽝스러운 옷을 입고 격식에 맞춰서 인사
를 하고 냅킨을 목에 걸고 식사를 했다면 내 영혼이 자유롭지 않았
을 테니까 말이다. 어쨌든 궁핍했지만 나름 행복했던 어린 시절에
유달리 기억에 남는 사건은 내가 아직 학교에 다닐 무렵에 벌어졌
다. 어느 겨울날 선생님께서 착한 일을 하면 크리스마스 때 산타클
로스 할아버지가 선물을 나눠준다고 말했다. 나는 자리에서 벌떡 일

어나서 외쳤다.

"우리 어머니가 그랬는데 산타 할아버지는 없다고 하셨어요. 그냥 부모님들이 밤중에 몰래 양말에다가 넣어두는 거라고 그랬어요."

분개한 선생님은 나에게 넌 나쁜 아이니까 선물을 못 받을 거라고 말씀하셨다. 난 선물 따윈 필요 없다고 응수했고, 화가 머리끝까지 치밀어 오른 선생님은 나에게 억지로 사과하라고 했다가 내가 거절하자 집으로 돌려보냈다.

집에 돌아온 나는 어머니에게 자초지종을 말했다. 내 말을 들은 어머니는 내 머리를 쓰다듬으면서 잘했다고 말씀해 주셨다. 사실 나는 학교에서보다 집에서, 그리고 어머니에게서 더 많은 것들을 배웠다. 어머니는 틈나는 대로 휘트먼의 시를 읽어주었고, 베토벤이나 모차르트의 곡들을 피아노로 연주해 주셨다. 열 살 무렵 더는 학교에 다닐 이유를 찾지 못했던 나는 미련 없이 자퇴했다.

나는 배우는 것보다 가르치는 것에 더 흥미를 느꼈다. 어머니가 동네 아이들을 모아놓고 피아노 교습을 한 것처럼 아이들에게 무용을 가르쳤다. 나는 춤을 추는 것이 즐거웠다. 음악이 내 몸 안의 영혼을 들끓게 하고, 휘트먼의 시를 듣다가 영감이 떠오르면 몇 시간이고 춤을 췄다.

난 발레가 춤을 망친다고 믿는다. 나도 한때는 개인교사를 두고 발레를 배워보려고 했지만, 곧 포기했다. 춤은 배우거나 따라 할 수 있는 게 아니다. 내가 토슈즈를 신고 발가락 끝으로 서지 못한다고 춤을 못 추는 건 아니다. 갑갑한 타이즈를 입어야만 우아한 발동작이 나오는 것도 아니다. 춤은 오직 영혼이고, 영혼은 겉치레에 감춰

둘 수 있는 게 아니다. 발끝으로 온몸을 지탱하고, 척추를 있는 힘껏 꺾어야 하는 발레동작은 춤을 만드는 게 아니라 뿌리를 뽑아버리는 것에 불과하다.

아무튼, 나에게 춤을 배우는 학생들은 계속 늘어났다. 우린 노래하고 춤추는 가족으로 이름을 날렸다. 어머니가 치는 피아노 반주에 맞춰 네 남매가 춤을 추고 시를 낭송하고 노래를 불렀다. 무모함에서만큼은 누구에게도 뒤지지 않았던 우리 가족은 곧 캘리포니아 순회공연을 감행했다. 공연은 그럭저럭 성공적이었지만 나는 항상 배고픔을 느꼈다. 육신이 아닌 영혼의 배고픔이었기 때문에 더욱 절실했다.

춤을 추면서 무대를 돌다가 사람들과 눈이 마주치면 맥이 풀렸다. 그들은 예술을 이해하지 못했다. 오직 어린 아이들의 율동과 목소리에 신기함을 느낄 뿐이었다. 일단 순회공연단으로 들어가려고 오디션을 봤다. 내 춤을 지켜본 매니저는 교회에나 어울리는 춤이라는 혹평을 서슴지 않았다. 난 예술을 바라볼 수 없는 사람들을 피해 도망치고 싶었다. 어머니와 오빠, 언니들 모두 내 생각에 동의했다.

❀ 내 춤을 알아주는 사람이 있다면

1895년 열여덟 살이 된 나는 가족들과 함께 시카고로 향했다. 그곳이라면 내 춤의 가치를 이해할 수 있는 사람들이 있을 것이라는 믿음 때문이었다. 하지만 그곳도 샌프란시스코와 비슷했다. 종일 고픈 배를 움켜쥐고 오디션을 다녔지만 아무도 날 뽑아주지 않았다.

결국, 돈이 모두 떨어진 우리는 마지막 남은 무대 의상을 팔아치워야만 했다. 결국, 자존심을 굽히고 루프 가든을 찾아갔다. 그곳은 무용수들이 공연하는 곳이 아니라 글자 그대로 무희들이 춤을 추는 곳이었다. 그곳 매니저였던 찰스 페어는 나에게 몇 가지 춤 동작을 추가하면 괜찮은 춤이 나올 것 같다고 말했다. 어떤 동작을 추가해야 하느냐는 물음에 그는 길게 찢어진 스커트를 입고 힘껏 발을 차올리면 좋겠다고 말했다. 다른 때 같으면 더 얘기를 듣지도 않고 나왔겠지만 배고픔이 나를 붙잡았다.

문제는 무일푼 상태라서 그런 스커트를 사거나 만들 재료를 살 수 없었다는 점이다. 선불을 달라거나 그런 치마가 없다고 얘기하면 그나마 일거리가 돌아오지 않을 것이 확실했기 때문에 나는 내일 다시 오겠다고 하고는 밖으로 나왔다. 그리고는 무작정 제일 커 보이는 의상실로 들어가서 지배인을 찾았다. 내일 오디션을 보는데 무대 의상에 필요한 돈이 한 푼도 없다고 솔직하게 털어 놓았다. 젊은 남자 지배인은 내 말을 주의 깊게 듣더니 메모지에 글자를 적어주며 지하에 있는 가봉실로 내려가서 이걸 보여주라고 말했다. 메모지에는 반품된 흰색과 붉은색 천과 내가 고른 치마 한 벌을 주라는 내용이 적혀 있었다. 잠시 후원하는 옷과 재료들을 가지고 가게를 나올 수 있었다.

집에는 나처럼 배고픔에 실신 일보 직전이었던 어머니가 누워계셨다. 내 얘기를 들은 어머니는 비틀거리는 몸을 일으켜 재봉틀로 향했다. 그리고 밤새 어머니가 재봉틀을 돌려서 무대 의상을 만드는 사이 나는 그 옆에서 춤 동작을 연습했다. 다음 날 운명의 오디션을 끝내자 찰스 페어가 이렇게 말했다.

"괜찮군. 내일부터 무대에 올라가."

나는 정확하게 배고픔을 면하고, 밀린 집세를 낼 만큼 돈이 모이자마자 관뒀다. 그는 더 많은 급료를 주겠다고 했지만 난 깨끗하게 거절했다. 굶주림을 면하려고 춤을 배반했다는 사실을 더는 견디기 어려웠다. 그 무렵 만난 엠버라는 여성 편집자가 나에게 그곳보다 보헤미안이 더 잘 어울릴 것 같다고 말한 것도 한 가지 이유였다.

가난한 시인과 화가들의 쉼터인 보헤미안은 자유롭고 편안한 곳이었다. 그리고 한 가지 맥주와 샌드위치 같은 것들이 모두 무료였다. 국적도, 취향도 제각각인 보헤미안 사람 중에서 폴란드 출신의 이반 미로스키와 사랑에 빠진 것은 어쩌면 지쳤기 때문인지도 모르겠다. 냉소적인 미소로 내 춤을 쳐다보던 그는 시카고에서 유일하게 내 춤을 이해해 줬다.

우린 따뜻한 날이면 보헤미안에서 챙겨온 샌드위치를 가지고 야외로 나갔다. 그는 나무에 기대앉아서 춤추는 내 모습을 스케치했다. 어느 날 이반은 숲 속에서 무릎을 꿇고 청혼을 했지만 나는 잠시 생각해 보겠다고 말했다.

이즈음 시카고에서도 내 춤을 이해해 주는 사람이 없다는 확신이 들었다. 그해 여름에 시카고로 순회공연을 왔던 오거스트 달리는 진정한 춤이란 무엇인가에 대해서 심도 있게 말한 적이 있었다. 내 말을 한참 동안 듣던 그가 말했다.

"좋소. 이해하긴 어렵지만, 이번 순회공연을 마치면 10월에 뉴욕으로 돌아갈 거요. 그때 오디션을 한번 봅시다. 거기에서 오디션을 보고 합격하면 일거리를 주겠소."

확실한 제안이 아닌 탓에 오랫동안 망설였지만 결국은 다시 길을 떠날 운명이었다. 문제는 기차표였다. 간신히 기차표 값을 구하고 뉴욕행 열차에 몸을 실었다. 샌프란시스코에서 시카고로 왔을 때만큼이나 흥분을 감추지 못했다. 내가 떠난다는 사실에 이반은 크게 상심했다. 그런 그에게 나는 내가 돈을 벌어오면 그때 꼭 결혼하자고 말했다. 절반은 진심이었고, 나머지 절반은 거짓이었다. 나는 평생 불행한 결혼의 늪에 빠진 어머니를 지켜보는 행운을 누렸다. 덕분에 남자와의 결혼이 얼마나 무섭고 두려운 일인지 뼛속 깊이 깨닫고 있었다.

힘들게 도착한 뉴욕의 첫인상은 황량함과 복잡함이었다. 하숙집에 짐을 풀고 달리의 극장을 찾아갔다. 그는 당대의 유명한 팬터마임 배우인 제인 메이를 주연으로 하는 〈미스 피그말리온〉을 무대에 올릴 준비를 하는 중이었다. 그 얘기를 듣는 순간 나는 가슴이 무너지는 것 같았다. 팬터마임이라니, 나는 고의로 소리를 없애는 춤은 춤이 아니라고 믿었다. 물론 나도 음악 없이 춤을 춘 적은 있지만, 소리가 없는 진공의 세계는 춤이 있을 만한 곳이 아니라고 믿었다. 거기다 제인 메이는 얼마나 짜증이 나게 굴든지, 하지만 지난번 시카고에서 겪었던 배고픔을 또 맛보고 싶지는 않았다. 억지로 눈물을 쥐어짜며 공연을 시작했다. 〈미스 피그말리온〉은 혹평 속에서 막을 내렸다.

그럼에도 오거스트 달리 씨는 나를 좋게 봤는지 나에게 〈한여름밤의 꿈〉에서 요정 역할을 맡겼다. 나는 반항의 의미로 날개를 떼고 나가서 춤을 췄다. 나는 박수갈채를 받고 의기양양하게 무대에서 물러났지만 달리 씨의 호통을 들어야만 했다. 그는 제멋대로 춤을 춘 나에게 징벌의 의미로 조명을 다 끈 무대로 나를 올려 보냈다. 어둠 속에서 춤을 추는 내내 화려한 조명과 박수갈채를 떠올리며 참아냈다. 그렇게 1년을 보내면서 나는 불행에 빠졌다. 자유로운 춤을 추려고 애를 썼지만 모두 내 춤을 가둬두기만 할 뿐이었다. 어느 날 더는 참을 수 없게 된 나는 불 꺼진 극장에서 한참을 울다가 결심했다.

며칠 후 나는 내 발로 극단을 나왔다. 나와 가족들은 작은 연습실을 빌려서 생활했다. 학생들을 가르치면서 생활을 꾸렸지만 힘든 건 여전했다. 1898년 내 춤에 매혹된 음악가 에델버트 네빈의 도움으로 카네기 홀에서 공연을 했다. 나는 그의 음악에 맞춰 원하는 대로 춤을 추었다. 공연은 성공적으로 끝났지만 우린 여전히 가난했다. 하지만 어머니가 피아노를 연주하고 내가 춤을 추는 가운데 엘리자베스 언니나 레이몬드 오빠가 노래를 부르거나 시를 낭송하는 공연은 참으로 행복했다.

나는 춤이 위엄 있고, 고귀한 것이라고 믿었다. 내가 토슈즈와 타이츠 같은 걸 경멸하는 것은 그런 것들로 무장하고는 춤을 드러낼 수 없기 때문이다. 지금은 조금 덜하지만 따분한 발레를 제외한 다른 무용수들은 춤추는 창녀 취급을 받았다.

내가 그런 인식을 바꿔놨다고는 생각하지 못하지만 어쨌든 내 춤은 신선하고 새롭다는 평을 받았다. 내가 공연 전 짧은 연설을 하는 것도 그런 인식을 조금이나마 불식시키기 위해서였다. 좋아하진 않았지만, 돈을 벌려고 귀부인들의 살롱에서도 춤을 춰야만 했다. 늙고 주름진 노파들은 코앞에서 날 들여다보며 혀를 차기도 하고, 이런저런 잡소리들을 늘어놨다. 사례비는 왜 그리도 짜게 주는지, 하지만 유명한 무용수가 되려면 이런 귀부인들과 알아두는 것은 반드시 필요한 일이었다. 뉴포트에 사는 애스터 부인을 시작으로 다른 귀부인들과 친분을 이어갔다. 내 춤에 대한 호평이 이어졌지만, 여전히 주머니는 텅 비었다. 다시 떠나기로 했다. 왜 하필 영국이었느냐는 질문에 나는 "그냥."이라고 짤막하게 대답할 수밖에 없었다. 춤에게 정착은 죄악이며 고향 따위는 없는 법이니까.

❀ 춤을 향한 식지 않는 열정

1899년 우리 가족은 작년에 사고로 돌아가신 아버지가 가려던 영국으로 향했다. 차비가 부족해서 살롱에서 공연을 부탁했던 귀부인들을 찾아가서 돈을 빌렸지만, 여행경비로는 턱없이 부족했다. 결국, 레이몬드가 내놓은 제안대로 가축을 운반하는 선박을 타고 가기로 했다. 밤새 서로 뒤엉켜서 울부짖는 소들 틈바구니에 껴서 2주일을 견뎌야 했다. 런던에 도착해서도 귀부인들을 찾아다녔다. 뉴욕보다 더 꼬장꼬장하긴 했지만 어쨌든 그들의 살롱에서 춤을 추고 돈을 받을 수 있었다.

그리고 그곳에서 나는 충격적인 소식을 들었다. 이반 미로스키가 작년에 벌어진 미국과 스페인 간의 전쟁에 참전하기 위해 자원해서 플로리다로 갔다가 그만 병사하고 말았다는 것이다. 더 충격적인 것은 전사자 명단에 오른 그가 엄연히 유부남이었고, 부인이 영국에 살고 있었다는 것이다. 나는 충동적으로 미로스키 부인을 찾아갔다. 그녀는 남편에게서 나에 대한 이야기를 많이 들었다면서 씁쓸해했다. 한 남자를 둔 두 여인의 추억은 묘한 동지의식을 낳았다.

영국에서 나는 많은 귀부인 앞에서 춤을 췄다. 한 번은 훗날 영국 국왕 에드워드 7세가 되는 웨일즈 공이 참석한 파티에서 공연한 적도 있었다. 그는 팁을 주지는 않았지만 나에게 '게인즈버러의 미녀'라는 찬사를 던졌고, 덕분에 사교계의 관심을 끌었다. 웨일즈 공 앞에서 공연할 기회가 몇 번 더 있었고, 호기심은 이제 찬사로 바뀌었다. 난 그 짜릿한 성공 앞에서 공허함을 느꼈다. 그 시절 뒷골목 집시에게 점을 친 적이 있었다. 늙은 마녀같이 생긴 집시는 내가 전생에 자기들과 같은 집시였다고 말했다. 정처 없이 떠돌다가 밤이 깊어지면 모닥불을 피우고 춤을 추는 집시였다니 생각만 해도 근사했다. 런던을 떠나기로 한 건 답답함 때문이었다. 춤을 자유롭게 해 주고 싶어서 파리로 떠났다. 나만큼이나 방랑벽이 있는 가족들 역시 함께 떠났다.

런던은 뉴욕보다 좋았지만 파리는 런던보다 나았다. 그곳에 먼저 자리 잡은 둘째 오빠 레이몬드의 도움으로 인쇄소 위층의 시끄러운 곳에 둥지를 틀었다. 무엇보다도 나를 흥분시킨 건 미술관과 도서관이 그 어느 도시보다 많다는 것이었다. 그해에 파리에서는 만국 박람회가 열렸고, 온갖 춤이 사람들에게 선을 보였다. 나는 그곳에서 일본 무용가인 사다 야코의 춤을 구경하면서 전율을 느꼈다. 그리고 독보적인 무용가인 로이 풀러의 춤도 직접 볼 수 있었다.

마음을 활짝 열고 예술가들과 만났다. 위대한 조각가 로댕과 만난 것도 이즈음이었다. 나는 그를 위해 춤을 추었고, 그는 그림 속에 나를 남겨두었다. 레이몬드 오빠가 주선해서 로이 풀러가 내 연습실을 찾아왔다. 나는 물을 만난 고기처럼 그녀와 오랫동안 내 마음속에 담아두었던 춤에 대해서 이야기했다. 그녀는 진지하게 내 말을 들어주었고, 깊은 공감을 표시했다. 그리고 그 자리에서 독일 순회공연을 계획하고 있는데 참여하지 않겠느냐고 제안했다. 내가 감명깊게 바라봤던 또 한 명의 무용수인 사다 아코도 포함되어 있다는 얘기에 당장 승낙했다.

1902년 로이 풀러와 함께 베를린에 도착한 나는 춤을 바라보는 그녀의 헌신과 열정에 감탄했다. 그녀가 나를 위해 만들어준 단독 콘서트는 폭풍 속에서 치러졌다. 타이츠를 입지 않은 맨다리에 토슈즈도 없이 무대를 뛰어다니는 내 모습을 본 관객들은 뻣뻣하게 얼어붙었다. 무대를 주선했던 로이 풀러 역시 점잖은 독일 관객들의 성향에 맞춰달라고 부탁했지만 난 깨끗하게 거절했다.

"나는 내 춤을 이해하는 사람들한테만 맞출래요. 이해하지 못하는 사람들을 위해서 내 뜻을 굽히고 싶지는 않아요."

그랬다. 나보고 배은망덕하다느니 굴러온 복을 제 발로 걸어찼다느니 하는 얘기들을 많이 들었다. 그리고 그건 사실이지만 사실이 아니다. 나에게는 춤을 향한 꿈이 있다. 답답하고 오래된 관습이나 규칙이라는 쇠사슬에서 벗어나 몸이 느끼는 대로 움직이고, 마음이 꿈틀대는 방향으로 움직이는 춤. 내가 맨발을 고집하는 이유는 무대와 호흡하고 싶기 때문이었고, 타이츠나 무용복을 거부한 이유는 피부로 느껴지는 춤의 전율을 맛보고 싶기 때문이다. 로이 풀러라면 그것을 이해해줄 것이라고 믿었지만, 그녀 역시 무용가 이전에 공연 기획자였다.

마침 비엔나에서 만난 적이 있던 헝가리 출신의 공연 기획자인 알렉산드르 그로츠 씨가 부다페스트에서 공연할 수 있도록 주선해 주었다. 3월 부다페스트에 도착한 나는 곧장 리허설에 들어갔다. 그는 내가 뜻하는 바를 잘 이해했고, 내가 원하는 대로 무대 장치와 음악을 준비해 주었다. 4월에 우라니아 극장에서 막을 올린 무대는 대성공이었다! 들끓는 관객들보다는 마음대로 춤출 수 있다는 것, 그리고 드디어 내 춤을 이해하고 호응해 주는 사람들과 마주쳤다는 사실이 더없이 황홀했다.

그리고 그곳에서 나의 로미오와 마주쳤다. 사람들은 대번에 그가 헝가리 국립극단의 오스카 베레기라는 사실을 알아차렸지만 개의치 않았다. 그리고 그 때문에 내가 타락했다고 수군거리지만, 그것 역시 사실이 아니었다. 우린 사랑에 빠졌고, 자연스럽게 사랑을 나눈 것뿐이었다. 짙고 까만 눈동자를 들여다보면 어느덧 그가 풀어 놓은 사랑이라는 거미줄에 덥석 걸린 내 모습을 발견하곤 했다. 우라니아 극장에서의 공연이 끝나고 나는 그와 며칠 동안 짜릿한 도피 생활을 했다. 한적한 시골 농가에서 방을 빌리고 온종일 함께 지냈다. 어머니의 불벼락이 우릴 갈라놓을 때까지 우리 사이는 뜨거웠다. 그러나 부다페스트로 다시 돌아오고 그로츠가 나를 위해 준비해 놓은 헝가리 순회공연에 나서면서 그와 자연스럽게 헤어졌다.

예술은 사랑이고, 사랑은 결코 해피엔딩인 법이 없다. 수많은 도시에서, 많은 관객 앞에서 내 춤을 출 수 있다는 기쁨은 오래오래 이

　　　　　　　　　　　　　　　　　　Isadora Duncan

어졌지만, 그와의 이별은 내 가슴에 비수를 박았다. 물론 내가 원했다면 그와 결혼할 수 있었을 것이다. 나는 단 한 명의 남자를 얻으려고 우주보다 광활한 춤을 포기할 수는 없었다. 이반 미로스키의 청혼을 거절했을 때처럼 나는 남자의 품보다 더 넓은 곳을 필요로 하는 무용수였다. 아픔을 잊으려고 곧장 독일 순회공연에 나섰다가 마음의 병이 커지면서 결국 몸져눕고 말았다. 그로츠는 나를 프란젠스바트 온천으로 요양을 갈 수 있게 주선해 주었다.

아니, 부질없는 짓이었다. 사실대로 말하면 그때 오스카 베레기의 아이를 임신했었다. 어머니가 알면 어쩔까 하는 생각에 전전긍긍하다가 그만 병까지 난 것이다. 지금 생각하면 용기를 내서 얘기했어야만 했다. 현기증을 참고 계단을 내려오다가 넘어지면서 뱃속의 아이는 유산되고 말았다. 그 불쌍한 생명을 생각하면 지금도 눈물이 앞을 가린다.

이후 우울함이 한없이 나를 가뒀다. 그걸 깨고 나올 수 있었던 것은 역시 춤이었다. 어느날 알렉산드르 그로츠 부부와 저녁식사를 하는데 내 춤을 보고 싶어 하던 팬들이 레스토랑의 유리창을 깨트리고 말았다. 나는 즉시 방에 있는 트렁크를 가져오라고 부탁하고는 그 안에 담긴 내 무용복을 꺼내 입었다. 그리고 깨진 유리조각과 함께 테이블을 치워달라고 부탁했다. 열광적인 시선 앞에서 천천히 춤을 추면서 아이를 잃은 아픔을 달랬다.

❀ 맨발의 무용수

독일 공연도 성공적이었다. 우레와 같은 박수소리와 환호를 들을 때마다 아이가 죽으면서 비어 버린 몸속이 점차 채워지는 느낌이었다. 뮌헨에서 어머니와 큰언니 엘리자베스를 다시 만났다. 내가 오스카 베레기와 헤어졌다는 사실에 만족한 두 사람과 곧 예전처럼 다시 가까워졌다. 내가 이피게니에에게 흥미를 느낀 것도 이즈음이었다. 트로이 원정을 떠나는 아버지 아가멤논에 의해서 제물로 바쳐질 운명에 처하는 비극적인 운명의 여인이라는 점이 내 마음에 쏙 들었다. 사실 뮌헨이 왜 나한테 그렇게 열광했는지 이유를 알 수 없다. 바로 전해 로이 풀러와 공연을 했을 때만 해도 천박하고 음란하다는 손가락질을 받았는데 불과 1년 사이에 상황이 완전히 뒤바뀐 것이다.

어쨌든 뮌헨에서의 공연은 대성공이었고, 베를린으로 이어졌다. 나는 갑갑한 발레보다 자유로운 내 춤에 더 많은 시선이 쏠렸다는 점이 더없이 만족스러웠다. 물론 내가 추는 춤은 무용이 아니라는 반발도 많이 있었다. 하지만 나는 내가 추는 춤을 사람들이 인정해 주고 존중해 주는 것으로 충분하다. 그리고 음란한 눈요깃거리나 예술가축에도 끼지 못하는 무희라고 깔보는 눈길은 사라졌다. 그래서 일부러 공연 전에 춤에 대해서 이런저런 연설을 했고, 공연료도 일부러 오페라보다 높게 책정했다.

그리고 이피게니에에게 향했던 관심은 자연스레 그리스에 대한 관심으로 이어졌다. 나는 독일 순회공연을 더 하자는 그로츠의 애원을 뒤로하고 가족들과 함께 그리스로 향했다. 그곳에서 고향으로 돌아가는 율리시즈 흉내를 냈다. 배를 타고 떠돌다가 외딴 시골 카사바라스에 내려서 마차를 빌렸다. 춤을 추다가, 혹은 노래를 부르면서 정처 없이 길을 걸어간 우리는 그리스 독립전쟁에 참전했다가 병사한 바이런이 죽은 미솔롱기를 거쳐 아테네에 도착했다.

그곳이 너무나 마음에 들었던 탓에 그곳에 우리만의 집을 짓고 살기로 했다. 우리가 점찍은 땅은 아테네 신전에서 몇 킬로미터 떨어진 작은 언덕이었다. 양들을 방목하는 땅을 비싼 값에 사들이고, 대리석으로 기둥을 올리고 벽을 쌓았다. 이 무모한 행동은 은행 잔고가 바닥날 때까지 쭉 이어졌다. 꿈이 끝났지만 슬프거나 아깝지는 않았다. 살다 보면 무감각해지는 순간을 누구나 다 경험해 보지 않을까? 나 역시 그랬다.

바닥난 은행 잔액을 채우려고 다시 독일로 돌아가야만 할 때 나는 열 명의 그리스 소년들을 함께 데리고 왔다. 그들의 아름다운 화음을 독일인들에게 들려주고 싶었지만, 그들은 익숙한 것에만 집착했다. 설상가상으로 소년들까지 말썽을 피우면서 내 시도는 그렇게 막을 내렸다.

답답한 베를린을 벗어나 파리로 돌아갔다. 그리고 그곳에서 베토벤의 음악을 춤으로 표현하는 공연을 펼쳤다. 내 춤은 논쟁이 대상이 되었고, 비난과 호평이 불길처럼 번져갔다. 하지만 난 평온했다. 세상의 어떤 비난도 춤을 향해 나아가는 내 팔을 붙잡지 못했다.

1904년 이런저런 모험을 뒤로하고 다시 독일로 돌아왔다. 순회공연을 준비 중일 무렵 치명적인 사랑이 나를 엄습해 왔다. 고든 크레이그는 위대한 영국의 여배우 엘렌 테리의 아들이었다. 처음 그를 만났을 때 나는 내 모든 영혼을 헌납해야 할 것 같은 기분이었다. 그가 어머니에게서 물려받은 건 외모뿐이라는 사실도, 바람둥이인 그가 두 번이나 결혼을 하고 여러 명의 자식과 사생아를 두었다는 점도 나를 뜯어말리지 못했다. 내가 춤을 갈망하듯 그 역시 새로운 여자들의 품을 갈망하는 것이리라고 이해했다. 나는 독일 공연을 마치고 러시아 공연을 떠날 때까지 내내 그와 함께 있었다. 당연하게도 어머니는 펄펄 뛰었지만 나를 막지는 못했다.

내가 러시아로 발길을 돌린 이유는 그곳이 유럽 발레의 본고장이기 때문이었다. 꽁꽁 얼어붙은 나라처럼 이 나라의 발레도 얼음처럼 단단하게 자리 잡고 있었다. 상트페테르부르크에서 나는 그 얼음들을 깨트리기 시작했다. 지금도 내가 러시아 발레의 변화에 어떤 영향을 미쳤는지 논쟁들이 오가는 것으로 알고 있다. 그들이 어떻게 받아들였는지는 중요하지 않다고 본다. 정말 중요한 건 변화가 시작되었다는 점이다. 척추를 부러뜨릴 것 같은 고통스러운 발레에서 팔다리에 날개를 단 것처럼 훨훨 나는 춤으로 변했다는 사실만 기억했으면 한다.

내가 나만의 학교를 세우기로 한 곳도 러시아였다. 일렬로 서서 팔과 다리를 기계적으로 움직이는 어린 학생들을 보고는 나만의 방식대로 춤을 가르쳐야겠다는 생각이 뇌리를 스쳤다. 마침 독일에 가족들의 거처를 마련하면서 그루네발트라는 곳에 팬션을 사 놓았던 것이 기억났다. 당장 그곳에 나만의 무용학교를 열기로 하고 학생들을 모았다.

정작 학교의 운영에 들어갈 자금을 버느라 더 바쁘게 공연하러 다닌 탓에 학생들과 가깝게 지낼 시간이 없었다. 하지만 틈나는 대로 아이들과 함께 공연을 하려고 무대에 올랐다. 나는 아이들에게 늘 무대가 침대처럼 익숙해져야 한다고 말했다. 춤이 자유로우려면 모든 억압에서 벗어나야만 한다. 여성이라는 몸의 억압, 무희라는 시선의 제약, 그리고 무대라는 거대한 강박관념을 모두 벗어야만 자연스러운 춤이 나온다.

❀ 내리막길로 치닫다

한참을 그렇게 바쁘게 살 무렵 인생을 잠깐 정지시켜야 할 일이 벌어졌다. 고든 크레이그의 아이를 임신한 것이다. 그는 내가 임신 소식을 전하자 당혹스러워했다. 평생 무언가에 대해서 책임을 진 적이 없었던 그는 내게서 태어날 자신의 아이를 장애물처럼 여긴 것 같았다. 설상가상으로 내 흉내를 내는 다른 무용수들이 경쟁적으로 등장하면서 일이 더 복잡해졌다. 그들은 나보다 춤을 못 췄지만, 더 젊었고, 고분고분했다. 심지어 파리에서는 레이디 맥클라우드*라는 이름의 무용수가 벨리 댄스를 들고 등장하면서 내 입지를 좁혔다.

임신은 그런저런 일들로 타격을 입던 나에게 비수를 꽂는 일이 되었다. 점잖은 후원자들은 내 행실을 마음에 들어 하지 않았고, 물어뜯을 기회만 노리던 언론들은 이때다 싶어서 덤벼들었다. 내가 발레 학교의 아이들을 학대한다는 당치도 않는 모함도 했다.

* 훗날 마타 하리라는 이름으로 잘 알려진 무용수다. 캠벨 맥클라우드 대령과 이혼한 직후 파리로 와서 벨리 댄서로 명성을 떨칠 무렵이었다.

지친 나는 네덜란드의 휴양지 노르위직으로 향했다. 그곳에서 로댕 선생님의 제자인 캐서린 브루스의 도움을 받으며 1906년 9월 24일 이틀간의 진통 끝에 앨런 테리를 쏙 빼닮은 딸이 태어났다. 데어도르라는 이름을 붙이고, 품에 안는 순간 아이를 위해 희생해야만 했다고 믿었던 시간이 사실은 황금보다 더 값진 시간이었다는 사실을 깨달았다.

아이를 낳고 몸조리를 제대로 하기도 전에 다시 일에 나서야만 했다. 아픈 몸으로 나선 바르샤바 공연은 대실패로 끝나고 말았다. 꿈을 이뤘다고 생각하는 순간 정신을 차리고 주변을 둘러보자 모든 것이 신기루처럼 느껴졌다. 고든 크레이그와는 매번 무대 설치를 두고 충돌을 일으켰고, 그루네발트의 무용학교는 끝없이 내 지갑의 돈을 집어삼켰다.

정상이라고 생각했고, 모두 내 춤을 이해하고 받아들였다고 믿었지만, 그들은 내 사생활을 트집잡고 외면했다. 1907년 돈을 벌려고 무대에 올랐지만 싸늘한 시선과 아이의 아버지가 누구냐는 조롱기 있는 질문만 받았다. 무용학교를 위한 모금도 지지부진했다. 결국, 다시 미국으로 돌아가야만 했다.

1908년 뉴욕으로 가는 배를 탔다. 소들이 울부짖는 배를 타고 떠난 지 9년 만이었다. 브로드웨이에서의 솔로 공연은 나를 무시했던 신대륙의 청교도들에게 멋진 교훈이 될 거라고 믿었다. 아니, 사실대로 말하면 도망치고 싶었다. 지긋지긋하게 사랑했던 고든 크레이그와 밑 빠진 독처럼 돈을 요구하는 가족들에게서 말이다.

뉴욕으로 돌아와서 가졌던 공연은 실패로 돌아갔다. 젊고 예쁜 경쟁자들이 너무 많아졌다는 사실을 뼈저리게 인정해야만 했다. 어쩔 수 없이 그루네발트에 있는 학교의 문을 닫아야만 했다. 파리로 돌아가서 다시 공연을 할 생각에 머리가 지끈거렸다. 후원자를 찾는 게 가장 좋은 방법이었지만 사생아를 낳은 천박한 무용수로 낙인 찍힌 탓에 그것도 힘들었다. 하지만 나는 이사도라 던컨이었다. 힘을 내야 했고, 춤을 춰야만 했다. 학교는 문을 닫았지만 나에게 의지하기로 한 학생들과 사랑스러운 내 딸 데어도르가 곁에 있었기에 때문이다.

기운을 낸 탓일까? 쌀쌀하고 냉담했던 파리가 드디어 나를 품어주었다. 기쁜 일은 계속되었다. 드디어 기다리던 후원자가 나타난 것이다. 꽃다발을 들고 대기실로 찾아온 그는 파리 싱어라는 남자였다. 재봉틀 회사를 가진 아버지에게 풍족한 유산을 물려받았다고 한다. 사람들은 그가 무턱대고 돈만 뿌려대는 철없는 한량이라고 했지만, 나는 내 주머니를 채워줄 수 있다면 악마라고 해도 내 옆자리를 내 줬을 것이다. 차라리 말로만 이런저런 걱정해 주는 사람보다는 욕을 하면서 공연표를 사는 사람이 더 소중했다. 나는 그를 보는 순간 바그너의 오페라 〈로엔그린〉에 나오는 백조의 기사 로엔그린이 떠올랐다. 그는 당장 내 학생들이 편안하게 먹고 쉴 수 있도록 조처를 해 주었다. 덤으로 자신의 요트에 초대까지 했다.

행복했느냐고? 내가 로엔그린을 떠올린 이유는 그가 오페라의 3막에서 결혼식 직전 금기를 깬 엘자를 탓하며 백조를 타고 떠났기 때문이었다. 세상의 모든 만남은 그 순간 이별을 향한 시간을 재기 시작한다. 고통스러웠냐고 묻는다면 고개를 끄덕일 수밖에 없다.

어쨌든 부유한 그를 만난 탓에 돈에 고통받는 일은 사라졌다. 꿈에도 그리던 근사한 작업실도 얻었다. 멋진 보석이 주렁주렁 달린 값비싼 드레스를 입고 최고급 와인을 마시며 식사를 했다. 그리고 운명처럼 그의 아이를 가졌다. 두 번째 출산이라니, 이제 더는 춤을 출 수 없을 정도로 몸이 망가져 버릴지도 모른다는 두려움이 엄습해 왔다. 끊임없이 망설였지만 결국 아이를 낳기로 했다. 내 두 번째 아이, 패트릭은 1910년 5월 1에 태어났다. 그 분홍빛 나는 손가락을 만지면서 모든 고민과 걱정을 지웠다. 로엔그린은 나에게 청혼을 했지만 거절했다. 그에게 갇혀 지내게 되면 춤을 잊을 것만 같았다.

당장 다음 해부터 파리에서 공연을 시작했다. 그리고 아마 이때부터 내 춤에 감정이라는 것이 실린 듯하다. 그전까지 나는 자연스럽게 춤을 느꼈고, 숭배했다. 하지만 온갖 삶의 풍파를 겪게 되면서 춤이 친근해졌다. 팽팽하던 숨결과 근육의 떨림 사이로 감정이라는 혈액을 흘려보내게 된 것이다.

내가 오르페우스와 에우리디케를 선택한 이유는 내가 평생 쫓아다녔거나 혹은 쫓기던 사랑을 주제로 했기 때문이었다. 공연이 성공적으로 끝나자 다시 용기를 내서 미국으로 건너갔다. 하지만 역시 참담한 실패. 역시 미국인들의 예술을 보는 심미안이 없었다. 잠깐의 행복은 곧 나락으로 떨어졌다.

사람들은 내가 두 번의 출산과 세월을 겪으면서 열정과 젊음이 사라졌다고 말했다. 사실일까? 나는 귀머거리가 아니다. 그들의 이야기는 늘 들려오지만 어떻게 대처해야 할지 몰랐다. 차가워진 시선들은 뜨거워지지 않았다. 내 의상을 두고는 음란하다는 눈길을 던졌다. 공연 중 실수로 어깨끈이 풀리자 기다렸다는 듯 경찰들이 들이닥쳤다. 이번에도 역시 로엔그린이 구원의 손길을 내밀었다. 내가 오랫동안 꿈꿔왔던 전용극장과 무용학교를 세우기로 한 것이다. 이제 모든 것을 잊고 아이들과 무용학교에만 전념해야겠다고 마음먹는 순간 청천벽력 같은 일이 터졌다. 오, 하느님 맙소사.

1913년 4월 19일, 잊을 수 없는 날에 사건이 터졌다. 엉키고 엉킨 복잡한 약속에 지친 나는 보모인 애니에게 두 아이를 데리고 집으로 돌아가 있으라고 말했다. 집을 향해 가던 르노 자동차는 신호를 기다리는 동안 시동이 꺼졌다. 폴 모베랑이라는 운전사는 시동을 다시 걸려고 밖으로 나왔다. 크랭크를 돌려 시동이 다시 걸리는 순간 차는 쏜살같이 앞으로 나아가서는 센 강에 곤두박질쳤다. 아이들은 끔찍한 공포를 맛보며 유모의 품에 안겨서 죽었다.

오 가엾은 아이들, 그 차가워진 작은 손을 만졌을 때 비로소 두 아이의 죽음을 실감했다. 집으로 옮겨온 아이들은 당장에라도 일어서서 엄마를 부를 것만 같았다. 많은 사람이 그 파도 같은 슬픔을 함께 나누려고 애써주었다. 모든 것이 끝나고 아이들을 집어삼킨 센 강의 강변을 찾아갔다. 무심하게 흐르는 강물은 두 아이를 죽여놓고도 너무나 태연했다. 나는 강물을 향해 울부짖으며 돌을 뿌렸다. 그래도 여전히 강물은 흘러갔다. 인생처럼, 꿈처럼….

그 순간 나는 악몽에서 깨어났다. 정신을 차리고 주변을 둘러보니 그곳은 니스에 있는 내 스튜디오였다. 폭포수처럼 말을 쏟아낸 나는 시트를 부여잡고 참았던 울음을 터트렸다. 구겨진 시트 사이로 눈물

방울이 떨어졌다. 한참을 울자 기분이 좀 나아졌다. 다시 침대에 누우면서 중얼거렸다.

"내일은 드라이브나 해야겠어. 그러면 기분이 좀 나아지겠지."

그렇게 중얼거리는 순간 창가 쪽 벽에 서 있던 거대한 괘종시계가 12시를 알리는 묵직한 종소리를 냈다. 9월 13일이 지나가고 9월 14일이 시작된 것이다.

✿ 1927년 9월 14일 오후 프랑스 니스

그날도 나는 내내 불운과 맞서 싸워야만 했다. 오후 4시에 방문하기로 한 파리 싱어에게 수표를 받아 베누토 팔체토가 가져온 차를 살 생각이었지만 약속이 뒤엉키면서 파리 싱어와 베누토 팔체토가 마주치는 불상사가 생긴 것이다. 파리 싱어는 내가 변하지 않았다면서 벌컥 화를 내고는 돌아섰다. 나는 베누토에게 오후 9시에 다시 오라고 말하고는 파리 싱어를 붙잡으려고 했지만, 실패로 돌아가고 말았다. 낙담한 채 있던 나에게 친구인 메리와 영화감독인 이반 니콜렌코가 방문했다. 이반은 내 춤을 영상으로 남기고 싶다며 나와 이런저런 이야기를 주고받았다. 이야기가 길어질 것 같아서 그가 머무는 호텔의 레스토랑에서 저녁식사를 했다.

함께 이야기를 나누며 숙소로 돌아온 나는 문 앞에서 기다리는 베누토와 차를 보고는 환성을 지르며 뛰어갔다. 이 차를 타고 니스 해안도로를 질주한다면 모든 불행을 날릴 수 있을 것만 같았다. 정신 없이 뛰어가는 나를 본 메리의 걱정스러운 시선이 뒤통수에 닿았다.

문을 열고 조수석에 앉자 들끓던 기분이 이상하리만치 고요해졌다. 슬쩍 고개를 돌리자 메리가 뉴욕에서 선물로 준 긴 스카프가 나비처럼 사뿐하게 트렁크에 내려앉는 것이 보였다. 끝이 보이지 않는 것으로 봐서는 아마 땅에 드리워졌으리라.

어제의 꿈이 선명하게 떠올랐다. 바로 이 자리, 이곳, 그리고 이 시간이 익숙하게 평온하게 내 가슴을 문질러주었다. 길 건너편에서 지켜보던 메리가 손짓하면서 소리를 치는 것이 보였다. 영어를 한 마디도 하지 못하는 베누토 팔체토는 나만 쳐다보는 중이었다. 멈추어만 할까? 아니면 앞으로 나아가야만 할까? 그래 앞으로 가자. 두 아이, 그리고 첫사랑 이반 미로스키, 그리고 마지막 사랑인 세르게이 예세닌이 기다리는 그곳으로 말이다. 눈물 나게 한바탕 웃은 나는 친구들에게, 그리고 나에게 소리쳤다.

"안녕 친구들! 나는 영광을 향해 떠난다!"

"잠시 후면 끝날 내 인생이여, 한바탕 춤사위처럼 멋졌노라."

슬프지 않은 에필로그

이사도라 던컨의 이야기를 굳이 일인칭으로 쓴 것은 오직 그녀만이 그녀를 이야기할 수 있을 것이라는 믿음 때문이었다. 창녀라는 별명으로 불릴 정도로 남자관계가 복잡했고, 태양처럼 빛나는 성공을 블랙홀처럼 만든 말년의 삶은 한편의 부조리극처럼 느껴진다. 작가로서 받아들이지 못한다면 차라리 그녀 속으로 들어가 보는 것도 괜찮을 것 같았다.

그녀의 삶은 마지막까지 충격적이었다. 점잖은 책들은 그녀가 차에 앉은 채 죽음을 맞이했다는 뉘앙스를 풍기며 끝냈지만, 실상은 달랐다. 차바퀴에 감긴 스카프를 따라 밖으로 튕겨 나온 그녀는 땅바닥에 한번 크게 떨어지고 나서 뒷바퀴 쪽으로 빨려 들어갔다. 그녀의 죽음을 매단 차는 그렇게 몇 십 미터를 질주한 후에야 멈췄다. 스카프는 결국 풀지 못하고 칼로 잘라내야만 했다. 생 로슈 병원으로 이송된 그녀는 오후 9시 30분에 사망 판정을 받았다. 그녀의 시신은 곧 쫓겨날 처지에 놓였던 숙소로 옮겨졌다. 소식을 듣고 달려온 친구들의 애도 속에서 시신은 파리로 옮겨졌다. 9월 19일 화장터로 옮겨진 그녀의 시신은 한 줌의 재로 변한 채 두 아이 곁에 머물렀다.

그녀는 평생 춤을 추는 무용수였고, 꿈을 좇는 혁명가였다. 그녀는 늘 벽에 부닥쳤다. 춤을 이해하지 못한 관객들과 비평가들, 그녀를 이용하려고만 들었던 연인들, 무엇보다도 가장 큰 벽은 그녀 자신이었다. 충동적인 그녀의 습성은 많은 적과 끔찍한 낭비벽으로 자신을 스스로 허물어뜨렸다. 하지만 그런 것들조차 그녀가 이룩한 모든 것들을 무너뜨릴 수는 없었다. 그녀의 춤은 그 시기 절정에 달한 여성 해방 운동에서부터 발레 외에는 무용이 아니라는 선입견을 없애는 데 막대한 영향을 끼쳤다.

오늘날 모던 댄스라고 부르는 현대 무용에서 그녀의 발자취를 빼고 나면 아무것도 이야기할 수 없다. 토슈즈와 타이츠, 그리고 튀튀라고 부르는 무용복을 벗어던진 춤은 시대에 맞춰 계속 전진해 나갔다. 즉흥적이라고 비난받던 그녀의 춤은 학습할 수 없었지만, 자유라는 핵심 사상만큼은 빠르게 전파되어갔다. 콜럼버스가 유럽인으로서는 처음 아메리카 대륙에 첫발을 디딘 것처럼 이사도라 던컨은 무용수로서는 처음 현대 무용이라는 신천지에 발을 내디뎠다.

헬렌 켈러

Helen Keller

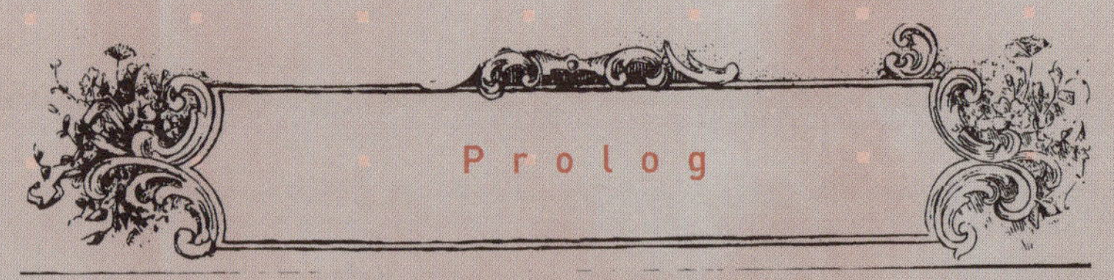

우리가 알고 있거나 혹은 듣고 싶은 헬렌 켈러 이야기

―20세까지만 기록된 그녀의 자서전에서

장애를 극복한 위대한 인물의 대명사 헬렌 켈러는 1880년 6월 27일 앨라배마 주 북쪽의 터스컴비아에서 태어났습니다. 그녀의 아버지 아서 켈러 대위는 멤피스에서 온 사라 로사와 결혼해서 두 아들을 낳았습니다. 하지만 그의 아내는 병으로 세상을 떠났고, 아서 켈러는 케이트 아담스와 재혼했습니다. 두 사람은 나이 차이가 많았지만 행복한 결혼 생활을 이뤄나갔습니다.

헬렌 켈러는 찰랑거리는 금발머리에 바다같이 푸른 눈을 가지고 태어났습니다. 그녀가 태어난 곳은 두 사람이 신혼살림을 차린 본채 옆의 작은 별채였습니다. 늘 초록 덩굴로 덮여 있어서 '아이비 그린'이라고 불렸습니다.

처음 헬렌 켈러가 태어났을 때 그녀는 볼 수도 말할 수도 있었습니다. 어설프지만 '문' 이나 '차' 라는 발음을 해서 주변 사람들을 놀래 켰습니다. 하지만 행복은 짧았습니다. 헬렌이 두 살 무렵 뇌막척

수염을 잃게 된 것입니다. 갑자기 치솟는 고열에 의사들도 포기했지만 기적적으로 열이 내리면서 그녀는 살아남을 수 있었습니다. 가족들도 안도의 한숨을 내쉬었지만 곧 청천벽력 같은 일이 터졌습니다. 그녀가 더 이상 앞을 볼 수도, 소리를 들을 수도 없게 된 것입니다.

사랑스럽고 귀엽던 그녀는 이제 암흑 속에 갇혔습니다. 설상가상으로 헬렌이 다섯 살 때 여동생 밀드레드가 태어났습니다. 보지도 듣지도 못한 그녀였지만 본능적으로 누군가가 등장해서 자기 몫의 관심을 채 갔다는 사실을 알아차렸습니다. 질투심에 휩싸인 헬렌은 밀드레드를 꼬집거나 할퀴는 등 성질을 부렸습니다.

남들과 다르다는 사실, 남들이 자기와 다른 방법으로 원활하게 의사소통을 한다는 사실을 알게 된 헬렌은 외로움과 고립감에 더더욱 난폭해졌습니다. 그녀를 치료하기 위해 백방으로 의사를 찾아다니던 부모는 치료가 불가능하다는 소식에 절망했습니다만 포기하지는 않았습니다. 그녀의 어머니 케이트는 헬렌처럼 시각과 청각 장애가 있는 아이들에게 특수한 교육을 시킬 수 있는 학교가 있다는 사실을 전해 듣고는 곧장 볼티모어로 향했습니다.

그곳에서 만난 사람은 다름 아닌 전화의 발명가로 유명한 알렉산더 그레이엄 벨이었죠. 그가 전화기를 발명한 것은 사실 청각 장애가 있는 가족들을 위한 보청기를 만들기 위해서였답니다. 헬렌을 관찰한 벨은 케이트에서 보스턴에 있는 퍼킨스 시각 장애인 학교에 연락해 보라는 조언을 합니다. 그곳의 교장인 마이클 아나그노스는 딸을 돌봐줄 교사를 부탁한다는 케이트의 편지를 받고 제자 한 사람을 떠올렸습니다.

앤 설리번은 헬렌이 태어난 해인 1880년 그 학교에 입학했습니다. 그리고 6년 동안 우수한 성적으로 학업을 마쳤습니다. 물론 이제 스무 살이 된 그녀는 장애인은커녕 누군가도 가르쳐 본 적이 없었고, 본인도 눈병을 앓아서 시력이 좋지 않았습니다. 하지만 그는 제자의 끈기와 강인함에 높은 점수를 주었습니다.

그녀를 추천한다는 마이클 아나그노스의 답장을 받은 케이트는 남편과 상의한 끝에 25달러의 월급을 주는 조건으로 앤 설리번의 채용을 결정했습니다.

❀ 스승과 제자

1887년 3월 터스컴비아에 도착한 앤 설리번은 남은 인생을 함께 할 헬렌과 첫 대면을 가졌습니다. 그녀는 집안사람들이 모두 포기한 난폭한 헬렌을 따뜻하게 감싸 안았습니다. 앤을 마중하러 나간 어머니를 현관에서 기다리던 그녀는 훗날 헬렌과의 첫 대면이 포근하고 따뜻했다고 술회합니다.

이제 스승과 제자가 된 두 사람은 본격적인 수업을 시작합니다. 본인도 장애가 있었던 앤은 차근차근 끈질기게 헬렌을 가르쳤습니다. 아직 어린 그녀의 호기심을 북돋아서 사물을 설명하고 곧장 손바닥에 그것의 이름을 적었습니다. 예를 들면 예쁜 곰인형을 선물해 주고는 헬렌이 흥미를 나타내면 손바닥에 인형이라는 글자doll를 써 주는 식이었습니다. 어린 아이답게 왕성한 호기심을 보인 그녀는 곧 많은 단어를 배우게 되었습니다. 물론 어린 나이에 시력과 청력을 잃었으니 알파벳을 알 리는 없겠지만 손바닥에 반복되는 꾸물거림은 분명 간지러우면서도 흥미로운 체험이었을 것입니다. 물론 둘의 관계가 순탄하지만은 않았습니다.

헬렌은 평소대로 조금만 화가 나도 성질을 부렸고, 주먹질도 마다

하지 않았습니다. 하지만 앤은 항상 평상심을 잃지 않았습니다. 그녀는 둘만의 공간을 요구했고, 아서와 케이트 부부는 두 사람이 처음 신혼살림을 차렸던 아이비 그린을 흔쾌히 내줬습니다. 낯선 집에 부모와 떨어지게 된 헬렌은 다시 난폭해졌지만 곧 꼬리를 내렸습니다.

이즈음 헬렌은 앤이 손바닥에 써준 글씨들이 다른 사람들과 소통할 수 있는 매개체가 된다는 사실을 알고 있었습니다. 헬렌이 난폭한 행동을 할 때마다 앤은 손바닥에 글씨를 써 주지 않는 방법으로 그녀를 길들였습니다. 결국 헬렌은 고분고분해졌습니다. 매일 매일 단어들을 손바닥에 써 주고 그 단어에 해당되는 것을 만지거나 잡아보는 것으로 공부는 계속되었습니다.

아마 어둠뿐이었을 헬렌의 세상에는 인형과 젖소와 찻잔과 우유, 빵, 도자기 같은 것들이 차츰 채워졌습니다. 손바닥에 써지는 단어들은 차츰 이야기로 변해갔습니다. 처음에는 우유나 컵이라는 단어로 시작되었지만 곧 "우유를 컵에 따라 마신다."라는 식으로 길어졌습니다.

헬렌이 고분고분해지자 앤은 그녀를 데리고 밖으로 나갔습니다. 그리고 집 안에서는 가르칠 수 없었던 바람이나 풀잎, 나무 같은 사물들과 만나게 해 주었습니다. 한 번은 터스컴비아에 서커스단이 온 적이 있었습니다. 앤은 헬렌을 데리고 서커스단의 동물들을 만지게 하면서 하나하나씩 이름을 가르쳐줬습니다.

1888년 헬렌은 앤 선생님의 모교가 있는 보스턴의 퍼킨스 시각 장애인 학교에 초청을 받았습니다. 난생 처음 먼 곳으로의 여행을 떠난 헬렌은 어린 아이답게 즐거운 시간을 보냈습니다. 그리고 그곳에서 자신과 같은 청각 장애인들이 훈련을 통해 말을 할 수 있다는 사실을 알게 되고 자신도 도전하기로 마음먹었습니다.

앤 선생님을 조른 헬렌은 보스턴에 있는 호레이쇼 맨 청각 장애인 학교에 입학했습니다. 그곳의 교장인 사라 풀러는 헬렌에게 말을 하는 법을 교육시켰습니다. 우선 헬렌의 손을 자기 입술과 목에 갔다 대고는 한 단어를 반복적으로 말해서 입술의 움직임과 성대의 떨림을 기억시켰습니다. 청각 장애인이 말을 할 수 없는 것은 들을 수 없기 때문입니다. 촉각을 이용한 학습법은 소리를 들을 수 없는 장애인들을 가르칠 수 있는 매개체였습니다. 헬렌은 옆에서 도와주는 앤이 지쳐버릴 정도로 열심히 배웠습니다. 듣거나 보지도 못하고, 말하지도 못했던 여자 아이가 이제 몇 년 만에 어눌하지만 말을 하는 단계에까지 이르게 된 것입니다.

❀ 또 다른 시련

늘 좋은 일만 있었을 것 같던 그녀에게 난생 처음 고난이라는 것이 닥칩니다. 1891년 겨울 헬렌은 고마움의 뜻을 전하기 위해 자신이 쓴 동화 《얼음나라 왕》을 마이클 아나그노스에게 헌정했습니다. 그는 헬렌이 쓴 동화를 퍼킨스 시각 장애인 학교의 교지에 실었습니다. 헬렌은 작가가 되었다는 생각에 어깨가 으쓱해졌을 겁니다. 하지만 기쁨도 잠시 곧 표절시비가 터졌습니다. 동화작가인 마가렛 캔비가 쓴 동화책에 비슷한 글이 먼저 실렸다는 사실이 밝혀진 겁니다. 설상가상으로 제목도 《얼음나라 요정》이었습니다. 두 작품은 내용 전개는 물론 표현 방식조차 비슷했기 때문에 헬렌의 동화는 표절로 의심받았습니다.

헬렌은 표절이 아니라고 강력하게 주장했지만 선입견이 그녀를 가두었습니다. 읽고 배우지 못한 그녀가 앤 선생님한테 들은 이야기들을 대충 짜깁기했다고 믿었던 겁니다. 헬렌은 훗날 직접 쓴 자서전에서 그 문제에 대해서 엄청 조심스럽고 꼼꼼하게 기록했습니다. 약간 모호하긴 하지만 그녀는 자신에게 돌아온 표절 의혹에 대해서 억울해했습니다.

표절 의혹에 대한 파장은 의외로 커졌습니다. 그녀의 글을 교지에 실었던 퍼킨스 시각 장애인 학교의 선생님들로 구성된 조사 위원회가 헬렌을 조사했습니다. 여덟 명으로 구성된 조사 위원회는 팽팽한 논쟁 끝에 반반으로 갈린 의견을 내놨습니다. 캐스팅 보트를 쥐고 있던 교장 마이클 아나그노스는 일단 헬렌의 무죄에 손을 들어줬습니다. 이때 만약 표절이라는 결정이 나왔다면 이후 헬렌 켈러의 행적은 전설이 아니라 웃음거리가 되었을 것입니다.

고비를 넘기긴 했지만 그녀가 받은 상처는 컸습니다. 일단 자기편을 들어주긴 했지만 마이클 아나그노스와 결별하게 되었죠. 헬렌은 직접 쓴 자서전에서 조심스럽게 자신이 실수했을 가능성에 대해서 언급하면서도 조사위원회의 살벌한 분위기에 진저리를 쳤습니다. 그리고 자신을 그런 상황까지 몰고 갔던 그에 대해서도 서운한 감정을 감추지 않았습니다.

아무튼 헬렌은 그 후로도 오랫동안 표절 문제에 대해서 신경질적인 반응을 보였습니다. 훗날 수필들은 자주 쓰면서 동화나 소설 종류를 절대 쓰지 않았던 것은 아마도 그때의 뼈아픈 경험 때문이 아닐까 합니다.

아무튼 한고비 넘긴 그녀는 다시 새로운 목표를 향해 전진합니다. 헬렌 켈러가 오늘날까지 이름이 남게 된 원인은 여러 가지입니다. 미국 사람으로 태어났고, 장애인으로 태어났지만 예쁜 여자아이였고, 가정교사를 둘 만큼 부유한 가정 출신이었습니다. 이 중 한 가지만 부족했다면 그녀는 오늘날까지 기억되지 못했을 겁니다. 하지만 그녀는 부단한 노력과 열정으로 기억될만한 일들을 해냈습니다. 만약 그녀가 해낸 것이 여기까지였다면 혹은 이 일로 좌절하게 되었다면 우리는 헬렌 켈러의 이름을 알지 못했을 것입니다. 그렇다면 그녀의 다음 목표는 무엇이었을까요? 바로 교육, 그리고 대학이었습니다.

❄ 대학입학의 꿈

1894년 여름 뉴욕에서 열린 미국 청각 장애인 교육 대회에 참석한 헬렌은 장애인들에게 정상인처럼 말을 할 수 있는 교육법에 깊은 관심을 보였습니다. 결국 그 이론의 주창자인 존 라이트와 토머스 허메이슨 박사가 설립한 라이트-허메이슨 학교에 입학했습니다. 처음에는 효과가 있는 듯 했지만 진도는 잘 나가지 않았습니다. 더군다나 학교에는 청각 장애인들만 있었던 탓에 잘 어울리지도 못했습니다. 물론 거듭된 훈련으로 단어를 우물거릴 수는 있었지만 일반인이 알아들을 수준은 아니었습니다.

효과가 나타나지 않자 그녀는 실망을 하게 되었고, 결국 포기하게 되었습니다. 그녀의 두 번째 시련이었죠. 하지만 잃은 것만 있는 것은 아니었습니다. 보지도 듣지도, 그리고 말하지도 못하지만 아름답고 쾌활했던 그녀는 많은 명사들과 어울렸고, 이들에게 많은 도움을 받았습니다. 대표적인 명사로는 유명한 소설가 마크 트웨인, 전화기의 발명가 알렉산더 그레이엄 벨, 그리고 석유왕 존 록펠러 등이 있습니다.

좌절은 그녀를 굴복시키지 못했습니다. 1896년 헬렌은 어린 시절부터의 꿈이었던 대학 진학을 위해 캠브리지 여학교에 입학했습니다. 같은 해 아버지 아서 켈리 대위가 사망했습니다만 그녀는 실의에 빠질 틈도 없이 공부에 매진했습니다. 난생 처음 개인 교사나 장애인이 아닌 정상인 틈바구니에서 공부를 하게 된 것입니다. 다들 헬렌이 대학 입학 자격시험을 보기까지 5년 정도 시간이 걸릴 것이라고 봤지만 그녀의 열정과 뛰어난 두뇌는 그런 예상을 보기 좋게 일축했습니다.

수학을 제외한 다른 성적, 특히 라틴어와 독일어를 비롯한 언어부문에서 우수한 성적을 거뒀습니다. 수업시간에 옆에 앉은 앤 선생님이 손바닥에 써 주는 것으로 수업을 들어야만 했고, 시험 기간 동안에는 혼자서 타자기로 시험문제를 풀어야만 했습니다. 반년 후 여동생 밀드레드가 같은 학교에 입학하면서 그녀는 더더욱 활기를 되찾았습니다.

많은 우여곡절 끝에 1900년 가을 헬렌은 하버드 대학의 부설 여학교인 래드클리프 대학에 입학했습니다. 여성이 대학교를 다니는 것

자체가 신기했던 시기였으며, 아울러 장애를 가진 여성으로서는 처음으로 대학에 입학한 것이었습니다. 하지만 성취감은 잠깐뿐이었습니다. 더 거세고 벅찬 수업이 그녀를 기다리고 있었던 겁니다. 대학교에 다녀본 적이 없었던 앤 선생님도 수업 내용을 제대로 따라가지 못했습니다. 설상가상으로 벅찬 수업 내용을 그녀의 손바닥에 써주느라 앤의 시력도 나빠져 갔습니다. 하지만 두 사람은 포기 하지 않았습니다.

1904년 6월 28일 24번째 생일을 하루 지난 헬렌 켈러는 동급생과 함께 졸업장을 받았습니다. 그 이전까지 어떤 시각 장애인도 받지 못했던 대학 졸업장이었습니다. 헬렌의 옆에는 앤 설리번이 있었습니다. 17년 전의 작고 우연찮은 만남이 평생 어둠에 갇혀 있어야만 했던 운명을 바꿔 놓은 것입니다.

헬렌 켈러는 선천적인 장애에 무릎을 꿇지 않았습니다. 결국 그녀는 자신만의 작은 싸움을 잘 치러냈고, 그녀만의 혁명을 이룩해 낸 것입니다. 그 후 헬렌은 순회 강연을 통해 사람들에게 꿈과 희망을 심어주었습니다. 대학 졸업 후 헬렌 켈러는 저술가, 그리고 사회사업가로서 많은 업적을 남겼습니다. 많은 사람들이 장애를 이겨낸 그녀를 보고 희망과 용기를 얻었습니다. 열정과 도전에 가득 찬 삶을 살아갔던 그녀는 1968년 6월 1일 코네티컷 주의 웨스트 포트에서 세상을 떠났습니다.

우리가 모르고 있거나 혹은 듣고 싶지 않았던 헬렌 켈러 이야기

자, 이제 헬렌 켈러에게 숨겨진 진짜 그녀의 인생 이야기를 시작해 보자. 그녀를 소개하는 자서전, 영화, 연극에서도 철저하게 숨겨져 있었던 부분이다. 헬렌 켈러의 전기를 읽으면서 혹시 고개를 갸웃거린 사람이 있을 것이다. '전기라면서 왜 이렇게 단순하지?' 라고 말이다. 어두운 이야기는 얼마든지 있다. 유명해진 그녀를 둘러싼 주변 사람들의 주도권 다툼, 부모가 그녀를 거의 방치했고, 후원금을 빼돌렸기에 그녀가 생계를 위해 무대에 올라야만 했던 이야기들.

하지만 진정 사람들이 숨기고자 했던 것은 그녀가 뼛속 깊은 사회주의자였다는 사실이다. 어떻게 보지도 듣지도, 그리고 말하지도 못하는 여인이 사회주의자가 되었을까? 정답은 그녀의 머리에 있다. 빛과 소리 모두 그녀를 도와주지 못했지만 두뇌는 정상적이었다. 아니 일반인보다 더 뛰어났다. 그럼 이제 그녀의 두뇌가 왜 사회주의에 빠져들었는지 살펴보자.

전기나 위인전에는 그녀가 사회주의자였다는 사실에 대해 번갯불에 콩 구워먹는 것처럼 휙 스쳐지나가거나 아예 침묵을 지켰던 이유는 뻔했다. 독재가 당연시 되던 냉전시대에 장애를 이겨낸 위대한 미국 여성이 불온한 사상을 가졌다는 사실을 말할 수는 없었다. 사람들은 자기가 보고 싶은 것만 보기 때문이다. 엑셀 프로그램의 숨기기 기능처럼 감추어져 있던 헬렌 켈러의 나머지 인생들은 믿기지 않을 정도로 혁명적이었다.

먼저 한 남자를 먼저 살펴보자. 존 앨버트 메이시는 작가이자 편집자였으며 사회주의자였다. 1877년 미시건 주 디트로이트에서 태어난 그는 1895년 하버드 대학에 장학생으로 입학한다. 교내 잡지 편집 업무를 맡아하던 그는 다음 해 하버드 대학에 부설된 여자대학교인 래드클리프 대학에 입학한 헬렌 켈러와 앤 설리번과 만난다. 존과 앤은 정확히 11살 차이가 났다. 1905년 5월 앤 설리번과 존 앨버트 메이시는 매사추세츠 주의 한 농장에서 결혼식을 올렸다.

헬렌은 결혼한 두 사람과 함께 살았다. 헬렌 켈러가 사회주의자가 된 것도 이즈음이었다. 래드클리프 대학교에 재학 중이던 1903년 발표한 〈낙관주의〉라는 글에서는 미국의 물질주의를 비난하는 톨스토이에게 미국을 비난하지 말라고 반박했던 것을 생각하면 놀라운 변화였다. 헬렌은 그를 통해 접하게 된 〈공산당 선언〉을 읽고 깊은 감명을 받았다. 이 시기는 미국 사회주의가 꽃을 피우는 중이었으며 여성 참정권 운동이 활발하게 일어나던 때였다.

1912년 사회주의자인 유진 빅터 뎁스는 대통령 후보로 출마해서 백만 표를 얻었다. 사회주의자는 독약이며 파괴의 원천이라는 자본주의가들의 비난과 모함에도 불구하고 가진 것 없는 사람들은 공공의 이익을 중시하는 이념에 매혹당했다. 어쩌면 가장 밑바닥을 경험해 봤던 헬렌이 사회주의에 호감을 가진 것은 당연한 것인지도 모르겠다.

1913년 그녀는 〈어둠 밖으로〉를 펴냈다. 보이지 않는 소녀가 꿈꾸는 세상이 아름다울 것이라는 어린 시절의 견해를 던져버린 그녀는 담담하게 사회주의자 헬렌 켈러를 소개한다. 그녀는 자신이 어떻게 사회주의에 매료되었는지, 그리고 여성에게 왜 참정권을 주어야만 하는지를 당당하게 밝혔다.

충격을 받은 사람들은 반격을 가했다. 그녀가 스승인 앤과 존에게 세뇌를 받았다는 얘기가 가장 먼저 튀어나왔다. 헬렌은 차분하게 앤 선생님은 사회주의자가 아니며, 자신이 보거나 듣지 못한다고 생각까지 못하는 건 아니라고 반박했다. 한걸음 더 나아가서 비숙련 노동자들을 위한 세계 산업 노동자단체 IWW에 가입했다는 사실을 공개적으로 천명했다. 로자 룩셈부르크처럼 제도권 내에서의 사회주의 운동의 한계를 일찌감치 간파한 것이다. 노동자들의 삶을 안락하게 만들기 위한 정치 투쟁이 의석수를 늘리고, 정권을 잡기 위한 수단으로 전락한 것에 대해 반발한 것이다.

사회주의자로서, 그리고 운동가로서의 헬렌이 대중 앞에 공식적으로 모습을 드러낸 것은 1914년 벌어진 제1차 세계대전 때였다. 문제가 일어난 곳은 오스트리아—헝가리 이중제국과 세르비아가 국경을 접하고 있던 발칸 반도였다. 하지만 정작 제대로 불길이 타오른 곳은 중부 유럽에 있던 독일과 프랑스, 러시아와 영국이었다.

전쟁을 부르짖은 자본가들과 정치인들에게 등을 떠밀린 노동자들은 일터 대신 전쟁터로 향했다. 그리고 기관총과 철조망, 독가스가 손을 잡고 만들어 낸 지옥 속에서 죽어 갔다. 의식 있는 지식인들은 전쟁에 반대하는 목소리를 높였다. 미국 같은 경우는 유럽의 전쟁에 빠져들 이유가 없었다. 하지만 독일군의 유보트에 격침된 여객선 루시타니아 호에 타고 있던 미국인 승객들이 사망하자 미국은 기다렸다는 듯 선전포고를 했다.

1916년 전국을 돌며 전쟁 반대 강연을 하던 그녀는 실망한 채 집으로 돌아왔다. 이 무렵 앤과 존의 관계는 악화되었고, 별거에 들어갔다. 존이 교정을 봐주던 편집 작업을 위해 존 페이건이라는 젊은 남자와 폴리 톰슨이라는 여성이 새로 비서로 채용되었다. 오랫동안 그녀를 돌봐줬던 앤이 차츰 쇠약해지면서 생긴 일이었다.

이즈음 헬렌에게 첫 번째이자 마지막 사랑이 찾아온다. 앤이 남편과의 별거로 쇠약해진 몸을 추스르기 위해 요양을 떠난 사이 페이건과 가까워진 것이다. 수화와 점자를 익힌 그에게 빠져든 헬렌은 난생 처음 겪은 미묘한 심경의 변화를 어떻게 읽어 냈을까? 연인이 된 둘은 보스턴 시에 결혼 신청서를 제출했다.

둘의 관계를 눈치 챈 헬렌의 어머니는 딸의 결혼을 결사적으로 반대했다. 페이건은 헬렌의 어머니에게 쫓겨났다. 하지만 로미오와 줄리엣이 된 두 사람은 어머니와 앤의 눈을 피해 만남을 계속했다. 결국 두 사람은 야반도주를 결심했다. 헬렌의 어머니는 헬렌을 데리고 앨라바마로 돌아갔다. 하지만 페이건은 그곳까지 쫓아왔다. 연락을 취한 두 사람은 밤중에 몰래 도망가기로 했다.

약속된 날 그녀는 외출복으로 갈아입고 짐이 든 가방을 든 채 문 밖에서 기다렸다. 하지만 로미오는 나타나시 않았나. 아무것노 볼 수 없고, 말할 수도 없던 헬렌의 심경은 어렵지 않게 짐작할 수 있다. 얼마 전 수술로 못 보는 눈을 빼내고 유리 눈으로 바꾼 덕분에 눈물조차 나오지 않았다. 해가 떠오르는 걸 직감적으로 느낀 헬렌은 조용히 가방을 들고 방으로 돌아갔다. 그리고 다시는 사랑을 향해 마음의 문을 열지 않았다.

사랑이라는 우여곡절이 끝난 후에도 그녀의 신념은 조금도 변하지 않았다. 미국이 참전을 결정한 이후에도 반전을 향한 그녀의 목소리는 조금도 줄어들지 않았다. 1917년 러시아에서 혁명이 터지자 그녀는 즉각 볼셰비키를 지지하는 성명을 발표했다. 전쟁이 발발하고 그녀가 사회주의자임을 천명하자 당장 강연회 초청이나 원고 청탁이 줄어들었다.

그즈음 앤과 존의 사이는 더욱 악화되었다. 당시 존의 헤픈 씀씀이 덕분에 돈이 부족했던 헬렌은 강철왕 카네기의 후원을 받아들여야만 했다. 사회주의자를 자처하면서 자본주의자에게 손을 내밀어야만 했던 철저한 모순은 상업주의의 극치인 영화 출현으로 이어졌다. 자신의 일대기를 담은 무성영화 〈해방〉에 출현하기로 결정한 것이다. 물론 영화에서는 그녀의 첫사랑, 사회주의 이념 등을 지우고 사람들이 보고 싶어 했던 이미지만 드러냈다. 영화는 결국 실패로 돌아갔고, 경제적인 도움을 얻기 위한 시도도 실패로 돌아갔다. 이제 그녀는 사람들이 사회주의자라는 사실보다 더 숨기고 싶어 했던 일을 해야만 했다.

1920년 2월부터 헬렌과 앤은 뉴욕에서 열리는 보드빌 공연에 참가했다. 앤이 먼저 등장해서 헬렌을 소개하고 물러나면 무대 뒤에서 나타난 그녀가 사람들에게 모습을 드러내는 식이었다. 헬렌이 어눌한 말투로 이야기를 하고 피아노를 치는 동안 관객들은 숨을 죽였다. 사회주의자 헬렌은 이런 식으로 돈을 버는 걸 치욕스럽게 생각했을까? 낙천적인 성격의 그녀는 자신에게 닥친 상황을 즐기려고 노력했을 것이다. 어쨌든 강연회나 원고를 쓰는 것보다는 훨씬 더 많은 돈을 벌 수 있었으니까 말이다. 그녀는 성실하게 공연에 임했다.

1921년 어머니가 사망했을 때에도 공연을 위해 무대에 올랐다. 일부에서는 돈에 쪼들렸기 때문이라고 말했지만 사실은 그녀와 어머니 사이의 간극 때문인 것 같다. 전형적인 여성이자 남부사람인 어머니 케이트는 장애인인 딸이 급진적인 이론을 가지고 여성 참정권과 인종 차별 철폐를 주장한다는 사실을 달갑지 않게 여겼다.

그 무렵 오랫동안 헬렌을 위해 일했던 앤의 눈이 점차 나빠져 갔다. 2년간 무대에 섰지만 생각만큼 돈이 모이지 않았다. 어쩔 수 없이 헬렌은 부호들에게 후원을 받아야 했고, 강연회를 쫓아다녀야만 했다. 그녀는 점차 자신의 신념을 지워나갔다. 그녀의 첫 번째 잊혀진 전설이 사회주의자 헬렌 켈러였지만 두 번째 잊혀진 전설은 사회주의에서 멀어진 헬렌 켈러일 것이다. 그녀는 신앙으로 눈길을 돌렸다.

1927년 그녀는 스웨덴의 저명한 과학자였다가 신학자의 길을 걸어간 엠마누엘 스베덴보리에 관한 이야기가 담긴 《나의 종교》를 썼다. 책에는 환상을 통해 체험한 신과 천국에 관한 이야기와 예수를 바라보는 그녀의 남다른 시선이 담겼다. 부족한 돈과 넘쳐나는 나이, 그리고 악화되는 앤의 삶이 헬렌을 조금씩 지치게 만들었다. 1934년 앤과 오랫동안 별거해 왔던 존 앨버트 메이시가 알콜 중독으로 인한 심장발작으로 눈을 감았다. 끝내 이혼을 허락하지 않고 그가 돌아오기를 기다렸던 앤 설리번은 곧이어 사랑하는 남편을 뒤따라갔다. 1936년 10월 20일 앤은 헬렌의 품속에서 숨을 거두었다. 70세의 그녀는 헬렌의 스승이자 동반자로서의 의무에서 비로소 벗어났다.

앤 설리번의 죽음은 헬렌에게는 피할 수 없는 고난이었다. 하지만 그녀는 새로운 비서 폴리 톰슨의 도움을 받으며 이겨냈다. 사회주의와 종교를 거쳐 간 그녀의 관심은 이제 같은 처지에 놓인 장애인들에게 향했다. 유명인이 된 그녀의 호소는 사람들을 움직였다. 특히 1933년 대통령에 취임한 시어도어 루즈벨트는 그 자신도 후천성 소아마비를 앓던 장애인이었기에 어느 누구보다 열성적으로 후원했다. 그녀는 새로운 동반자가 된 폴리와 함께 코네티컷 주의 아칸 리지로 이사했다.

누그러들기는 했지만 여전히 그녀는 자신이 사회주의자라는 사실을 분명히 했고, 소비에트 연방을 긍정적인 눈으로 바라봤다. 또한 여성 참정권에 관해서는 과격한 방법을 써서라도 쟁취해야만 한다는 주장에 동의했다. 이 두 가지와 제1차 세계대전에 대해서 공공연히 반대했던 사실은 훗날 그녀를 FBI의 감시 목록에 오르게 만들었다. 반세기 동안 FBI를 지배했던 에드거 후버 국장은 그녀에 대한 보고서 작성을 지시했다.

헬렌 켈러는 스페인 내전에서 패배한 후 프랑스로 망명했다가 강제 수용소에 감금된 공화주의자들을 석방시키는 조직에 가담했다. 또한 저명한 사회주의자들과 편지를 주고받거나 모임에 참석하는 일이 많았다. FBI나 후버 국장은 장님에 벙어리, 귀머거리인 그녀가 실제적인 위협이 될 거라고는 생각하지 않았지만 그녀의 후원자들은 전전긍긍했다. 그녀는 어디까지나 선천적 고통을 딛고 일어선 의지의 미국인이자 천사 같은 여성으로만 남아야만 했다.

전 세계를 돌면서 장애인에 대한 인식의 전환을 촉구하던 그녀는 생애 두 번째 세계대전을 맞이한다. 제1차 세계대전이 자본가들의 다툼이라고 생각하고 반대했던 그녀는 1939년 벌어진 제2차 세계대전에서는 명백하게 미국편을 들었다. 상대였던 독일의 히틀러가 장애인들을 안락사시켰다는 사실에 대해서 극히 분노한 탓이다.

전쟁 기간 중 그녀는 부상당한 군인들이 치료를 받고 있던 병원을 방문해서 위로를 했다. 전쟁이 끝난 후 그녀는 세계 여행을 시작했다. 전쟁으로 눈을 부상당한 사람들에게 위로의 이야기를 전해 주러 떠난 것이다. 여행기간 중에 아칸 리지가 불타면서 귀중한 편지와 자료들이 사라지는 아픔을 겪었지만 잘 이겨냈다.

여행에서 돌아온 그녀는 스승인 앤 설리번의 자서전 집필에 착수했다. 70세를 넘긴 그녀의 쉼 없는 열정은 오래전 앤과의 기억들을 활자로 옮겨놓았다. 1955년 마침내 자서전이 완성되었다.《선생님 : 앤 설리번 메이시》는 헬렌에 대한 앤의 기억이자 발걸음이었다.

앤을 대신해서 그녀를 돌봐주던 폴리 톰슨의 건강이 차츰 나빠져 갔다. 결국 폴리는 1960년 눈을 감았다. 연달아 두 사람을 떠나보낸 것에 대한 충격이었을까? 헬렌 역시 차츰 쇠약해져 갔다. 보이지 않는 눈과 귀를 대신하던 촉각과 후각이 차츰 무뎌지면서 침대에서 보내는 시간이 많아졌다. 반면 영광은 늘어났다.

1964년 미국 시민에게 수는 최고의 명예인 자유 메달을 받았고, 다음 해에는 뉴욕 세계 박람회에서 발표한 여성 명예의 전당에 추천되었다. 헬렌 켈러는 이런저런 명예와 찬사를 뒤로 한 채 1968년 6월 1일 88세의 나이로 눈을 감았다. 언젠가 곁에 있던 사람이 죽으면 어떻게 될 것 같으냐는 물음에 그녀는 이렇게 답했다.

"심판을 받겠지. 그때 제발 눈이 보였으면 좋겠구먼."

헬렌 켈러가 직접 이야기할 만한 그녀의 뒷이야기

내 얘기가 여기서 끝이 났으면 좋았겠지. 아니지. 아마도 대학 졸업 정도로만 끝내기를 바라는 사람들이 더 많을 거야. 하지만 말이야. 나는 평생 감옥에 갇혀 살았어. 장애라는 감옥 말고 사람들이라는 감옥!

어린 시절부터 나는 장애인 같지 않은 장애인으로 살아야만 했어. 앤 선생님은 항상 사진을 찍을 때 나에게 오른쪽으로 돌아앉아서 살짝 고개를 숙이거나 점자책을 읽고 있으라고 했지. 왼쪽 눈이 약간 튀어나왔거든.

난 늘 하얗고, 수수한 드레스를 입어야 했지. 열 살 무렵부터 사람들은 나를 보고 싶어 했고, 나는 그들이 보고 싶은 모습을 보여줘야만 했으니까, 왜 그랬는지는 잘 모르겠어. 어린 나이에는 그냥 사람들이 나를 보고 좋아하는 게 신기했고, 선생님이 그렇게 하라고 했으니까 따르는 게 좋겠다고 생각했으니까 말이야.

사람들은 나에게 묻곤 해. 왜 빨갱이가 되었냐고 말이야. 당신 같이 미국 사회의 혜택과 보호를 받은 사람이 왜 체제에 불만을 가지는지 모르겠데. 난 이렇게 말했어. 가장 밑바닥에서 살고 있기 때문에 그 주변 사람들을 돕고 싶을 뿐이라고 말이야.

보이지 않는다고 가난한 노동자들이 안 보이는 줄 알아? 들리지 않는다고 자본가들에게 고혈을 빨리는 노동자들의 신음소리가 안 들릴 줄 알아? 말할 수 없다고 해서 내가 정의를 부르짖지 못할 줄 알아? 내가 왜 사회주의자가 되었냐고? 난 장애인이고 여성이었어.

미국에 여성한테 참정권이 주어진 게 언제인 줄 알아? 1920년이야.

난 대학 교육까지 받은 지식인이었고, 사리 분별은 충분히 할 수 있어. 물론 앤 선생님의 남편인 존에게서 영향을 받았다는 사실은 인정하지. 그를 통해서 처음으로 〈공산당 선언〉을 접했고, 사회주의에 대해서 알게 되었으니까 말이야. 사회주의에 매료되었던 건 그들이 자본이나 권력을 배제한 순수한 인간의 평등과 자유를 주장했기 때문이야. 그런 세상이 오면 천대받고 차별받는 나 같은 장애인들에게도 좀 더 나은 세상이 올 것이라고 믿었었지.

난 평생 포장된 길을 걸어야만 했어. 나를 차지하기 위해 사람들이 다퉜다는 사실을 내가 모를 줄 알아? 아버지는 나에게 들어온 후원금을 자기 몫으로 빼돌렸고, 어머니는 나를 귀찮아 하셨어. 퍼킨스 시각 장애인 학교 교장인 마이클 아나그노스나 케임브리지 학교 교장인 아더 길먼, 그리고 전미 시각 장애인 협회 사람들 모두 나를 자기 뜻대로 움직이게 만들기 위해서 아귀다툼을 벌였어. 난 희귀한 장애인이라서 그럴듯한 마스코트나 장식품이 될 수 있었으니까 말이야.

앤 선생님 역시 마찬가지였어. 마지막 순간까지 나를 통제하려고 했지. 하지만 그분한테는 미움 대신 연민을 느껴. 평생 누군가의 그림자가 된다고 생각해봐.

난 듣지도 보지도, 말하지도 못하는 장애인이었지만 어눌하게나마 말을 할 수 있었고, 상대방의 입술과 뺨을 만지면서 이야기를 들었지. 손바닥에 쓰는 글씨로 대화도 했고, 점자로 된 책도 읽었지. 그건 내가 운이 좋았기 때문에 이뤄진 일이었어. 나중에는 돈에 쪼

들렸지만 비교적 부유한 남부 지주의 딸로 태어났고, 어린 시절 정상으로 살았던 시기에 기초적이라도 단어와 사물을 구별할 수 있었지. 그리고 포기하지 않은 어머니의 열성 덕분에 특별한 가정교사를 둘 수 있었고, 그게 바로 앤 설리번이라는 특별한 선생님이었기 때문에 이 모든 게 가능했지.

보드빌 쇼에 나갔던 때가 기억나. 앤 선생님이 나보고 청중들이 박수를 치는데 들리느냐고 물으면 난 드레스를 살짝 들추고 발끝을 보여줬지. 그리고는 진동으로 느껴진다고 대답했어. 그러면 사람들의 감탄사도 발끝으로 들려왔어. 사람들은 나를 보고 자신의 눈, 코, 입이 멀쩡하다는 사실을 하나님한테 감사해하지. 그리고 그런 기쁨을 누린 대가로 나에게 돈을 내놓고 말이야. 안타깝지만 우아하게 살려면 돈이 필요했어. 아버진 좋으신 분이었지만 무능했고, 낭비벽이 심하신 분이셨지. 어머닌 그런 문제와는 담을 쌓으신 분이고 말이야.

내 이야기에는 두 개의 비밀이 있어. 하나는 앞에서 얘기한대로 내가 사회주의자였다는 거지. 내가 죽자마자 사람들이 제일 먼저 한 게 뭔 줄 알아? 내 이력에서 빨간색을 빼는 거였어. 난 어디까지나 장애를 극복하고 열심히 살아가는 장애인이어야만 했으니까 말이야. 내가 반전 연설을 하거나 사회당에 가입해서 유진 뎁스를 지지했다는 사실은 하루빨리 지워야 할 일이었지. 또 하나는 내가 죽기 직전에 자유분방하게 살았다는 사실이야. 두 번째 도우미인 폴리 톰슨이 사망하기 직전에 사람들이 걱정하더군. 이제 누구의 도움을 받고 살아가야 하는지 말이야.

하지만 난 간호사로 충분했어. 선물 받은 진주 목걸이랑 다이아 반지를 끼고 싶었고, 진하게 화장도 하고 싶었지. 머스터드 소스를 잔뜩 뿌린 핫도그랑 콜라도 마음껏 마시고 싶었고 말이야. 미국 장애인들의 희망이자 승리의 상징 헬렌 켈러가 아니라 장애가 있지만 유쾌한 할머니 헬렌 켈러로 살고 싶었어. 그래서 아프다는 이유로 협회 일도 안하고 강연회 같은 곳도 안 다녔지. 사람들은 나를 걱정해 주는 게 아니라 내 이미지가 망가지면서 자신이 입게 될 타격을 걱정했지.

그들한테 받은 게 있으니까 시키는 대로 했지만 죽을 때가 다가오니까 그렇게 산 게 후회되더군. 그래서 다 벗어버렸지. 다 벗고 남부 노처녀 헬렌 켈러로 죽은 거야. 참, 내 얘기 다 들었으면 앤 설리번 선생님 얘기도 좀 써 줘. 그분 얘기가 빠진 내 이야기가 무슨 의미가 있겠어?

✿ 앤 설리번–또 하나의 헬렌 켈러

헬렌 켈러를 얘기할 때 앤 설리번을 빼놓고 이야기할 수는 없을 것이다. 둘 중 하나만 존재했다면, 혹은 두 사람이 만나지 못했다면 헬렌 켈러는 시골집 골방 구석에서 평생 보이지 않는 햇빛만 바라보다가 생을 마감했을 것이다. 앤 설리번 역시 약한 장애를 가진 하층 여성으로 살았을 것이다.

둘의 이야기를 좀 더 앞으로 끌어당기면 영국 옆에 자리 잡은 작은 섬이 등장한다. 그냥 섬을 뜻하는 영어인 '아일랜드'다. 농토의 대부분을 차지한 영국인 지주들이 수익성이 좋은 양털을 얻기 위해 농지를 목장으로 만들자 아일랜드인들은 감자로 연명해야만 했다. 19세기 중반 아일랜드에 퍼진 감자마름병은 수백만의 아일랜드인들을 외국으로 몰아냈다. 앤 설리번의 부모도 굶주린 배를 움켜잡고 미국으로 건너왔다.

매사추세츠 주의 피딩 힐스라는 곳에 정착한 두 사람 사이에서 1866년 4월 14일 첫째인 앤 설리번이 태어났고, 3년 뒤에는 둘째이자 아들인 지미가 태어났다. 가난했지만 아일랜드와는 비교할 수 없을 정도로 풍요로웠다.

행복한 가정에 불행이 드리워진 것은 앤이 한쪽 눈에 이상이 생기면서부터였다. 병원치료를 받을 만큼 풍족하지 못했기 때문에 앤의 눈은 그대로 방치되었고, 결국은 실명 단계까지 이르렀다. 엎친 데 덮친 격으로 그녀의 어머니까지 결핵을 앓으면서 가난했지만 행복했던 가정은 파탄을 맞이한다. 연이은 가족의 발병에 상심한 아버지는 술독에 빠져들었고, 어머니는 점점 침대에서 보내는 시간이 많아졌다.

어린 앤은 이런 집안 환경을 견뎌내지 못하고 점점 난폭한 아이가 되어갔다. 주변의 어른들은 그녀가 버르장머리가 없다고 생각하고는 더더욱 따돌렸다. 결국 어머니가 먼저 가족들 곁을 떠났다. 술주정뱅이가 되어버린 아버지는 아이들을 내팽개쳤고, 결국 일가친척들이 아이들을 나누어 맡았다. 그나마 통제를 할 수 있던 부모님이 사라지자 앤은 더욱 더 사나워졌다. 결국 두 손을 든 친척들은 앤과 지미를 빈민구호소로 보내기로 결정했다.

1876년 두 아이는 턱스베리 빈민구호소로 가야만 했다. 두 사람은 이제 죽을 날만 기다리는 노인들과 부랑자들 사이에서 지내야만 했다. 제대로 된 치료를 받지 못한 지미는 결국 그곳에서 눈을 감았다. 홀로 남은 앤은 이제 눈까지 제대로 보이지 않게 되었다.

마음 놓고 울 여유조차 주지 않는 일들의 연속이었다. 가족들이 힘없이 찢겨 나가는 것을 본 앤은 어떻게든 살아남아야겠다고 이를 악물었다. 그러기 위해서는 배워야했지만 턱스베리에서는 불가능했다. 희망은 아주 우연찮게 찾아왔다. 주 정부에서 빈민구호소의 실태를 조사하러 나온 것이다. 앤은 조사단에게 공부를 하고 싶다고 하소연을 했고, 기적적으로 그 청원이 받아들여졌다.

1880년 그녀는 남동생 지미와 함께 들어왔던 턱스베리를 홀로 떠났다. 조사단 중 한 사람이었던 프랭크 샌본이라는 사람이 그녀를 보스턴에 있는 퍼킨스 시각 장애인 학교에 입학할 수 있도록 조치를 취해 준 것이다. 원하는 공부를 할 수 있게 되었지만 열네 살이 되도록 별다른 교육을 받지 못했던 앤은 힘들게 학교 생활을 해야만 했다. 장님이나 다름없던 시력도 어느 정도 회복되면서 차츰 학교 생활에 적응해 나갔다.

1886년 그녀는 우수한 성적으로 학교를 졸업했다. 그리고 다음 해 퍼킨스 시각 장애인 학교의 교장인 마이클 아나그노스의 추천을 받고 앨라배마 주에 있는 아서 켈러 대위의 집에 가정교사로 채용되었다. 앤은 그 집의 일곱 살 큰딸이 보지도 듣지도, 말하지도 못하는 끔찍한 장애를 가지고 있다는 얘기를 듣고 어린 시절의 자신을 떠올렸다. 그리고는 옷가지가 든 트렁크를 들고 기차에 올랐다. 이렇게 두 사람의 장대한 이야기가 시작된 것이다.

헬렌 켈러에게 사회주의자라는 감춰야 할 경력이 있다면 앤 설리번 역시 사람들에 의해 숨겨진 신화들이 있다.

그녀가 헌신적으로 봉사한 사람은 헬렌 켈러뿐이었다. 희생을 마다하지 않는 천사 같은 선생님이라는 이미지는 앤 설리번과는 사실 거리가 멀었다. 헬렌이 글을 쓸 줄 알게 되자 단번에 유명인사가 되었고, 그녀를 차지하기 위한 암투들이 벌어졌다. 앤은 정치판을 능가하는 추악한 다툼 사이에서 단호하고 직선적으로 자신의 자리를 지켜냈다. 그녀는 은인이나 다름없던 퍼킨스 시각 장애인 학교의 교장인 마이클 아나그노스는 물론 헬렌의 부모와도 주도권을 놓고 다툼을 벌였다.

그녀의 가장 큰 무기는 물론 헬렌이었다. 사실 헬렌은 그녀를 얼마든지 해고하거나 거리를 둘 수 있었다. 하지만 그녀는 평생 그러지 않았다. 혹은 못했거나.

당대에 앤 셜리번이 받은 비난은 둘 중 하나였다. 사실 헬렌은 똑똑해서 별달리 가르칠 게 없는 상태였는데 그녀가 과장했다는 것, 그리고 앤이 헬렌을 지배하고 통제를 가하면서 이익을 갈취한다는 것이었다. 명백한 것은 그녀와 다퉜던 그 누구도 시력이 나빠질 정도로 헬렌을 돌봐줄 의지나 용기가 없었다는 점이다.

그녀가 없었다면 헬렌 켈러는 래드클리프 대학을 졸업할 수 없었을 것이다. 고집스럽게 완벽함을 추구하던 앤 설리번과 사려 깊고 순종적인 헬렌 켈러의 이인삼각 달리기는 1905년 앤 설리번이 11살 연하인 존 앨버트 메이시와 결혼하면서도 계속 이어졌다. 세 사람의 동거는 1913년 메이시가 집을 나가면서 앤의 결혼 생활은 사실상 파탄을 맞이했지만 둘의 이야기는 계속 이어졌다. 헬렌에게 공부를 가르쳐주고 수업 내용을 손바닥에 적어주느라 무리를 했던 그녀의 눈은 더욱 나빠졌다. 1936년 10월 19일 쇠약해질 대로 쇠약해진 그녀는 헬렌의 손을 꼭 붙잡은 채 눈을 감았다.

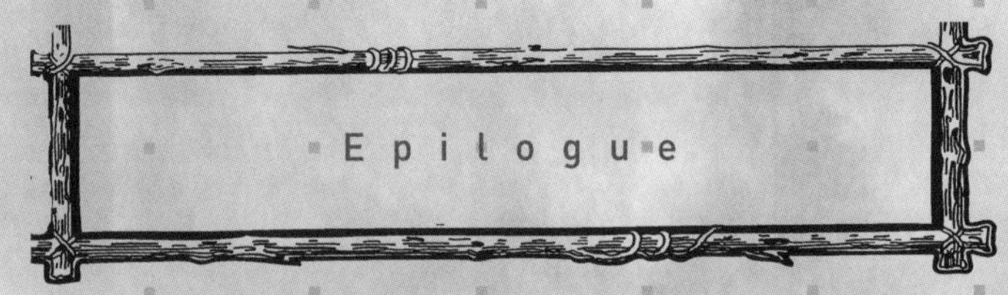

기적을 일으킨 사람

놀라운 기적을 일으킨 헬렌 켈러의 이야기는 좋은 이야깃거리가 되었다. 1918년에는 그녀가 직접 출연한 무성영화 〈해방〉이 개봉되었고, 1955년 만들어진 다큐멘터리 〈운명을 이긴 사람〉은 그해 아카데미 장편 기록영화상을 수상했다. 1957년 CBS 방송국에서는 윌리엄 깁슨이 극본을 쓴 드라마 〈기적을 일으킨 사람〉이 방송되었다. 많은 호평을 받은 것에 고무된 깁슨은 연극 무대에 올릴 극본을 다시 썼다. 1959년 윌리엄 깁슨이 쓴 희곡을 바탕으로 한 연극 〈기적을 일으킨 사람〉은 브로드웨이 무대에 올랐다. 이 연극에서 헬렌 켈러와 앤 설리번 역할을 맡은 패티 듀크와 앤 뱅크로프트는 3년 뒤에 같은 제목으로 만들어진 영화에 출연했으며 그해 아카데미상 여우조연상과 여우주연상을 휩쓸었다. 기적을 일으킨 사람들이라는 제목은 그녀의 후원자인 마크 트웨인이 지어주었던 것이다.

전 세계를 돌면서 순회강연을 하던 헬렌 켈러는 1937년 일본의 식

민지였던 조선을 방문했었다.

1955년에는 하버드 대학교에서 명예박사 학위를 받았고, 같은 해 모교인 래드클리프 대학교에서 공로상을 받았다.

헬렌 켈러의 영원한 동반자 앤 설리번은 그녀가 대학을 졸업한 다음해인 1905년 하버드 대학의 강사이자 편집자인 존 메이시와 결혼했다. 평생 그녀를 옆에서 지켜줬던 앤 설리번은 1936년 10월 20일 눈을 감았다.

《얼음나라 왕》의 표절 시비 이후 헬렌 켈러는 창작에서 손을 뗐다. 하지만 에세이는 자주 써서 발표했다. 1903년 발표한 〈내가 살아온 이야기〉는 지금까지 읽혀지는 고전이 되고 있다.

코코 샤넬

Coco Chanel

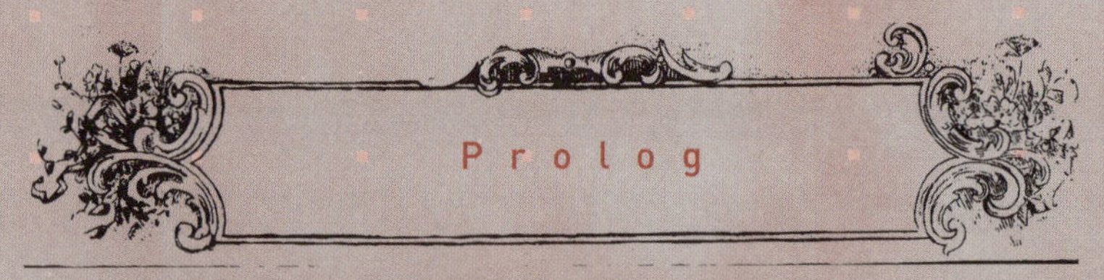

바느질의 혁명을 이끈 여성

자, 눈을 감고 상상해 보자. L 사이즈 크기가 맞는 몸에 S 사이즈의 옷을 입는다면? 아마 숨도 쉬기 어려울 것이다. 옷이 찢어진다는 두려움에 제대로 움직이지도 못하는 건 둘째치고 빨리 걷거나 뛰는 건 애당초 불가능할 것이다. 아니 겨드랑이가 뜯길까 봐 손도 제대로 들어 올리지 못할 것이다.

지금 당연하다는 듯 입는 헐렁하고 편안한 스타일의 옷을 사람들이 입게 된 지는 백 년 정도밖에 되지 않았다. 그리고 그 마지막 장벽을 부순 건 한 여인의 바느질 때문이었다. 이 요란하고, 변덕스러우면서도 고집스러운 바느질쟁이는 그때까지 유럽 여성들에게는 전족 같은 존재였던 코르셋과 페티코트에 갇혀 있던 몸과 영혼들을 해방했다.

옷을 불편하게 입는 것과 여성 해방이 무슨 연관이 있느냐고 되묻는다면 이런 대답을 들려주겠다. 건강한 육체에서 건강한 정신이 나온다. 몸을 움직이기 불편한 건 육체만이 아니다. 그리고 그런 육체에 갇힌 정신은 창의적이거나 창조적인 생각을 할 여지가 없어진다. 한 가지 덧붙이자면 여성들이 기꺼이 그런 불편하고 끔찍한 옷차림을 하게 된 이유다.

중국 여성들이 전족하게 된 이유도 전적으로 남성들 때문이다. 작아진 발 때문에 바깥일을 하지 못하는 여성을 부인과 첩으로 들이면서 재산이 많다는 사실을 자랑했다. 여성들은 시집을 잘 가려면 전족을 해야만 한다는 암묵적인 강요에 못 이겨 발을 기형적으로 작게 만들어야만 했다. 아니 그것에 대해서 저항할 생각조차 하지 못했다. 코르셋 역시 가느다란 허리와 풍만한 가슴을 보고 싶어 했던 남성들의 욕망이 빚어낸 것이다. 도도하고 콧대 높은 스칼렛 오하라조차 파티에서 남자들에게 잘 보이려고 기꺼이 침대 기둥을 붙잡고 코르셋을 조여야만 했다. 그 의례를 통과해야만 여자로서 인정을 받았으니까 말이다.

여성이 남성과 비교하면 열등한 존재라는 선입견을 벗어던지게 된 것은 지난 세기부터였다. 가장 결정적인 것은 두 차례의 세계대전이었다. 산업이 발달하고, 철도가 부설되면서 징집할 수 있는 군대의 규모와 범위가 커졌다. 예전에는 전쟁이 벌어졌는지도 모르고 지나갔을 시골의 촌부도 군복을 입고 총을 들고 전장에 나갔다. 그리고 그들의 빈자리를 메운 것은 여성들이었다.

집에서 아이들을 돌보고 요리를 했던 여성들이 일하게 된 것이다. 그리고 그들의 존재는 수십 년 전부터 있었던 여성 해방 운동의 결실을 가져왔다. 남성들은 여성들의 능력을 인정했고, 여성들은 자신의 능력이 남성들 못지않다는 사실을 똑똑히 느꼈다. 전쟁이 끝나고 남성들이 돌아오면서 여성들은 다시 가정으로 돌아갔다.

하지만 세상이 변했다는 사실은 양쪽 모두 느꼈다. 그 첫 번째 변화는 여성들의 의복이었다. 숨도 못 쉴 정도로 꽉 끼는 코르셋과 페티코트를 입고 두툼하고 풍성한 드레스와 터무니없이 큰 모자를 써야만 했던 모습이 차츰 사라진 것이다. 이 변화의 바람은 여성운동가들의 집회나 시위가 아니라 한 여성 디자이너 때문이다. 이 여인은 자신이 바느질을 시작하기 전의 세상과 다른 세상을 창조해 냈다. 아마 모두 여성들이 그런 옷과 장신구가 편하고 좋았으리라는 사실을 마음속 깊이 알고 있었을 것이다. 코코 샤넬은 코르셋이 없이도 품위 있게 옷을 입을 수 있다는 사실을 증명했다. 작고 심플한 모자가 목이 감당할 수 없을 정도로 무겁게 장식된 모자보다 아름답다는 사실을 퍼트렸다.

오늘날 샤넬이라는 이름은 백화점 입구를 차지한 향수나 화장품, 명품 판매장으로 기억된다. 매장에 들어가서 숨을 쉬는 것으로도 돈을 지급해야 할 것만 같은 럭셔리의 대명사를 창조해 낸 여인은 뜻밖에도 미천한 하류층이었다. 너무나 가난해서 열두 살 때 수녀원에 딸린 보육원에 버려졌던 그녀는 세상에서 가장 값비싼 옷과 향수에 이름을 남겼다. 대체 그녀에겐 어떤 운명의 소용돌이가 불어왔던 것일까?

✻ 1954년 2월 4일 프랑스 파리 캉봉 가 31번지

그녀의 모습이 여러 곳에 나타났다. S자형으로 휘어진 계단의 기둥은 모두 거울로 치장되었고, 거울에 묻은 그녀의 다양한 각도가 드러났다. 사진사 로베르 두아노는 조용히 움직이면서 사진을 찍었다. 시간조차 가늠할 수 없는 고요함 속에서 사진기 필름 소리와 셔터 누르는 소리만이 정적을 무너뜨렸다.

그녀는 계단의 대리석 난간에 한쪽 손을 기댄 채 가만히 상점 안을 응시했다. 내일이 되면 상점 안은 패션쇼를 구경하기 위해 몰려든 사람들로 가득 찰 것이다.어떤 사람들은 그녀의 복귀를 축하하려고 눈물을 흘려줄 것이고, 어떤 이는 그녀가 한물갔다는 사실을 실컷 비웃어 주려고 찾아올 것이다.

"흥, 멋대로늘 하라지. 난 노망치시 않을 거니까."

사진기의 플래쉬가 번갯불처럼 번쩍거릴 때마다 그녀는 한 발자국씩 과거로 돌아갔다. 71세의 지금, 56세의 그녀, 43세의 그녀, 34세의 그녀, 26세의 그녀, 18세의 그녀, 12세의 그녀…, 그녀는 그렁그렁해진 눈을 부릅떴다.

"내일은 크리스찬 디오르의 패션쇼처럼 음악 따위는 없을 거야. 오직 패션만, 뉴 룩 따위는 얼굴도 못 내밀 진짜 패션만 선보일 거야."

그녀는 여왕이 신민들에게 선포하듯 말했다. 로베르 두아노는 예민해진 그녀의 심기를 거스르지 않으려고 조용히 커튼 뒤로 가서 필름을 끼웠다.

다음 날 캉봉가 31번지에 있는 메종 샤넬은 인산인해를 이뤘다. 관객들은 의자는 물론 층계참과 복도 여기저기에 서서 워킹을 하는 모델들의 모습을 지켜봤다. 관객들은 케케묵은 과거에서 불쑥 튀어나온 것 같은 고전적인 스타일에 침묵으로 답했다. 가느다란 허리와 풍만한 가슴선을 강조하는 뉴 룩 스타일에 열광하던 사람들에게는 낯설고 당혹스러운 만남이었다.

여기저기서 실패, 망령이라는 속삭임들이 오고 갔다. 그녀는 커튼으로 가려진 거울 계단의 2층에서 담배를 피우며 그 모습들을 지켜봤다. 좌절하기에는 그녀의 과거가 너무 거대했다. 조용히 담배를 비벼 끈 그녀는 사무실로 돌아갔다. 머릿속은 복잡했지만, 그녀는 결국 자신이 승리할 것이라는 사실을 확신했다.

✸ 코코 샤넬로 탄생하기까지의 그녀

1895년 3월, 아직 채 녹지 않는 눈들이 처마 아래 옹기종기 모여서 뚝뚝 떨어지는 낙숫물을 맞았다. 좁고 구불구불한 골목길 끝에 선 어린 소녀는 대번에 그곳이 어딘지 알았고, 그리고 그곳이 싫어졌다. 소녀는 무릎에 힘을 주며 끌려가려 하지 않았지만 억센 아버지의 손을 이길 수는 없었다. 잠시 후 소녀는 오바진의 수녀원에서 운영하는 보육원 안으로 끌려들어 갔다. 한 살 위의 언니 줄리아와 네 살 아래의 여동생 앙트와네트는 순순히 체념했지만, 그녀는 달랐다. 서서히 닫히는 수녀원의 문이 마지막 빛 한 모금까지 가둔 다음에야 그녀는 포기했다.

1883년 8월 19일 소뮈르의 보호소에서 한 여자 아이가 태어났다. 그녀의 어머니는 거듭된 출산 때문에 쇠약해진 상태였고, 시골 장터를 떠돌아다니던 장돌뱅이였던 아버지는 곁에 없었다. 삐죽 세상에 태어난 그녀는 특별할 것 없는 아이였다. 아이는 가브리엘이라는 이름으로 관청에 출생 신고가 되었다.

천성이 장사꾼이자 떠돌이였던 아버지 알베르 샤넬은 청년 시절 오베르뉴 지방의 쿠르피에르라는 작은 마을에 머물렀었다. 한참 혈기왕성했던 스물일곱 살의 그는 하숙하고 있던 집의 처녀와 눈이 맞았다. 그리고 그 처녀 잔 드보르는 임신을 했다. 온갖 우여곡절 끝에 둘은 결혼을 하고 가정을 꾸리게 되었다. 하지만 여기저기 떠돌기를 좋아했던 알베르 샤넬은 한 곳에 정착할 생각을 하지 않았다. 바람난 남편이 바깥으로 도는 동안 끊임없이 아이를 낳던 아내는 점점 쇠약해져 갔다. 결국 가브리엘이 열두 살이 되던 1895년 눈을 감았다. 그녀의 나이 고작 서른넷이었다.

남편으로서의 책임감이나 가장으로서의 의무감과는 담을 쌓고 살았던 아버지는 아이들을 거두지 않았다. 큰딸 줄리아와 둘째 딸 가브리엘, 그리고 넷째 딸 앙트와네트를 오바진의 성모 마리아 수녀원에서 운영하는 보육원에 맡겼다. 셋째 아들 알퐁소와 막내아들 루시앙은 시골 농부에게 입양되었다. 열두 살의 그녀는 자신을 맡기고 홀가분하게 떠나는 아버지에게 어떤 감정을 느꼈을까? 훗날 그녀는 그때가 죽을 만큼 무서웠다고 말했다.

이후 보육원에서의 6년은 그녀에게는 지옥이었다. 언니와 여동생은 밀어닥친 운명에 체념하고 순응했지만, 그녀는 거부했다. 깡마르고 신경질적인 그녀를 더욱 힘들게 한 것은 꿈과 공상을 빼앗아가는 보육원의 공기였다. 견디다 못한 그녀는 뒤도 돌아보지 않고 떠난 아버지를 상상 속에서 다시 만들어 냈다.

"우리 아버지는 바다 건너 미국에서 큰 사업을 하고 있어. 너무 바빠서 여기 자주 들리지 못하는 거야."

하지만 현실은 시궁창이었다. 가브리엘은 오지 않는 아버지를 방패 삼아 반항적이고 고집 센 아이로 컸다. 어린 고모이자 단짝인 에드리안과 함께 탈출을 시도했던 이유도 아마 견딜 수 없는 답답함 때문이었을 것이다. 몇 번의 탈출 소동 끝에 두 사람은 물랭에 있는 수녀원에서 운영하는 또 다른 종교 학교인 노트르담으로 옮겨졌다. 그곳에서의 지루한 2년을 보내고 나서야 두 사람은 드디어 세상으로 나왔다.

학교를 나온 가브리엘과 에드리안 두 사람은 노트르담 학교에서 주선해 준 생트 마리라는 잡화점에서 재봉사로 취직했다. 자유로운 공기를 마음껏 마시게 된 두 사람은 활짝 피어난 미모를 무기 삼아 물랭에 주둔 중인 장교들의 인기를 독차지했다. 두 사람은 젊은 귀족출신 장교들에게 마스코트 같은 존재였다. 그리고 그녀의 첫 번째 모험이 시작된다. 물랭 시에 있는 카페에서 아마추어 가수로 데뷔한 것이다. 경험이라고는 수녀원 성가대에서 몇 번 노래를 부른 것이

　　　　　　　　　　　　　　　　　　　　　　　　　Coco Chanel

전부였지만 타고난 그녀의 용기가 무대에 올라가게 하여 주었다.

카페에서 그녀가 부르던 코코리코라는 제목의 노래 덕분에 그녀에게는 평생 따라다닐 '코코'라는 별명이 붙었다. 그녀의 공연은 큰 인기를 끌었지만, 잡화점 주인은 품위 없는 짓을 했다는 이유로 두 사람을 해고했다. 다른 사람이었지만 낙심했겠지만, 그녀는 오히려 카페 주인에게 자신을 고용하라고 당당하게 요구했다. 그녀 덕분에 매상이 오른 카페 주인은 제안을 거절할 이유가 없었다. 다른 사람이었다면 딱 여기서 만족했을 것이다. 하지만 이제 그녀는 훗날 자신을 기억하게 할 특유의 기질을 드러냈다.

코코는 몇 달간의 아마추어 가수 생활을 뒤로하고 다시 모험을 떠난다. 좀 더 큰물에서 놀기로 한 그녀는 프랑스 남부의 이름난 휴양지 비시에 가서 본격적인 가수 데뷔를 준비한다. 하지만 그때나 지금이나 연예계 데뷔는 가시밭길인 법. 얼마가지 않아 그녀는 물랭에서의 성공은 여성들에게 관대했던 장교들 때문이라는 사실을 깨달았다. 실망감을 안고 물랭으로 돌아온 그녀는 다시 바느질을 해야만 했다.

다시 평범해질 수 있었던 그녀에게 한 남자가 나타났다. 에티안느 발상이라는 이름의 이 남자는 귀족은 아니지만 막대한 재산을 물려준 부모 덕분에 한평생 호의호식하면서 살아온 사람이었다. 당시 부유층 남성들은 비공식적인 여자 친구들을 거느렸다. 에티안느의 제의에 심신이 지쳐 있던 그녀는 고개를 끄덕거렸다. 그녀의 삶은 최소한 먹고 사는 문제에서는 벗어났다.

코코는 안주할 기회를 찾은 것이다. 하지만 그녀는 코코 샤넬이었다. 다른 애인들처럼 화려한 드레스를 입고 교태를 부리며 시간을 보내는 대신 승마에 열중했다. 다른 여자들처럼 치마를 입고 옆으로 타는 대신 남자들처럼 바지를 입고 말을 탔다. 그런 그녀를 본 사람들은 충격에 빠졌다. 하지만 그녀는 남들 시선에 움츠러드는 대신 깔끔하게 그들의 시선을 무시했다.

그녀의 또 다른 재능은 모자에서 드러났다. 무료해진 그녀는 에티안느의 또 다른 애인들을 위해 모자를 만들어주었다. 그때까지 유행했던 넓은 챙의 모자 위에 온갖 장식들을 올려놓은 것이 아니라 깔끔하고 심플한 모자였다. 그녀가 부자 애인의 품에 안긴 여인들과 다른 행보를 보인 이유는 삶이 달랐기 때문이다. 맛있는 음식을 먹고 파티를 즐기는 것이 인생의 성공은 아닌 것 같다고 느낀 순간 그녀는 돈 많은 남자의 애인이라는 자리를 박차고 나왔다.

1909년 봄. 그녀는 파리에 첫발을 내디뎠다. 그녀의 곁에는 에티안느 발장 대신 훤칠한 키에 초록색 눈빛을 한 영국인이 있었다. 아서 카펠, 친구들은 그를 '보이'라는 별명으로 더 자주 불렀다. 말을 타고 산책하러 나갔던 그녀는 친구들과 어울려 폴로 경기를 하고 있던 그를 보고 단숨에 반했다. 아서 카펠 역시 그녀의 묘한 매력에 빠져들었다. 에티안느 발장과 아서 카펠의 결정적인 차이점은 코코 샤넬의 진면목을 볼 수 있는 눈이었다. 사생아라고만 알려진 아서 카펠은 물려받은 유산을 가지고 사업을 해서 큰돈을 번 사업가였다. 그는 단번에 코코 샤넬의 숨겨진 재능을 눈치챘고, 그녀를 응원했다.

파리 말세브르 거리에서 얻은 아파트가 그녀의 첫 번째 작업장이자 상점이 되었다. 이제 스물두 살이 된 여동생 앙트와네트에게 손님들을 상대하는 일을 맡겼고, 유능한 재봉사 뤼시앵을 스카우트했다. 그녀가 만든 모자를 쓰고 싶어 하는 손님들 덕분에 아파트는 문전성시를 이뤘다. 1년 후인 1910년에는 캉봉 거리 21번지에 더 크게 상점을 열었다. 유명 여배우 가브리엘 도르짓이 자신이 출연하는 연극무대에서 그녀가 디자인한 모자를 쓰고 나오면서 그녀의 성공은 가파른 오르막길을 탔다.

1913년 여름, 북부 프랑스의 이름 난 휴양지 도빌에 아서 카펠과 코코 샤넬이 도착했다. 다른 부자들처럼 요트를 타고 해변에서 파티를 즐길 생각이었다. 하지만 샤넬의 예리한 눈과 자신감은 무료함으로 젖어 있던 도빌에 새로운 돌풍을 일으켰다. 격식을 따지는 사람들도 남의 눈길이 덜한 휴양지에서만큼은 편안하게 입고 싶어 할 것이라는 그녀의 예상이 적중한 것이다.

그녀는 막내 앙트와네트와 절친한 고모 에드리안을 불렀다. 세 사람은 매일 가장 붐빌 시간 해변으로 나가 그녀가 디자인한 모자와 액세서리, 그리고 옷으로 무장한 채 산책을 즐겼다. 지금으로 치면 인간 광고판인 셈이었고, 효과는 극적이었다. 사람들은 사실 활동하기 편한 옷을 좋아한다는 사실을 체감한 그녀는 이제 시작될 전설의 첫발을 내디뎠다.

20세기 초반의 세상은 과거에 매달린 전통과 급격하게 발달하는 산업이 만들어 낸 현대가 충돌하는 시점이었다. 무언가 변화한다는 것은 일시적인 유행과는 궤적이 다르다. 이 당시의 의복 변천사를 살펴보면 비슷비슷해 보이는 드레스와 머리 모양도 십 년 단위로 급격하게 변화하고 있음을 알 수 있다. 하지만 수십 미터의 천으로 만든 질질 끌리는 스커트와 금속 링으로 지탱되는 무거운 속치마, 그리고 종종 착용한 사람을 기절시키거나 심지어는 늑골을 부러뜨리기까지 하는 코르셋은 불변이었다.

19세기 중반부터 이 악명 높은 코르셋을 여성의 몸에서 몰아내기 위한 운동이 전개되었다. 구스타프 클림트 같은 유명한 예술가들이 앞다투어 코르셋의 폐지를 주장했고, 아멜리아 블루머라는 여성은 통이 넓은 바지에 발목 부분을 조여 주는 블루머즈라는 새로운 복장을 만들어 냈다.

그렇지만 당사자인 여성들은 반응은 싸늘했다. 코르셋을 용감하게 벗어던지는 여성도 없었고, 오히려 블루머즈를 보고는 드레스를 빼놓고 속바지만 입고 다닐 수 없다며 냉소적인 눈길을 보냈다. 19세기 말이 되어서야 유행하기 시작하는 자전거를 타려고 몇몇 여성들이 블루머즈를 착용했을 따름이었다.

물론 코코 샤넬도 하루아침에 코르셋을 없애고, 치마 길이를 줄인 선구자는 아니었다. 비록 대대적인 성공을 거두지는 못했지만, 반세기 동안 꾸준히 여성에게 좀 더 편안한 옷차림을 선사하기 위한 노력은 계속되어왔던 것이다. 그렇다면 왜 그들은 실패했던 것일까? 다소곳하고 종속적인 여성상을 벗어나려는 것에 대한 남성들의 반발 때문일까? 글쎄, 여인들이 치마 대신 바지를 입는 것에서 반란의 기운을 감지한 남성들이 과연 얼마나 되었을까? 우선 여성들 자체가 코르셋에서 벗어나는 것을 거절했다.

변화라는 칼날에 베이면 가장 크게 입는 상처는 '낯설다' 라는 것이다. 매일 먹는 구내식당 메뉴가 질린다는 말을 하면서도 막상 그곳을 탈출해 바깥으로 나서면 제일 처음 내뱉는 말이 "뭐 먹지?"다.

사람들의 시선과 속삭임이 거의 전부라고 할 수 있는 사교계에 코르셋이 없는 감자포대같이 축 처진 드레스를 입고 갈 용기 있는 여성이 얼마나 될까? 속치마가 보이면 에티켓에서 어긋나는 파티장에서 속치마 안에 입는 속바지 같은 블루머즈를 입고 나온다면 어떤 파문이 일어났을까? 그런 문제를 진지하게 생각해 본다면 여성들이 블루머즈나 코르셋 없이 입는 드레스를 벽장 안 깊숙한 곳에 처박아 두는 것을 이해할 것이다.

옷은 그 사람을 규정하는 보이지 않는 명함이다. 그리고 사람들은 자신의 명함에 적힌 직책이나 소속에 매여 살게 된다. 여성들은 숨도 못 쉴 정도로 코르셋 끈을 조이고 금속 링으로 지탱하는 펑퍼짐한 페티코트에 드레스, 그리고 끈을 꽉 조이는 부츠를 신었다. 그것이 의미하는 것은 여성은 항상 단정하고, 품위 있게 행동해야 하며, 코르셋을 못 입을 정도로 많이 먹거나 마실 수 없다는 것을 의미한다. 그런 차림으로는 가사 일을 하거나 바깥에서 경제활동을 하는 것은 거의 불가능에 가깝다.

자립할 수 없는 여성이 남성들에게 종속된다는 사실은 불을 보듯 뻔했다. 그것을 간파한 여성해방론자들은 코르셋을 향해 유죄판결을 내린 것이다. 판결은 났지만, 집행은 되지 않았다. 아직 소수를 제외하고는 코르셋이 죄인이라는 사실을 눈치채지 못했던 그 시대, 코코 샤넬의 혁명적인 바느질이 코르셋에 사형판결을 내린 것이다. 작고 신경질적인 미천한 여인이 위대한 예술가와 선지자들이 하지 못한 일을 해낸 것이다.

제1차 세계대전 때의 코코 샤넬

코끼리를 바로 눈앞에서 보면 기둥 같은 다리 밖에는 보지 못한다. 사람들이 종종 결정적인 순간에 엉뚱하거나 어리석은 결정을 내리는 이유는 멍청하거나 당황해서가 아니다. 그 같은 결정이 어떤 파장과 여운을 남길지 예측할 수 없기 때문이다.

1914년 가을에 벌어진 제1차 세계대전이 그토록 끔찍한 유혈극으로 끝날 것으로 예측한 사람은 없었다. 고작 해야 1870년 벌어진 프로이센—프랑스 전쟁 정도의 사상자와 파장만을 남겨 놓으리라 믿었다. 사람들, 특히 전쟁을 벌인 황제와 수상, 대통령 같은 정치인들의 예상은 보기 좋게 빗나갔다. 수만이나 수십만이 아닌 수백만의 생명이 허허벌판에서 흔적도 없이 사라졌다.

모두의 예상을 벗어난 전쟁은 전혀 상관이 없을 것 같은 여성들의 옷에도 여파를 미쳤다. 남성들이 모두 전쟁터로 나가자 그 빈자리를 메운 것은 여성이었다. 당장 공장에서 일하게 된 여성이 숨도 못 쉬게 조여드는 코르셋과 금속 링으로 지탱되는 드레스를 입을 수는 없었다. 여성들의 옷차림은 처음에는 마지못해, 그리고 나중에는 점점 더 탄력을 받아가며 변했다.

코코 샤넬은 그 변화의 소용돌이 한복판에 있었다. 독일군의 공격에 함락 위기에 처한 파리를 벗어나 도빌로 온 귀부인들은 코코 샤넬이 만든 의상을 몸에 걸쳤다. 이 와중에 화려한 드레스나 장식을 했다가는 몰매를 맞을 분위기였다. 코코 샤넬이 만든 심플하고 담백한 의상과 모자가 날개 돋친 듯 팔려나갔다. 성공에 고무된 그녀는 스페인과 가까운 남부 프랑스의 또 다른 휴양도시 비아리츠에 또 다른 상점을 열었다.

성공 가도를 달리는 와중에 파리로 돌아온 그녀는 혁명적인 결정을 내린다. 전쟁이 계속되면서 옷감이 귀해져 갔고, 특히 여성들의 옷을 만들 때 필요한 직물 옷감들은 품귀 현상을 빚었다. 코코 샤넬은 구하기 어려운 직물 옷감들 대신 편물 옷감들로 여성복을 만들기 시작했다. 특히 '저지'라는 남성 속옷용 옷감으로 옷을 만들기로 했을 때에는 옷감을 주문받은 섬유회사 사장이 오히려 주문을 거절한 일이 벌어졌다. 폴 푸아레를 비롯한 다른 오트 쿠튀르*들은 그녀를 비웃었다.

하지만 이제 일을 하게 된 여성들은 가볍고 신축성이 뛰어난 그녀의 옷을 받아들였다. 그녀는 드레스의 길이에도 과감하게 손을 댔다. 빗자루로 써도 좋을 만큼 바닥에 질질 끌리던 드레스를 발목 높이까지 잘라냈다. 그녀는 당당하게 외쳤다.

"나는 여성들의 몸에 자유를 주었다."

일과는 별개로 그녀의 사생활은 엉망이 되어갔다. 1918년 10월 아서 카펠은 전쟁미망인 다이아나 리스터와 결혼식을 올렸다. 전쟁이 벌어지면서 내각의 중요한 자리를 차지한 아서 카펠이 성공의 발판이 될 여인을 찾아 결혼한 것이다. 진작부터 그와는 결혼할 수 없다는 사실을 알고 있었지만, 막상 받아들이기는 어려운 법이었다.

다음 해 코코 샤넬은 오랫동안 둥지를 틀었던 캉봉 가 21번지를

* 오트 쿠튀르haute couture는 고급 여성 맞춤 정장 내지는 그것을 디자인하는 사람을 가리킨다.

떠나 31번지에 '메종 샤넬'을 열었다. 이제 그녀도 명망 있는 디자이너로서 입지를 굳힌 것이다. 기나긴 전쟁도 끝났다. 하지만 그녀의 전쟁은 이제 시작이었고, 첫 번째 일격이 찾아왔다. 1919년 12월 아내와 어린 딸을 만나러 칸으로 가던 자동차가 전복되면서 아서 카펠이 사망했다. 그녀는 홀연히 찾아온 이 죽음 앞에서 망연자실했다. 장례식에도 참석하지 못한 그녀는 사고 현장에서 오열하는 것으로 사랑하는 이를 떠나보냈다.

❀ 그녀의 세상

　제1차 세계대전이 끝나고 혼란이 어느 정도 수습된 1920년 그녀는 서른일곱이라는 나이 말고도 성공한 디자이너라는 명예와 막대한 재산을 가졌다. 세상은 변했고, 누구나 다 변했다는 사실을 인식했다. 이제 그녀의 세상이 열린 것이다. 그녀가 피카소나 스트라빈스키, 장 콕토 같은 예술가들과 교류하고 그들을 후원했다. 그리고 바로 이해, 그녀를 오늘날까지 기억시키는 샤넬 NO.5가 탄생했다. 오늘날에는 패션 디자이너가 자신의 이름을 내걸고 옷이나 액세서리 외에 향수나 화장품을 판매하는 일이 흔하지만 그 당시에는 새로운 시도였다.

　아서 카펠의 죽음 이후 새롭게 만난 러시아의 망명귀족 드미트리 대공이 에르네스트 보우라는 향수 전문가를 소개해 준 것이 발단이었다. 물론 그전에도 폴 푸아레 같은 디자이너들이 향수를 판매하긴 했지만 신통치 않았다. 그녀는 이곳에서도 자신의 방식대로 승부를 걸었다. 향수가 보이지 않는 패션의 하나라고 확신한 그녀는 남들과 다른 방식으로 승부를 걸었다. 그녀는 보우가 만들어 낸 향수 중 다섯 번째 향수를 선택했다. 새벽이슬이나 사랑의 묘약 같은 억지로 쥐어짜 내는 이름 대신 그녀가 선택한 이름은 샤넬의 다섯 번째 향수 샤넬 NO.5였다.

이름만 다른 것이 아니었다. 꽃이나 동물에게서 추출한 원료를 이용한 단순한 향수 대신 자스민 향과 알데이드를 섞은 인공적인 향수를 만든 것이다. 거기다 한발 더 나아가서 화려한 유리세공을 자랑하던 다른 향수병들을 비웃듯 하얀색 사각형 병에 향수를 담았다. 뚜껑도 아무런 장식이 없었고, 향수병 표면에는 단지 샤넬 NO.5라는 제품명이 검게 각인되었다. 단 하나 개성을 발휘한 것은 향수병에 그녀의 별명인 코코의 이니셜인 C 자 두 개를 교차한 로고를 그려놓은 것뿐이었다. 그리고 그녀는 이번에도 승리했다. 단골손님들에게 무료 샘플을 나눠줘서 입소문을 내게 한 것이 적중한 것이다.

코코 샤넬은 이제 단순한 디자이너가 아닌 패션의 조각가이자 시대의 흐름을 결정짓는 심판자가 되었다. 오늘날까지 그녀가 기억된 것은 입지전적인 성공 스토리나 유명 인사들과의 스캔들 때문이 아니다.

20세기는 과거와 현대가 끊임없이 대립하고 서로 부숴나가며 시작되었다. 산업혁명의 여파로 신흥 자본가들이 태어났다. 토지에 기반을 두지 않은 이 새로운 계급과 도시로 흘러들어온 농민들이 변신한 노동자들이 점차 세를 늘려나갔다. 기존의 귀족세력들과 판이한 취향을 가진 이들은 곳곳에서 변화를 시도했다. 당연히 충돌이 일어났지만, 변화는 느릿하게나마 계속되었다. 이런 변화에 가속도를 붙인 것이 제1차 세계대전이었다.

모든 것이 잿더미가 되고, 수백만의 사람들이 죽고 난 다음에 극적이 변화가 몰아닥쳤다. 가장 완강하게 구체제를 고수하던 러시아는 최초의 공산주의 국가로 변신했다. 융커라는 토지 귀족들이 체제의 중심을 이뤘던 독일 역시 급진적이라는 평가를 받는 바이마르 헌법을 채택했다. 문화 예술적인 측면에서도 변화는 극적이었다. 로마와 중세 시대로부터 이어져 온 화려한 문양과 장식을 걷어차 버리고 단순하고 실용성을 강조한 경향은 건축에서부터 미술까지 이어졌다.

패션에서 이런 흐름을 완성한 건 코코 샤넬이었다. 그녀가 만약 상류층 출신이었거나 혹은 그들을 상대하는 의상실에서 차근차근 일을 배웠다면 아마 코코 샤넬이 되지 못했을 것이다. 보육원의 어둠과 돈 많은 남자의 애인이라는 쓸쓸함이 고여 있는 삶이었기 때문에 여성에 대해서 그 누구보다 강렬하게 인식했던 것이다. 그 점이 바로 그녀를 최초의 오트 쿠튀르로 일컬어지는 찰스 프레드릭 워스나 당대에 그녀와 자웅을 겨뤘던 폴 푸아레와는 다른 의미를 남기는 것이다.

1926년 코코 샤넬은 새로운 스타일의 드레스를 발표한다. 이번에도 도전이고 파격이었다. 상복에나 어울림직한 검은색으로 치장된 블랙 드레스는 간편하고 실용적이어야 한다는 그녀가 가진 소신의 산물이었다. 대량 생산할 수 있는 점에서 닮은 미국의 포드-T형 자동차를 빗대서 드레스의 포드라는 별명이 붙었다. 포드 자동차가 부자들의 소유물이었던 자동차의 대중화를 이끌었듯 샤넬은 드레스를 누구나 입을 수 있게 만들었다. 샤넬의 진짜 드레스가 부담스럽다면 그걸 보고 복제한 값싼 제품을 구입하면 그만이었다.

그녀의 질주는 계속되었다. 제1차 세계대전의 상처가 어느 정도 가라앉은 1920년대에 접어들면서 구세대를 밀어낸 신세대의 문화적 이념은 자리를 잡아갔다. 1913년 파리 상제리제 극장에서 상영된 스트라빈스키의 혁명적인 전위무용인 '봄의 제전'을 보면서 난동이 일어난 일은 이미 머나먼 과거가 되었다. 모자에서부터 향수와 드레스까지 코코 샤넬을 신화로 이끌어낸 모든 것들이 모습을 드러냈다. 불같이 화려한 성공은 이제 신화로 접어 들어간다. 그리고 이 절정의 순간 그녀에게 조용히 마지막이라는 그림자가 찾아왔다.

✿ 제2차 세계대전 때의 그녀

그녀는 자신이 살아생전에 제2차 세계대전 규모의 전쟁을 직접 목격하게 될 것이라고 상상이나 했을까? 1933년 독일 국민의 지지를 받으며 집권한 히틀러는 재무장을 선언하고 군대를 증강한다. 제1차 세계대전을 기억하고 있던 영국과 프랑스는 유혈을 피하려는 목적에 히틀러에게 먹이를 갔다 바쳤다. 라인란트와 체코슬로바키아를 먹어치운 히틀러는 폴란드를 노렸다.

1939년 9월 독일이 폴란드를 침공하면서 유럽에는 전운이 감돌았다. 폴란드와 상호 방위조약을 체결했던 프랑스는 또다시 전쟁의 포화 속으로 끌려갔다. 1940년 5월 독일은 프랑스를 침공한다. 전차와 항공기의 유기적인 결합을 앞세운 돌파와 포위전술—일명 전격전—에 프랑스는 무릎을 꿇었다.

피난을 떠났던 코코 샤넬은 페탱 원수가 독일과 휴전 조약을 체결하면서 파리로 돌아왔다. 재봉틀 돌아가는 소리가 그치지 않았던 작업장은 작년 가을에 이미 문을 닫은 상태였다. 몇 년 전 있었던 종업원들의 파업에 대한 뒤늦은 복수였을까? 아니면 이번 전쟁에서는 아무것도 얻을 것이 없다는 본능적인 계산이었을까? 어쨌든 그녀는 꽉 닫힌 상점문을 뒤로 한 채 나머지 인생을 걸어갔다. 독일과 프랑스의 휴전—물론 프랑스 측의 명백한 패배였다—은 불안하고 불평등한 동거였다. 파리를 비롯한 전 국토의 3분의 2가 독일의 직접 통치를 받게 되었다. 하지만 전쟁이 워낙 빨리 끝난 탓에 시민 대부분은 독일과의 공존을 택했다.

이 시기 그녀가 한 일은 두 가지였다. 사랑에 빠졌고, 스파이 흉내를 낸 것이다. 아서 카펠의 사망 이후 그녀는 영국의 웨스터민스터 공작이나 보석가공업자인 폴 이리브, 러시아 망명 귀족인 드미트리 대공과 염문을 뿌렸다. 그리고 그녀의 애인 리스트에는 점령국인 독일의 외교관도 있었다. 1896년 하노버에서 태어난 한스 군터 폰 딘클라게는 나치라는 이미지와는 어울리지 않는 바람둥이었다. 아서 카펠이 보이라는 별명으로 불린 것처럼 그 역시 슈파츠—참새라는 뜻이다—라는 별명으로 더 자주 불렸다. 둘이 가까워진 건 전쟁 초기 포로로 붙잡혔던 그녀의 조카 앙드레의 석방을 청원하기 위해서였다.

열세 살 연하인 그와 사랑에 빠진 건 그녀다운 일이었다. 한참 전쟁의 불길이 타오르던 1943년에는 다른 일에 몰두했다. 코코 샤넬이 무슨 생각으로 그런 일에 뛰어들었는지는 정확히 알려지지 않는다. 아마 예전의 연인이었던 웨스터민스터 공작의 부탁을 받은 것 같다는 추정만이 오고 갈 뿐이다. 확실한 건 그녀가 포르투갈의 마드리드에 온 영국의 처칠 수상에게 독일과의 정전협정을 맺도록 설득시킬 생각이었다는 것이다.

처칠은 흔들림 없이 독일과의 전쟁을 수행 중이었지만 주변에는 다른 생각을 하는 사람들이 적지 않았다. 독일보다는 소련이 더 큰 문제라는 인식 때문이다. 독일이 패망한다면 소련의 세력이 확대될 가능성을 염두에 둔 그들은 처칠에게 협상을 종용할 생각이었다. 다음 해 7월 벌어진 히틀러 암살 미수 사건에서 볼 수 있듯 독일 내부에서도 히틀러를 반대하는 움직임이 존재했다.

코코 샤넬은 양측의 마찰이 최소화시킬 수 있는 자리에 있었다. 결국, 친위대장인 히믈러까지 개입된 모자 작전이 벌어졌다. 대번에 작전의 주인공을 눈치챌 수 있는 어설픈 작전명처럼 계획도 엉망이 되어버렸다. 그녀가 동행시킨 영국인 친구 베라 베이트가 의심을 사는 바람에 독일을 위해 일하는 스파이로 의심당했다. 설상가상으로 처칠을 직접 면담하지도 못했다. 포르투갈 주재 영국 대사에게 처칠 수상에게 전해달라며 편지를 맡기고 돌아온 그녀는 임무에 실패했다는 생각에 잠깐 의기소침해 했다.

1944년 8월, 노르망디에 상륙한 연합군이 파리에 입성했다. 선두에 선 부대는 르클레르 장군이 이끄는 자유프랑스군 제2기갑사단이었다. 한때 비시 정부의 페탱 수상에게 반역자로 선포되었던 드골 장군의 자유프랑스 정부가 합법적인 승리자가 된 순간이었다. 그리고 보름 후인 9월 10일 그녀는 반역 혐의로 체포당한다. 마드리드의 비밀 작전이 알려졌을 리는 없었을 테니 아마 슈파츠와 연인 관계였다는 것이 체포당한 이유 같았다. 다행히 주변 사람들의 도움으로 어렵지 않게 풀려날 수 있었지만, 그녀가 받았을 충격의 무게는 예상하기 어렵지 않다.

그녀는 사람들의 손가락질을 피해 스위스로 도피한다. 그 와중에도 향수는 여전히 잘 팔렸기 때문에 돈이 부족하지는 않았다. 무료한 시간을 보내는 동안 그녀는 자신의 자서전을 내려고 동분서주했다. 하지만 자신의 어두웠던 어린 시절, 그리고 돈 많은 남자의 애인으로 지냈던 이야기들을 쏙 빼놓은 덕분에 작업은 지지부진했다. 결국, 그녀는 작업을 포기했다. 그러는 사이 그녀가 떠난 파리에서는 새로운 디자이너들이 무럭무럭 자라났다. 코코 샤넬은 코웃음을 치며 무시했지만, 곧 어마어마한 상대가 등장했다. 1947년 2월 혜성같이 등장한 디자이너의 이름은 크리스찬 디오르, 그가 들고나온 무기는 뉴 룩*이었다.

❀ 복귀 이후의 코코 샤넬

1954년에 있었던 그녀의 복귀 무대는 성공적이지 못했다. 한참 뉴 룩에 빠져 있던 파리지앵들은 검은색의 밋밋한 드레스에 아무런 반응을 보내지 않았다. 거기다 15년이라는 공백기, 71세라는 나이 모

* 뉴 룩은 새롭다는 의미로 교묘하게 포장된 과거로의 회귀였다. 20세기 초의 패션을 연상시키는 잘록한 허리선에 발목을 덮는 긴 스커트, 그리고 잔뜩 부풀린 드레스가 다시 여성들은 장식품이 되었다. 코코 샤넬이 복귀하기로 한 가장 큰 이유 중의 하나는 바로 이 뉴 룩 패션이었다. 만약 전후의 패션 경향이 그녀의 예측 범위 이내였다면 코코 샤넬의 전설은 여기서 끝이 났을 것이다.

두 그녀에게 불리했다. 젊었을 때의 신비로움과 환상이 모두 사라진 후 남은 건 퇴물이 주제 파악을 못 했다는 비아냥뿐이었다. 하지만 그녀는 영리했다. 자신의 복귀가 적어도 프랑스에서는 환영받지 못할 수도 있다는 것 정도는 예상했다.

그녀가 믿는 구석은 바다 건너 미국이었다. 악착같이 되돌아갈 전통이 있던 유럽과는 달리 미국은 그런 것이 존재하지 않았다. 미국의 소비자들은 간편한 그녀의 패션이 부활한 것에 열광했다. 예전 같았으면 물 건너에 사는 물정 모르는 촌뜨기라고 무시했겠지만 때는 제2차 세계대전이 끝난 후였다. 신흥 강대국인 미국의 소비자들의 성향은 곧바로 유행이 되는 세상이 되어 있었다.

거기다 코코 샤넬은 다른 패션 디자이너들과는 달리 복제에 관대했다. 다른 이들이 자신의 아이디어를 도용당했다고 분개하는 사이 그녀는 오히려 복제를 부추겼다. 복제품을 구입한 소비자가 언젠가는 비싼 진품을 산다는 사실을 알고 있었다. 뻔뻔할 정도의 자신감은 오직 샤넬만이 가질 수 있는 특권이었다. 상황은 서서히 역전되어갔다. 그해 5월 그녀는 자신이 소유하고 있던 회사의 지분들을 모두 처분하고 일정 금액의 로열티를 받기로 했다. 남은 것은 오직 패션 디자이니 코코 샤넬뿐이었다.

1957년 최고의 패션 디자이너만이 받을 수 있는 네이먼 마커스 상을 받은 이후로 아무도 그녀를 비웃거나 무시하지 못했다. 코코 샤넬이 천척처럼 느끼던 뉴 룩 패션도 시들해져 갔다. 성공적인 복귀 이후 그녀는 17년을 더 살았다. 후회 없고, 거침없는 질주였다. 1971년 1월 11일 밤, 그녀의 바느질은 영원히 멈췄다.

모든 여성의 로망이 된 이름 샤넬

후계자가 없던 그녀는 전 재산을 자신이 설립한 재단에 유산으로 남겼다. 그녀를 도와줬던 사람, 친척들에게 적정량의 재산을 분배하기 위해 설립한 재단이었다. 혹자는 그녀의 관대함을 칭송하지만 어쩌면 그녀는 죽어서도 주변 사람들 위에 군림하고 싶었는지도 모르겠다.

그녀는 스위스에 망명 아닌 망명 생활을 하면서 자서전을 집필하려고 했다. 하지만 시궁창 같던 어린 시절을 천국처럼 둘러댄 거짓말 덕분에 결국 제대로 된 자서전은 나오지 못했다.

그녀는 생전에 코코라는 애칭을 몹시 싫어했다. 남자들의 끈적끈적한 시선에 둘러싸여 먹고 살았던 시절을 떠올랐기 때문이다. 하지만 오늘날 샤넬의 모든 제품에는 코코의 이니셜인 C자가 교차된 로고가 새겨져 있다. 영리했던 그녀는 자신의 증오조차 억누르며 사업

가적인 기질을 발휘했다.

　샤넬이 새로 만든 드레스는 발목까지 오던 기존의 드레스 길이를 무릎 바로 아래까지 끌어올렸다. 일명 샤넬 라인이라고 불리는 이 드레스 덕분에 당시 여성들은 허리둘레 외에 발목과 종아리에도 신경을 써야만 했다. 입기 편하게 만든 드레스 덕분에 생각지도 못한 복병을 만난 셈이다.

　한때 대한민국의 백화점업계에서는 신규점을 오픈할 때 샤넬을 입점시키느냐 못 시키느냐에 사활을 건 적이 있다. 고객들이 백화점 문을 열고 들어올 때 샤넬 매장이 보이지 않으면 발길을 돌린다고 믿었기 때문이다. 최근에는 좀 누그러졌지만 줄을 서서 기다렸다가 앞 사람이 나오면 차례대로 매장에 들어가야만 한다. 얼마 후에는 아마 번호표를 발급하지 않을까?
　코코 샤넬이 이 모습을 봤다면 불같이 화를 냈으리라 장담한다.
　"이 망할 것들이 감히 내 제품들을 가둬놔?"

05
애거서 크리스티
Agatha Christie

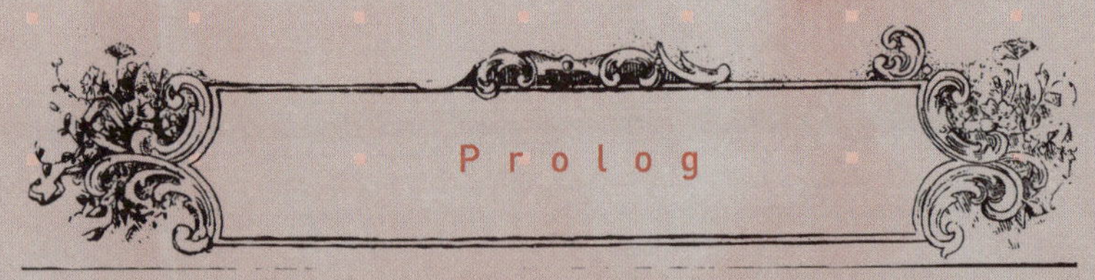

1926년 12월 7일 자 런던 데일리 헤럴드 신문 1면

나흘 전인 12월 3일 밤 12시경 영국이 자랑하는 여류 추리소설가 애거서 크리스티 씨가 실종되었다. 해당 지역 경찰서장인 윌리엄 켄워드 서장의 말에 따르면 애거서 크리스티 씨는 3일 저녁식사를 마치고 회색 모리스 코울리 자가용을 몰고 나간 것으로 알려졌다. 실종 당일 오전 외출을 나갔다가 다음 날 아침에 돌아온 남편 아치 크리스티 대령은 바로 경찰서에 실종 신고를 했다. 윌리엄 켄워드 서장은 즉시 경찰력을 동원해 버크셔 주 서닝데일에 있는 자택인 스타일즈 저택 주변을 수색했지만, 실종자를 찾는 데 실패했다.

"우리는 동원할 수 있는 인력을 모두 동원했습니다. 실종은 시일이 걸릴수록 생존 가능성이 작아지니까요. 그녀가 유명한 추리소설가인 건 잘 알고 있습니다. 현재로선 뚜렷한 단서가 없습니다."

윌리엄 켄워드 서리 경찰서장은 다음과 같이 말하면서 어렵지만 포기하지 않겠다고 말했다. 한편, 그녀가 몰고 나갔던 모리스 코울리 승용차는 스타일즈 저택에서 약 20킬로미터가량 떨어진 뉴랜즈 코너의 채석장 인근에서 발견되었다. 발견자인 알렉산더 로드에 거주하는 프레드릭 로어 씨의 증언에 따르면 12월 4일 토요일 아침에 이웃마을에 가려고 마차를 몰고 가던 중 언덕길 옆 수풀에 빠져 있는 차량을 발견했다고 한다. 혹시 다친 사람이 있을까 마차에서 내려 살펴봤지만, 안에서 아무도 발견하지 못했다. 신고를 받고 출동해서 차량을 살펴본 서리 경찰서 소속 제임스 워치 경위는 다음과 같이 말했다.

"길이 깨끗했어요. 자동차는 브레이크를 잡지 않았어요. 고장이 나 있기는 하지만 언덕에서 굴러 떨어지면서 고장이 난 건지 애초부터 그랬는지는 알 수 없군요. 배터리는 완전 방전상태였는데 아마 헤드라이트가 계속 켜 있어서 그런 것 같고요. 언덕 아래 있는 울타리와 충돌하면서 한쪽 헤드라이트가 파손되었습니다. 차량 안에는 여우 털로 만든 검은색 모피 코트랑 회색 벨벳 모자, 하얀색과 파란색이 줄무늬로 넣어진 종이 상자가 있었습니다. 결혼반지는 보지 못했습니다. 어떤 사람들은 고액의 돈이 든 지갑과 진주 목걸이가 발견되었다고 하는데 억측입니다. 프레드릭 로어 씨는 정직한 분이죠. 어쨌든 확실한 건 차 주인이 사라졌다는 거죠. 핏자국이 없었던 것으로 봐서는 탑승자가 심한 상처를 입은 것 같지는 않습니다."

비슷한 시각 그녀를 봤다는 또 다른 증인의 신고가 들어왔다. 길포드에 거주하는 에드워드 맥알리스터 씨는 4일 새벽 문제의 뉴랜즈 코너 언덕길에서 정차해 있는 차량을 봤다고 증언했다. 그가 접근하자 차량 옆에 서 있던 여인이 그에게 시동을 걸어 달라고 부탁했고, 그가 크랭크로 시동을 걸어 주자 여인은 차를 타고 북쪽에 있는 클린튼 역 방향으로 향했다고 했다. 발견 당시 여인은 추운 날씨임에도 코트나 카디건을 입지 않았으며 차량의 엔진 역시 차갑게 식어 있어서 시동을 거는 데 어려웠다고 한다. 다음은 맥알리스터 씨의 증언이다.

"참 이상했어요. 처음에는 귀신이나 강도인 줄 알고 놀랐다니까요. 여자가 시동을 걸어달라고 했는데 한참 전에 시동이 꺼졌는지 얼음장처럼 식어 있더군요. 하얗게 서리까지 끼어 있었다니까요. 그래서 어디서 왔느냐고 물었더니 요크셔 출신이라고 했다가 웨일즈에서 왔다고 횡설수설하더군요. 나 참, 내 장모님이 웨일즈 출신이라서 잘 아는데 그쪽 사투리가 아니었어요. 아무튼, 시동을 걸어줬더니 고맙다는 말도 없이 냉큼 올라타고는 언덕을 올라가 버리더군요. 뭐 저런 사람이 다 있느냐고 투덜댔죠. 어땠느냐고요? 살짝 돈 것처럼 보였어요. 옆집에 사는 노망 난 피치 할아범처럼 말도 어눌하게 하고, 뭔가를 계속 중얼거렸거든요."

위의 두 가지 증언을 종합해 보면 애거서 크리스티 여사는 밤 12시경 차를 몰고 스타일즈 저택을 나와서 뉴랜즈 코너 근처에서 도착한 것으로 추정된다. 알 수 없는 이유로 몇 시간 동안 시동이 꺼진 차에 있던 그녀는 에드워드 맥알리스터 씨에게 시동을 걸어달라고 요청하고 곧장 북쪽으로 향했다. 몇 시간 후 다시 뉴랜즈 코너로 돌아온 그녀는 언덕을 넘어가다가 차량이 언덕 아래로 미끄러지는 사고를 냈다. 별다른 상처 없이 차에서 나온 그녀는 걸어서 그곳을 벗어난 것으로 추정된다. 현재 경찰 당국은 비행기를 동원해 인근 지역을 수색하기로 했다. 한편, 뉴랜즈 코너 인근의 실런드 호수 안을 살펴보려고 어제부터 잠수부들이 수색 중이다. ─1면 끝, 2면에서 계속

✾ 2면—1면에서 이어짐

한편, 오늘 벌어진 수색에서 뉴랜즈 코너 인근의 한 버려진 농가에서 감색 카디건과 약병 하나가 발견되었다. 애거서 크리스티 여사의 비서인 샬롯 피셔 양은 그 물건들이 그녀의 것이라고 증언했다. 이런 가운데 실종소식을 들은 남편 아치 크리스티 씨는 수색작업에 동참했다.

"사람들이 수군대는 걸 들었습니다. 그녀가 죽으면 제게 막대한 이득이 된다고 말입니다. 하지만 전 그녀가 집을 나간 날 오전 9시에 나왔습니다. 서리에서 열린 골프대회와 파티에 참석하기 위해서죠. 그날 파티에 참석한 사람들이 제가 거기 있다는 사실을 증언해 줄 겁니다. 저는 다음 날 오후에 집에 돌아와서야 그 사실을 알았습니다. 아내는 최근 집필에 어려움을 겪으면서 많이 힘들어했습니다. 아, 물론 저와의 관계에서 스트레스를 받았다는 것도 사실입니다. 하지만 부부가 살면서 다 그런 것 아닙니까? 경찰에서는 아내가 자살한 것 같다고 말하지만 천만에요. 그녀는 지난번 전쟁 때 토키 시청에 마련된 병원에서 간호사로 일했습니다. 조제실에서 일해서 독약에 대해서 아주 해박합니다. 말러 씨, 그녀가 만약, 상상만 해도 끔찍하지만 자살을 할 생각이었다면 독약을 썼을 겁니다. 그리고 자살할 사람이 차를 몰고 나가서 밤새도록 돌아다니다가 사라졌다는게 말이 됩니까? 그녀는 분명히 살아 있어요. 확실하다니까요."

그녀의 실종에 따른 구구한 억측들이 난무하고 있다. 심지어는 그녀가 자신의 명성을 높이고 책의 판매량을 올리기 위한 자작극이라는 의견도 있다. 이에 우리 신문에서는 저명한 탐정 두 분에게 이번 실종 사건에 대한 의견을 물었다. 두 분 모두 증거가 좀 더 나와야 한다며 조심스러워 했지만, 조만간 자신들의 의견을 보내주겠다고 통보했다. 우리 신문은 독자들의 이해를 도우려고 사라진 여류 추리소설가 애거서 크리스티 여사의 약력을 3면에서 5면에 걸쳐 게재했다.

✿ 3면—유년 시절

추리소설의 여왕 애거서 크리스티 여사는 1890년 9월 15일 데본셔의 해안가에 있는 토키 시에서 태어났다. 그녀의 어머니 클라라 부머 여사는 미국에서 건너온 프레드릭 알바 밀러 씨와 1878년 4월 맨체스터에서 결혼한다. 둘이 만나게 된 사연은 자못 흥미롭다. 클라라의 이모인 마가렛이 나다니엘 프레리 밀러와 결혼하면서 그가 첫 번째 아내 마사에게서 낳은 프레드릭의 의붓어머니가 된다. 그 인연으로 만나게 된 두 사람은 사랑의 감정을 느끼고 결혼에 이르게 된 것이다.

처가가 있는 토키에 신접살림을 차린 두 사람은 다음 해 딸 마가렛을 낳는다. 두 사람은 프레드릭의 사업 때문에 불가피하게 미국으로 건너갔지만 클라라는 미국 생활에 적응하지 못했다. 다음 해인 1880년 그녀가 먼저 귀국하고 사업을 정리한 프레드릭도 그녀와 곧 합류했다. 같은 해 아들 몬티가 태어났다. 두 사람은 각각 물려받은 유산으로 애쉬필드라는 저택을 산다. 넓은 정원과 작은 온실과 과수원, 승마장과 테니스코트가 있는 큰 규모의 저택이라고 전해진다.

애거서 크리스티 여사의 아버지 프레드릭 알바 밀러 씨는 지역 사회의 명사로 이름을 드높였으며 크리켓 협회 회장직을 역임하기도 했다. 어머니 클라라 밀러 여사는 자녀 교육에 헌신적인 전형적인 영국여성이었다. 또한, 검소한 여성으로서 집안을 잘 이끌어갔다고 알려졌다. 그녀가 11살 때인 1901년 아버지인 프레드릭 알바 밀러 씨가 사망한다. 집안은 큰 슬픔에 잠기지만, 다음 해 9월 그녀의 언니인 마가렛이 제임스 와츠 씨와 결혼을 하면서 위안을 삼는다.

애거서 크리스티의 유년 시절은 지극히 평범했다. 조숙하고 말이 없던 그녀는 파티에서도 눈에 띄지 않았다고 전해진다. 다만, 책에 대해서 관심이 많았으며 어린 그녀의 시력을 염려한 어머니의 만류에도 많은 양의 책을 읽었다. 아마 이 시기에 영국의 대표적인 추리소설가인 아서 코난 도일 경의 추리소설들을 접하지 않았을까 추측해 본다. 한편, 프랑스어에도 탁월한 재능을 보여서 알렉상드르 뒤마와 쥘 베른 씨의 작품을 프랑스어로 읽었다. 그녀에게 프랑스어를 가르쳐 준 마리시에라 양은 다음과 같이 말했다.

"애거서는 똑똑하고 과묵했어요. 남들보다 빨리 프랑스어를 배웠죠. 늘 사람들한테 저한테 방금 배운 프랑스어로 말을 붙이고 다녔어요. 언니인 마가렛도 프랑스어를 공부했지만 애거서 만큼은 아니었죠. 늘 책을 읽은 건 외로웠기 때문이었죠. 언니랑 오빠와는 열 살이나 차이가 났고, 아버지도 어릴 때 돌아가셨거든요.”

애거서 크리스티 여사는 또한 음악에 재능을 보였다. 십 대의 나이에 또래의 소녀들과 함께 결성한 작은 오케스트라에서 만돌린을 연주했으며, 오페라 가수를 꿈꾸며 연습에 매진하기도 했다고 알려졌다.

그녀가 열여섯이 된 1906년 어머니 클라라 여사는 음악에 재능을 보이는 막내딸을 위해 예술의 도시 파리로 그녀를 유학 보냈다. 그녀는 그곳에서 노래와 피아노 개인 레슨을 받았다.−3면 끝, 4면에서 계속

❀ 4면−그녀의 결혼

파리 생활은 1910년 어머니 클라라 밀러 여사의 병세가 악화하면서 끝났다. 귀국한 그녀는 따뜻한 곳에서 요양을 취하라는 의사들의 조언에 따라 이집트로 향한다. 이집트의 수도 카이로에서 겨울을 나던 그녀는 선물 받은 타자기로 글을 쓰기 시작한다.

그녀의 첫 번째 소설 《사막의 눈》은 어머니의 병환과 타자기가 아니었다면 탄생하지 않았을 것이다. 카이로에서 지내는 동안 그녀는 여러 차례 무도회에 초대받았고, 이집트 주둔군 장교들로부터 구애를 받았다. 하지만 그녀는 어머니의 병간호를 이유로 모두 거절했다. 애거서 크리스티 여사는 어머니의 병세가 나아지면서 카이로를 떠나 영국으로 돌아왔다.

1912년 스물두 살의 그녀는 고향인 데븐셔 주 처틀리에서 열린 무도회에서 육군 장교인 아치 크리스티 씨와 첫 만남을 가진다. 그녀보다 한 살 위인 아치 크리스티 씨는 곧 창설될 육군 항공대에 배속될 예정이었다. 애거서 크리스티 여사를 보고 첫눈에 반한 그는 곧 청혼을 했으며 잠시 고민하던 그녀는 승낙했다. 아치 크리스티 씨는 비행 훈련을 위해 솔즈베리로 떠났고, 그녀는 간호보조사 공부를 마친 후 토키에 위치한 한 병원에서 일한다.

1914년 8월 4일 영국이 독일에 선전 포고를 하면서 유럽 전역은 전쟁에 휩싸인다. 아치 크리스티 씨는 영국 육군 항공대 소속으로 프랑스에 파병되었으며 그녀는 토키 시의 전시 임시 병원에서 간호보조사로 근무한다. 그해 크리스마스 이브 때 두 사람은 결혼식을 올렸다. 하지만 전쟁이 계속되었기 때문에 아치 크리스티 씨는 곧 프랑스로 돌아가야만 했다. 두 사람은 아치 크리스티 씨가 몇 년 동안 잠깐의 휴가를 얻어서 돌아올 때를 제외하고는 떨어져 지내야만 했다.

두 사람은 1917년 아치 크리스티 씨가 전선 근무를 끝마치고 런던의 항공부에서 근무하게 되면서 재회하게 된다. 다음 해인 1918년 독일의 항복으로 전쟁이 끝난다. 남편과 함께 고향인 토키 시의 애쉬필드로 돌아온 그녀는 임신하게 된다. 무엇보다도 행복하고 안락한 결혼 생활을 꿈꾸던 그녀에게는 최고의 순간이 아니었을까 한다. 군인으로서의 능력을 인정받아서 빠른 진급을 거듭한 남편과 아이를 한꺼번에 곁에 두었으니까 말이다.

1919년 8월 5일 딸 로잘린이 태어났다. 한편, 그녀는 전쟁기간 동안 병원의 약제사로 근무하게 되면서 온갖 종류의 독약을 약을 짓고 사용하게 된다. 이 시기에 추리소설을 습작하기 시작했으며 경험을 살려서 독약에 관한 이야기를 풀어나갔다.

❀ 5면-그녀의 집필 활동

그녀가 창조해 낸 명탐정 에르퀼 포와로 역시 전쟁으로 피난 온 벨기에인을 모델로 삼았다고 전해진다. 약제실에 근무하면서 쓴 첫 번째 추리소설을 몇몇 출판사로 보냈지만 거절의 편지를 받는다. 1920년 런던의 보들리 헤드 출판사의 편집장 존 레인은 그녀의 원고를 다시 검토하고 출간을 결정한다.

《스타일즈 저택의 미스터리》라는 제목으로 출간된 이 책에서는 은퇴한 벨기에 경찰 에르퀼 포와로와 솜 전투에서 부상당한 아서 헤이스팅스가 등장한다. 몇 년간 여러 출판사를 전전했다는 사실이 무색하게도 이 책은 출간되자마자 상당한 인기를 끌었다. 그녀는 곧 차기작을 집필하였다. 2년 후인 1922년에는 토미와 터펜스 커플이 활약하는 《비밀결사》를 발표하는 등 본격적인 집필 활동에 매진했다. 이후 매년 꾸준히 작품을 발표했다. 《골프장 살인사건》(1923년), 《갈색 옷을 입은 사나이》(1924년), 《침니스의 비밀》(1925년)로 인지도를 쌓아온 그녀는 올해 발표한 《댄 애크로이드 살인사건(1926년)으로 베스트셀러 작가의 반열에 올라섰다.

한편, 대령으로 예편한 남편 아치 크리스티 씨가 1924년 런던 웸블리에서 개최되는 만국박람회의 홍보를 위해 세계 일주에 동행하면서 부부간의 돈독한 애정을 과시하기도 했다. 최근 본지와의 인터뷰에서 그녀는 왜 벨기에인 탐정을 등장시켰는지 다음과 같이 대답했다.

"솔직히 말해서 우리는 자신들을 제대로 돌아보지 못하잖아요. 살인이 우리 사이에서 벌어졌는데 그걸 또 우리 중 하나가 해결한다면 재미없을 것 같다는 생각이 들었어요. 거기다 이미 코난 도일 경이 셜록 홈스라는 멋진 탐정을 만들어 냈는데 그 어떤 영국인 탐정을 창조해 낸다고 해도 따라잡을 것 같지도 않았고요. 그렇다고 실존 인물을 갔다가 쓸 수는 없잖아요. 직접적인 계기는 토키 시내를 가로지르는 전차에서 본 두 신사와 한 숙녀였어요. 얌전한 숙녀와 점잖게 말을 주고받는 신사 중 한 명이 눈에 띄었죠. 땅딸막한 키에 약간 뚱뚱한 체격이었고, 검은색 모자를 썼는데 연신 회중시계를 들여다봤어요. 시간관념이 철저할 것 같다는 생각에 얼핏 벨기에 사람이 아닐까 했죠. 전쟁이 터지면서 독일군이 벨기에를 점령했잖아요. 그때 우리나라로 벨기에 사람들이 적지 않게 망명했고, 토키에서도 그들을 쉽게 볼 수 있었어요. 벨기에 사람들은 우리와 닮은 구석이 많으면서도 좀 달라요. 예를 들어서 남들이 자기에 대해서 잘못 아는 데에 대해서는 절대 그냥 못 넘어가죠. 옷매무새에 목숨을 걸 정도로 집착하고, 나쁜 날씨도 그냥 하느님의 뜻으로 알고 넘어가죠. 전 이 탐정이 마음에 들어요. 물론 토미와 터펜스 커플도 마음에 들고 언젠가는 다른 소설에 등장시키겠지만, 일단은 벨기에인 명탐정의 활약에 더 힘을 쏟을 생각입니다. 다른 캐릭터요? 글쎄 이번에는 젊은 남자 탐정이었으니까 다음에는 늙은 여자 탐정을 등장시켜 볼까요? 티타임을 칼같이 지키고, 쿠키 굽는 게 취미인 할머니요. 아, 무슨 생각을 하는지 알아요. 그런 사람이 무슨 살인사건을 해결하고, 범인을 잡느냐고요? 시골에서 얼마나 많은 일이 벌어지는지 상상도 하지 못할 겁니다. 사실 티타임만큼 사람들 속내를 속속들이 알 수 있는 시간도 드물어요. 사람들은 잘 끓인 밀크티 앞에서 거짓말을 하는 것에 대해서 죄책감을 느끼잖아요. 뭐 당장 쓸 생각은 아니고, 나중에 나이가 좀 더 들면 쓸려고요.”

이제 애거서 크리스티 여사는 자신이 집필한 추리소설처럼 의문을 남기고 사라졌다. 과연 그녀는 어디로 사라진 것일까?

❀ 1926년 12월 16일 자 런던 데일리 헤럴드 신문 1면

이틀 전 저녁 노스 요크셔의 온천 휴양지인 하로게이트의 하이드로 패틱 호텔 로비에서는 감격스럽고도 이상한 만남이 있었다. 어제 아침 실종된 지 11일째를 맞은 애거서 크리스티 씨와 남편인 아치 크리스티 씨가 상봉한 것이다. 하지만 감격에 겨워하는 남편을 본 애거서 크리스티 씨의 반응은 뜻밖이었다. 그 광경을 목격했던 호텔 지배인 제임스 말로위 씨가 말한 바로는 애거서 크리스티 씨는 주변 사람들에게 남편을 이렇게 소개했다고 한다.

“여기서 오라버니를 만나다니, 매우 기뻐요.”

그녀는 남편을 알아보지 못한 것이다. 뜻밖의 사태에 당황한 아치 크리스티 씨는 일단 아내를 진정시키는 게 우선이라는 판단에 저녁 식사를 함께했다. 그녀는 남편이 가져온 딸 로잘린 크리스티의 사진 역시 알아보지 못했다. 식사를 마친 후 티타임을 가지면서 차분하게 설명을 들은 그녀는 일단 수긍을 하고 스타일즈 저택으로 돌아가기로 했다고 전해진다. 본지는 애가서 크리스티 여사를 처음 발견한 로버트 태핀 씨를 인터뷰했다. 그는 하이드로 패틱 호텔의 오케스트라 연주자다.

"처음 로비에서 봤을 때 이상하다 싶었죠. 하이드로 호텔은 온천으로 유명하기 때문에 주로 무릎 통증이나 피부가 안 좋은 사람들이 요양을 오거든요. 그런데 그녀는 어디 몸이 아픈 것 같지는 않았어요. 제가 하이드로에서 겨울 동안 주말에는 계속 연주를 하기 때문에 대충 보면 알죠. 그녀는 자그마한 손가방 하나만 들고는 길을 잃은 사람처럼 두리번거리면서 로비로 들어왔어요. 그리고는 프런트에 가서 한참을 얘기하다가 열쇠를 받고 보이의 안내를 받아서 엘리베이터를 타더군요. 동료인 밥이 차에서 좀 늦게 내려서 기다리다가 그 모습을 봤어요. 이상하다 싶어서 프런트에 근무하는 토드 마샬 씨에게 물어봤죠. 그랬더니 예약을 하지 않고 왔다고 하너군요. 그때까지만 해도 그녀가 실종된 소설가인 줄 몰랐습니다. 그날 밤 그녀는 우리 오케스트라가 카페에서 하는 연주회에 참석하셨죠. 여전히 뭔가 아파 보이고, 안 좋아 보였어요. 요양하러 온 사람치고는 드레스가 너무 화려한 것도 눈에 띈 이유 중의 하나였죠. 아무튼, 그날 연주회에서 보고 다음 날 오후 티타임 때에도 봤습니다. 동료인 밥에게 얘기했더니 자기도 봤다면서 좀 이상하다고 하더군요. 그러다가 데일리 헤럴드를 봤더니 실종된 여자 소설가 얼굴이 대문짝만 하게 나왔더군요. 우린 둘 다 닮았다고 생각했습니다. 당장 지배인에게 알리려고 했는데 밥이 조금 더 살펴보자고 하더군요. 세상에 닮은 사람들이 얼마든지 있다고 혹시라도 그 사람이 아니라면 큰 결례가 된다고 하더군요. 그래서 다음 주 주말 연주회 때 보고 결정하자고 했습니다. 그다음 주에도 여전히 머무르고 있더군요. 지난번보다 기분은 나아 보이더군요. 거기다 피아노를 치면서 노래도 몇 곡 불렀는데 수준급이었어요. 손님들 앙코르를 받고 다른 노래를 부르려고 하다가 갑자기 멈추더군요. 그리곤 어지럽다면서 방으로 돌아갔어요. 그때 확신했습니다. 밥도 실종된 여자 소설가가 맞는 것 같다고 했고 말이죠. 그래서 다음 날 프런트에 부탁해서 경찰서에 전화했습니다.”

이로써 11일간의 실종 사건은 막을 내렸다. 하지만 오히려 더 많은 의문점이 남았다. 경찰 조사결과 그녀는 숙박부 명단에 본명인 애거서 크리스티가 아니라 테레사 닐이라는 이름을 남겼으며 남아프리카 케이프타운에서 왔다고 기록했다. 왜 그녀가 본명을 숨겼는지를 서리 경찰서의 책임자 맥도월 서장은 다음과 같이 설명하고 있다.

“어떤 충격 때문에 일시적인 기억 장애가 찾아온 것 같습니다. 현재 그녀 가족의 주치의와 신경 장애 전문의가 진료 중입니다. 자세한 사항은 나오는 대로 알려 드리도록 하겠습니다만 현재로서는 이것밖에 드릴 말씀이 없습니다. 그녀는 돌아왔지만, 기억은 아직 돌아오지 않았다고 말입니다.”

전문가들은 이번 일에 대해서 몇 가지 의견을 내놓고 있다. 신경 정신과 전문의 찰스 코너 씨는 그녀가 자동차 사고로 두부에 심한 충격을 받았고, 그에 따른 일시적인 기억 상실이 찾아온 것 같다고 밝혔다. 하지만 비슷한 증상은 의식이 돌아오면 사고 당시의 기억만 사라질 뿐이지 그 이전의 기억까지 없어지는 경우는 없다는 반박이 잇따르고 있다.

또한 익명의 소식통을 따르면 애거서 크리스티 여사와 남편 아치 크리스티 씨가 심한 가정불화를 겪었으며, 이에 따른 스트레스가 이번 일의 원인이라고 한다. 그녀가 하이드로 패틱 호텔에 머물 때 사용했던 테레사 닐이라는 이름과 연관이 있다고도 밝혔다. 이에 대해서 아치 크리스티 씨는 말도 되지 않는 억측이며 지금은 안정을 찾는 게 우선이라며 인터뷰를 거절했다.

한편, 그녀가 발견되었다는 소식에 서리 주민들은 안도의 한숨을 쉬면서 다행이라고 했지만, 일부에서는 이 해프닝 때문에 수천 파운드의 비용이 사용되었고, 결국 납세자에게 부담될 것이라며 불만을 토로했습니다. 또한, 해당 지역 신문인 하로게이트 타임즈에는 이름을 밝히지 않은 독자가 그녀가 인기와 명성을 얻으려고 벌인 자작극이 분명하다는 주장이 적힌 편지를 보냈다고 밝혔습니다. 따라서 본지에서는 두 명의 전문가에게 이번 일에 대한 의견을 구했음을 밝히며 당사자의 동의를 얻어서 의견을 게재한다. 이 의견은 2면과 3면에 수록하였다.

우선 제 결론이 마담 크리스티에게 큰 결례가 될지 모른다는 사실을 알려 드려야겠군요. 하지만 제 두뇌의 회색 뇌 세포는 이번 사건에 대해서 명확하게 결론을 내리고 있습니다. 우선 그녀가 실종될 당시를 살펴볼까요?

실종 정황을 다룬 신문들을 보면 중대한 사실을 알 수 있죠. 우선 그녀가 실종되었다는 사실을 알게 된 시간입니다. 그녀는 금요일 저녁에 집을 나갔고, 다음 날 실종되었죠. 그런데 남편은? 그날 오전에 나가서 다음 날까지 들어오지 않았죠. 이 부분에서 사람들은 대부분 남편이 그녀를 죽였을지도 모른다는 쪽으로만 생각합니다.

답답한 일이죠. 주말에 부부가 함께 지내지 않는다는 건 딱 한 가지 이유입니다. 맞아요. 두 사람 사이가 그다지 좋지 않다는 것입니다. 남편에게는 애인이 있다고 하더군요. 거기다 애인 이름이 낸시 닐이더군요. 그녀가 호텔에 투숙했을 때 썼던 이름은? 네. 바로 테레사 닐, 남편 애인의 성으로 투숙했어요. 기억이 사라졌다고 한 사람이 남편 애인의 성을 기억해 낼 확률이 과연 얼마나 될까요? 그리고 그녀가 차를 타고 나갈 당시의 복장이 어땠죠? 회색빛 스커트에 회색과 감색 카디건, 그리고 챙이 좁은 녹색 모자였다고 쓰여 있죠. 그런데 하이드로 호텔에 들어왔을 때에는 다른 옷차림이었어요. 맞습니다.

의사들은 그녀가 머리에 충격을 받았네, 기억 상실이네 하지만 다 헛소리죠. 지난번 전쟁 때 포격을 받은 병사들이 충격에 빠져서 기억을 잃는 걸 봤죠. 모두 옷차림새 따위는 신경 쓰지 못했어요. 자기가 누구인지, 어디에서 왔는지 모르는데 옷을 말끔하게 갈아입을 여유가 있을 거라고 보십니까? 거기다 자기가 어디서 왔는지 누구인지 모른다면 당장 근처의 경찰관에게 도움을 청할 겁니다. 하지만 그녀는 태연스럽게 사람들이랑 어울리고 시간을 보냈습니다. 단언컨대 그녀는 작정하고 잠적한 겁니다. 점잖은 분이니까 유명세를 노린 건 아니고 아마 남편과 놀아나는 애인에게 단단히 망신을 주려고 했던 겁니다.

그리고 마지막까지 못 믿겠다는 독자들을 위해서 한 가지 더 명백한 증거를 밝히죠. 헤이스팅스 대위가 그 호텔에 전화를 걸어서 물어봤더니 일주일에 7기니의 요금을 받는다고 하더군요. 그녀 주장대로 기억을 잃은 상태에서 호텔에 투숙했다고 칩시다. 그렇다면 우선 자기 수중에 돈이 얼마나 있는지부터 확인하겠죠. 그리고 어떻게든 돈을 아껴 쓰려고 할 겁니다. 당장 호텔을 나와서 미망인이 운영하는 적당한 하숙집을 구했겠죠.

아무튼, 이번 소동의 진실은 일찍이 언급되었습니다. 가정불화에 시달린 마담 크리스티가 복수한 겁니다. 멋지고 우아하게 말입니다. 물론 런던 경시청에 근무하는 제프 경감은 다른 생각을 하고 있지만, 이건 시체 옆에 떨어진 담배꽁초를 줍고 발자국을 살피는 것과는 다른 차원의 사건입니다. 가련한 부인이 저지른 자작극이죠.

이 소식을 접한 건 온실에서 흙을 갈아엎고 있을 때였죠. 이웃에 사는 머틀리 부인이 타임즈를 가지고 와서는 한바탕 소동을 벌이다 갔어요. 덕분에 한 시간 전에 밀크티를 마셨는데 또 마셔야만 했죠. 아무튼, 머틀리 부인이 한참 수다를 떨다가 놓고 간 타임즈를 보다가 궁금증이 도져서 하녀인 플로렌스에게 읍내로 나가서 신문들을 구해 오라고 했죠. 감기 기운이 있어서, 가는 김에 뮬드와인을 만들어야 하니까 약국에서 허브를 좀 사오라고 시켰죠. 플로렌스는 뮬드와인에 딱 맞는 허브를 고를 줄 알거든요.

아무튼, 플로렌스가 뮬드와인을 끓이는 동안 온실에 있는 테이블에서 신문을 읽었죠. 그러고 나서 런던 경시청에서 일하는 더 못 크래독 경위에게 전화를 넣어서 이것저것 물어봤죠. 예전에 여기 세인트 메리 미드에서도 비슷한 일이 있었던 것이 기억났죠. 블루 보어 여관 건너편 구둣가게에서 일하는 베이츠가 어느 날 갑자기 사라진 사건이에요. 십 년 동안 한 번도 결근한 적이 없었던 사람이 말이죠. 열흘 후에 돌아와서 하는 말이 농어 낚시를 갔다 왔다는군요. 나중에 알고 보니까 블루 보어 여관에 새로 들어온 여급에게 마음을 줬는데 받아들여 주지 않으니까 못 견디고 훌쩍 떠난 겁니다. 사람들이란 게 그럴 때 가 있어요. 스트레스를 꽉 차오르면 툭 튕겨나가죠.

신문 기사들을 보니까 크리스티 부인과 남편 사이가 별로 좋아 보이지 않더군요. 주말에 파티에 가서 집에 들어오지 않다니, 다른 이유도 있는 것 같지만 그건 넘어갑시다.

아마 크리스티 부인은 이런저런 일로 머리도 아프고 해서 자동차를 몰고나갔던 것 같아요. 그러다가 사고가 난 겁니다. 방향이 다르다는 말은 넘어가요. 자동차를 몰고 쏘다니는 사람들은 왔던 길도 거슬러 가는 법이니까, 아무튼 사고가 나면서 아마 핸들 같은데 머리를 심하게 부딪쳤을 겁니다. 그리고 의식을 차리긴 했지만 자기가 누군지, 왜 여기 있는지 기억을 잃어버렸겠죠. 그럼 어떻게 할까요? 남아 있는 기억을 더듬어서 돌아갈 곳을 찾겠죠. 하이드로 패틱 호텔로 간 건 아마 거기 갈 예정이었거나 들렀던 적이 있었기 때문이겠죠. 기억이란 게 늘 그렇다니까요.

아무튼, 그곳에서 그녀는 자신이 누구인지 어디에서 왔는지 기억이 돌아오길 기다렸을 겁니다. 어쩌면 자기를 아는 사람과 마주칠 수도 있다고 믿었겠죠.

왜 경찰이나 주변에 물어보지 않았느냐고요? 점잖은 숙녀는 얼굴 붉힐만한 일은 하지 않는 법이랍니다. 대신 조용한 해결책을 찾는 법이죠. 어제 플로렌스가 읍내에 나갔다 온다고 해서 신문을 몇 개 더 사오라고 했어요. 어디 있더라. 여기 있군요. 11일 자 타임즈 광고란에 이런 광고가 실렸죠.

"남아프리카 케이프타운에서 온 테레사 닐의 가족과 친구는 하로게이트에 있는 하이드로 패틱 호텔로 연락 바랍니다."

정말로 자작극이었다면 이런 광고를 낼 필요가 없겠죠. 그녀는 정말로 기억을 잃었던 겁니다. 가족과 일에 지쳐서요. 남자들은 골프를 치거나 승마를 하면서 그걸 풀 수 있지만, 여자들은 당최 방법이 없어요.

불쌍한 크리스티 부인, 언제 시간이 되면 세인트 메리 미드로 놀러 오라고 전해 주세요. 내가 직접 구운 시나몬 쿠키를 먹으면 기운을 차릴지 모르잖아요.

✿ 애거서 크리스티, 나머지 이야기들

애거서 크리스티의 이야기를 이렇게 도발적으로 꾸민 이유는 두 가지다. 하나는 이 실종 사건이 그녀의 삶에 남긴 상흔과 그녀 자체의 삶의 독특함 때문이다. 2003년 대한민국을 수놓은 사극 '다모'에서는 이런 대사가 나온다.

"길이 아닌 길이라, 길이라는 것이 어찌 처음부터 있단 말이오? 한 사람이 다니고, 두 사람이 다니고, 많은 사람이 다니면 그것이 곧 길이 되는 법…"

처음 가는 길이 어렵고 고통스럽다는 건 당연한 일이다. 거리는커녕 방향조차 제대로 잡을 수 없는 건 생소하다는 것 외에도 길이 낯선 이에게 허락하지 않는 관념 탓이다. 앞선 사람이 있다는 건 성공했건, 실패했건 거리를 가늠하고 방향을 확인할 수 있는 이정표가 생겼다는 것을 의미한다. 여성이 남성들의 부속품으로 취급당한 건 동서양을 막론하고 공통된 일이다. 근대에 들어서면서 여성들이 독자적인 이성과 능력을 갖춘 객체라는 사실은 오랜 반발과 충돌 끝에 차츰 인정되어갔다.

애거서 크리스티 자신은 절대 깨닫지 못했지만—막상 당사자는 전통주의자였다—그 이전까지 여성들이 제대로 발을 들여놓지 못했던 추리소설 분야에서 성공을 거뒀다. 1841년 미국의 소설가 에드거 앨런 포우가 《모르그가의 살인사건》을 펴내면서 추리소설의 역사는 시작되었다.

미국에서 꽃을 피운 추리소설은 대서양을 건너 유럽에 퍼져 나갔다. 프랑스에서는 《괴도 루팡》을 탄생시킨 모르스 르블랑과 가스통 르루라는 작가가 명성을 떨쳤다. 하지만 확고하게 자리를 잡은 건 영국이었다. 월키 콜린스가 1860년 《흰옷을 입은 여인》을 발표하면서 시작을 알렸다.

의사인 아서 코난 도일이 만들어 낸 '셜록 홈스'는 당시로써는 획기적인 과학적 분석과 통찰력을 무기 삼아 문제를 해결했다. 살인이 벌어지고, 탐정이 사건을 해결하고, 범인이 잡힌다는 굵직한 명제는 여자들에게는 도무지 어울릴 것 같지 않다는 선입견이 지배적이었다. 그런 선입견과 편견은 19세기 후반에 활동한 안나 카타린 그린을 제외하고는 별다른 여성 작가가 없었던 이유이기도 했다.

20세기에 넘어와서도 본격적인 작품활동을 하는 여성 추리소설가는 애거서 크리스티와 도로시 세이어스 정도였다. 애거서 크리스티 이전에도 추리소설을 쓰는 여성이 존재했고, 같은 시대에도 저명한 여류 추리소설가가 존재했다. 하지만 애거서 크리스티의 등장이 득별했던 것은 그녀만큼 지속적으로 오랫동안 소설을 쓴 여성 추리작가가 없었기 때문이다. 그녀의 등장과 성공 이후 아무도 추리소설의 저자가 여성이라는 것에 거부감을 갖지 않았다.

그녀는 반세기가 넘는 기간에 꾸준히 추리소설을 써 왔다. 차곡차곡 쌓인 성공들이 여성 추리소설가에게 갖는 반신반의를 지웠다. 그녀가 투사였거나 혹은 생계형 작가였거나 하는 점은 중요하지 않다. 콜럼버스 역시 한 몫 잡으려고 조각배 같은 산타마리아 호를 타고 광활한 바다를 건너갔으니까 말이다.

자, 이제 아직 갈 길이 먼 그녀의 나머지 인생을 이야기해 보자.

사실 1926년의 연말을 장식한 그녀의 실종 사건은 여전히 미스터리 중의 미스터리다. 유일한 증인이자 목격자이며 범인인 그녀는 끝까지 입을 열지 않았고, 인터뷰나 자서전에서도 그 얘기를 꺼내지 않았다.

하이드로 호텔에서의 극적인 상봉 이후 정신과 치료를 받은 그녀의 상태는 호전되었다. 하지만 그녀가 끝까지 피하고 싶어 하던 일과 마주쳐야만 했다. 1928년 4월 법원에서 이혼 판결을 받은 두 사람은 그해 10월 정식으로 이혼하게 된다. 다음 달인 11월 전 남편 아치가 보란 듯이 낸시 닐과 결혼식을 올렸다. 늘 행복하고 단란한 가정을 꿈꾸던 애거서 크리스티는 자신이 패배했다는 사실을 인정해야만 했다.

물론 그녀는 본업인 소설 쓰기를 포기하지 않았다. 다음 해 발표한 《빅 포》는 문단의 찬사와 호평을 받으며 그녀의 아픔을 어느 정도는 씻어주었다. 어쩌면 혼자라는 절박함이 그녀의 창작열에 불을 지폈을지도 모르는 일이었다.

1928년 가을, 이혼 확정 판결과 아치의 재혼을 눈앞에 둔 그녀는 기진맥진한 상태였다. 그러던 와중 우연하게 탈출구가 발견되었다. 우연히 저녁식사를 함께 한 해군 장교에게서 이라크의 유적 발굴에 관한 얘기를 듣고 호기심을 가진 것이다. 십 대 소녀 시절 카이로에서 지낸 적이 있던 그녀에게 중동은 낯선 곳은 아니었다.

훌쩍 이라크로 떠난 그녀는 유프라테스 강 근처에 있던 고대 도시 우르의 유적을 발굴 중인 발굴단에 합류했다. 그녀는 유적지를 안내해 주고 동행을 해 줬던 금발머리의 젊은 발굴단원과 사랑에 빠졌다. 맥스 말로윈이라는 이 젊은이는 그녀보다 열다섯 살이나 어렸다. 하지만 그가 자신의 구멍 난 가정을 메우는 데 적합하다는 판정을 내린 그녀는 재혼을 결심한다.

1930년 9월 두 사람은 스코틀랜드의 에딘버러에서 결혼식을 올린다. 그리고 그해 에르퀼 포와로와 더불어 그녀가 만들어 낸 매혹적인 탐정 제인 마플이 등장하는 첫 소설 《목사관의 살인사건》을 출간한다. 그녀의 분신 같은 이 시골 할머니는 조용한 세인트 메리 미드에서 티타임을 가지면서 족집게처럼 살인범을 잡아냈다. 덧붙여서 《메소포타미아의 살인》(1936년), 《나일강의 죽음》(1937년) 같이 그녀의 추리소설에 중동이라는 무대가 등장하기 시작했다. 매년 남편인 맥스와 함께 중동의 고대 유적 발굴에 참여한 경험 탓이다.

1939년 독일이 폴란드를 침공하면서 두 번째 세계대전이 벌어진다. 그 이듬해 전광석화같이 쳐들어온 독일군에게 프랑스가 맥없이 항복하고 난 이후 영국은 전시체제에 접어든다. 남편 맥스가 국방시민군에 입대하자 그녀 역시 26년 전에 일했던 토키의 병원 조제실로 돌아갔다.

같은 해 그녀의 유일한 혈육인 로잘린이 영국 육군 장교인 허버트 프리차드와 결혼을 한다. 그리고 1943년 손자인 매튜 프리차드가 태어나지만, 다음 해인 1944년 사위가 프랑스에서 전사했다는 소식을 접한다. 전쟁이 끝나고 중동으로 파견을 나갔던 남편도 영국으로 돌아왔다. 그 후의 삶은 죽음만이 특징이 될 만큼 평탄했다.

그녀는 매년 에르퀼 포와로와 미스 마플을 주인공으로 하는 추리 소설들을 발표했다. 영국이 두 번의 세계대전을 치르고 해가 지지 않는 제국에서 유럽의 그렇고 그런 국가로 내려갈 때까지 말이다.

1967년에는 여성 최초로 영국 추리작가 협회 회장에 선임된다. 1968년 중동에서의 발굴 성과를 인정받은 남편 맥스가 기사 작위를 받으면서 그녀는 레이디 말로윈이 되었다. 그리고 1971년에는 그녀에게 작위가 수여되었다. Dame commander of order of the British Empire DBE라는 긴 이름의 2급 제국 훈장을 받은 덕분에 그녀의 이름 앞에 데임 dame이라는 존칭을 붙이게 되었다. 아서 코난 도일이 기사 작위를 받으면서 이름 앞에 서 Sir를 붙일 수 있게 되는 것과 종종 비교가 되곤 한다.

마지막으로 그녀가 거둔 또 하나의 승리가 있다. 셜록 홈스나 괴도 루팡을 기억하는 사람들은 많지만 아서 코난 도일이나 모리스 르블랑이 그들을 탄생시켰다는 점은 떠올리지 못한다. 왜 그런 일이 벌어졌을까? 저자들이 자신이 탄생시킨 탐정들에 패배한 것이다. 덕분에 자신보다 더 유명해진 셜록 홈스를 질투한 코난 도일이 일부러 그를 죽였다는 이야기는 오랫동안 사람들의 입가를 오르내렸다.

하지만 애거서 크리스티는 에르퀼 포와로와 미스 마플이라는 걸출한 탐정을 둘이나 탄생시켰으면서도 끝끝내 자신이 그들의 주인임을 대중들에게 인식시켰다. 11일간의 실종 사건이 만들어 낸 여파

였을까? 아니면 기억이 틀릴 여지조차 주지 않았던 오랜 집필 기간이었을까?

애거서 크리스티라는 기나긴 통로를 지나친 추리소설은 이제 여성에게 더는 불친절하거나 낯설게 굴지 않았다.

추리소설의 여왕

애거서 크리스티는 1976년 1월 12일 런던 교외의 자택에서 85세의 나이로 눈을 감았다. 그녀의 남편 맥스 말로원은 2년 후에 사망했다.

그녀는 살아생전에 약 80여 편의 장편소설을 집필했다. 그중에는 메리 웨스트마컷이라는 필명으로 발표한 로맨스 소설들도 포함되어 있다. 그중에는 1934년에 쓴 자신의 자서전 격인 《미완의 초상》이라는 작품도 포함되어 있다. 물론 가상의 인물들을 등장시켰지만, 눈치 빠른 사람이라면 누구나 그녀의 이야기라는 사실을 눈치챌 수 있다. 그 외에도 여러 편의 희곡과 9편의 단편소설집을 발표했다. 그리고 남편인 맥스 말로원 경과 함께 유적발굴을 했던 이야기를 담은 《와서 사는 법을 말하라》를 1946년 출간했다.

그녀의 추리소설들은 세대를 뛰어넘은 베스트셀러다. 아무리 보수적으로 판매수치를 잡아도 약 3억 권가량의 책이 팔려 나갔다. 그리고 지금 이 순간에도 계속 판매 중이다. 한국에서도 오래전부터 그녀의 책이 판매되었다. 현재 황금가지 출판사에서 애거서 크리스티 재단과 정식으로 계약을 맺고 전집을 출간 중이다.

1947년 그녀가 메리 여왕의 80세 생일을 축하하려고 〈쥐덫〉이라는 라디오 드라마용 극본을 썼다. 1952년 그녀는 이 극본을 바탕으로 한 연극 극본을 집필했고 같은 해 런던의 엠베서더 극장의 무대에 올랐다. 이 연극은 1만 회가 넘는 공연으로 세상에서 가장 오랫동안 상영된 연극으로 기네스북에 올랐다.

1975년 발표된 《커튼》에서는 그녀가 창조해 낸 명탐정 에르큘 포와로가 사망한다. 뉴욕 타임즈는 이 명탐정의 사망소식을 부고란에 올린다. 다행인지 불행인지 미스 마플은 죽지 않았다.

최초의 여성 추리소설가는 안나 카타린 그린이다. 그녀는 최초의 여성 탐정 캐릭터인 에베네저 그리체를 탄생시켰다. 1878년 발표한 《리븐워스 사건, 한 변호사의 이야기》는 경이적인 판매량과 찬사를 받았나. 애거서 크리스티가 추리소설의 여왕이었다면 안나 카타린 그린은 추리소설의 어머니란 찬사를 받을만하다.

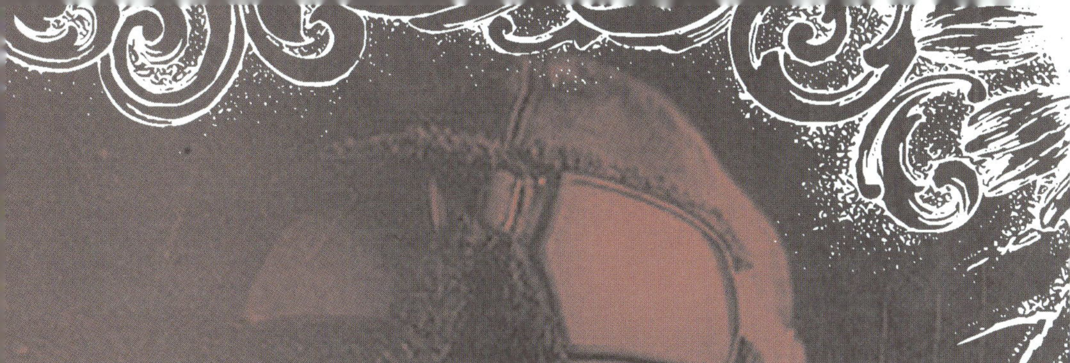

06

아멜리아 에어하트

Amelia Earhart

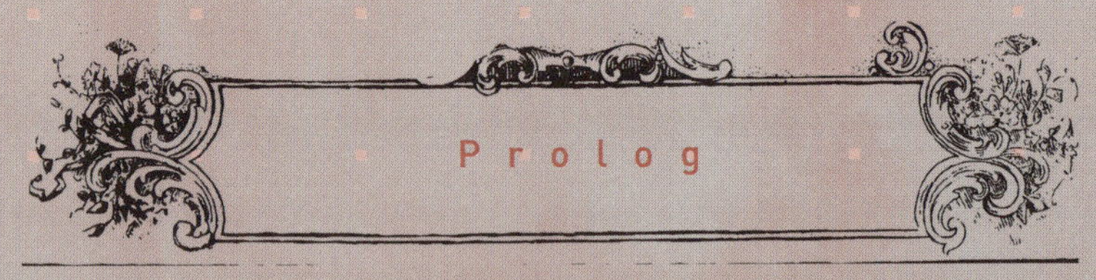

태양을 향해, 1937년 7월 2일 남태평양 상공

붉게 달아오른 지평선은 영원처럼 펼쳐졌다. 조종석 뒤쪽의 좌석에 앉은 항법사 프레드 누난은 지도 위에 컴퍼스를 갖다대며 필사적으로 현재 위치를 찾으려고 했지만, 그녀는 차가운 현실을 받아들였다. 쌍발 록히드 엘렉트라는 바다 위에서 길을 잃은 것이다. 연료가 바닥난 가운데 말이다.

"프레드, 어디쯤인지 대충이라도 말해 줘."

"잘 모르겠어. 망할, 미안해."

"맙소사."

터져 나오는 욕지거리를 간신히 참은 그녀는 무전기를 집어들고 소리쳤다.

"이타스카! 이타스카! 고도는 천 피트, 섬을 찾을 수 없다. 계속 남북으로 비행하면서 찾는 중이지만 보이지 않는다."

목이 메어왔다. 그녀는 무전기를 내려놓았다. 이륙 후 제대로 무전을 받은 적이 없었다. 아무래도 울퉁불퉁한 라에의 활주로를 이륙

하면서 무선 안테나가 파손된 것 같았다. 항법사 프레드가 위치를 놓친 이상 여기가 어딘지, 그리고 착륙 예정지인 하우랜드 섬까지 가려면 어느 방향으로 얼마나 날아가야 할지 알 도리가 없었다. 2만 2천 마일(약 35,506킬로미터)은 무사히 날아왔고, 이제 7천 마일(약 11,265 킬로미터)만 남았다는 사실이 그녀를 초조하게 혹은 낙관적으로 만들 었다.

적도를 따라 가는 세계 일주의 마지막 비행은 뉴기니의 라에에서 이륙해서 미국 본토로 가는 것이었다. 당연히 중간에 급유를 받아야 했고, 급유 장소는 남태평양상에 있는 조그만 섬 하우랜드였다. 라 에에서 2,556마일(약 4,113킬로미터) 떨어져 있는 이 섬은 높은 고도에 서 보면 파도나 낮게 뜬 구름과 분간조차 안 가는 작은 크기였다. 남 편이자 좋은 파트너인 존 푸트넘은 정부와 교섭해 해안 경비대 소속 이타스카 함을 섬 근처에 대기시키고, 별도로 조명을 비춰줄 두 척 의 배도 준비해두었다.

하지만 벌써 발견하고도 남을 시간이 지났다는 사실이 머리를 복 잡하게 만들었다. 이륙 전 세심하게 계산해서 추가로 실은 연료는 274마일분(약 441킬로미터)이었다. 기류를 타는지 덜컹거리는 기체를 따라 조종석 위에 걸어둔 회중시계도 따라서 흔들렸다. 7년 전 쓸쓸 히 눈을 감은 아버지가 남긴 유품이었다. 분침이 막 8시 55분을 지 나는 중이었다.

"이제 끝인가? 꽤 오래 날았지?"

중얼거림과 동시에 한숨이 혹하고 터져 나왔다. 1920년 12월 28 일 아버지를 따라 캘리포니아 롱비치 비행장에서 처음 비행기를 본 순간부터 그녀는 단숨에 비행기에 매료되었다. 단숨에 대지를 박차고 날아오른 비행기는 까마득한 하늘로 솟구쳐 올라갔다. 눈을 찌르는 햇빛 때문에 눈 위에 손바닥 차양을 쳐야 했지만, 그녀는 하늘을 가로질러가는 비행기에서 눈을 떼지 못했다. 설레는 첫 비행, 그리고 지금 여기에서는 더는 방법이 없다는 사실에 잠시 고민하던 아멜리아는 불타는 수평선 쪽으로 기수를 돌렸다. 마지막 남은 연료가 떨어질 때까지 비행할 생각이었다.

첫 만남, 1908년 아이오와 주 디 모인

"아멜리아! 저게 비행기*라는 나는 기계다. 신기하지?"

한쪽 무릎을 굽힌 아버지가 그녀의 어깨에 다정하게 손을 얹으며 말했다. 막대 사탕을 빨아 먹느라고 정신이 없던 아멜리아는 고개를 들고 날아올라 가는 비행기를 바라봤다. 막대 사탕의 달콤함에 비하면 턱없이 초라해 보였다.

"별로요. 녹슨 철사랑 나무로 만든 장난감 같은데요."

"하하, 지금이야 그렇겠지만 얼마 지나지 않으면 분명히 저런 것들이 하늘을 쉴 새 없이 날아다닐 거다."

아버지의 호언장담에 어린 아멜리아는 다시 비행기를 쳐다봤다. 붕붕거리며 낮게 하늘을 나는 비행기가 살짝 선회를 하자 밑에서 지켜보던 사람들 입에서 감탄사가 흘러나왔다. 하지만 아멜리아는 어른들이 왜 저런 거에 몰두하는지 이해할 수가 없었다. 막대 사탕이

---

* 1903년 12월 17일 노스캐롤라이나 주 키티호크 근방의 한 언덕에서 라이트 형제의 역사적인 첫 비행이 있었다. 사흘 전의 첫 비행이 실패로 돌아가서 다들 긴장한 가운데 두 사람이 만든 비행기 플라이어 호는 뒤뚱거리며 활주로를 달리다 지상을 박차고 날아올랐다. 비행시간은 12초, 거리는 36.5미터였다. 그 소식을 들은 언론은 사기꾼이나 몽상가의 농담쯤으로 취급했다.

라면 모를까.

아멜리아 에어하트와 비행기의 첫 만남은 그렇게 시들하게 끝났다. 양쪽 모두 다시 만나게 되고, 서로 사랑에 빠지게 될 것이라는 사실은 알지 못했다. 그리고 그 사랑이 비극적으로 끝나게 된다는 사실도 말이다.

아멜리아 에어하트는 1897년 7월 24일 캔자스 주 애치슨에서 유복하지만 복잡한 가정환경 속에서 태어났다. 운이 좋았던 것은 그녀의 외할아버지 알프레드 오티스가 오랫동안 판사로 일하면서 지역사회의 존경을 받는 명사였다는 점이었다. 반대로 불행했던 것은 그녀의 아버지 에드윈 에어하트가 가난한 집안의 변호사였다는 것이다. 부자 처가에 가난하고 똑똑한 사람이 사위로 들어가게 되면 생기는 트러블은 동서고금을 막론하고 비슷한 레퍼토리를 지녔다. 더군다나 에드윈은 자유분방하고 호기심에 넘치는 성격이었다. 좋게 말하면 쾌활한 성격이었고, 나쁘게 말하면 대책이 없었다. 물론 이런 어른들의 다툼 같은 건 어린 아멜리아가 알 턱이 없었다.

어린 그녀는 여동생 뮤리엘과 함께 개구쟁이 시절을 보냈다. 1905년 잘 나가는 장인이 있는 애치슨을 벗어나고 싶었던 에드윈은 아이오와 주 디 모인에 있는 한 철도회사의 법률 자문역으로 취직하면서 그곳을 떠났다. 아버지와 어머니가 먼저 디 모인으로 떠나고 아멜리아와 뮤리엘은 외할아버지댁에서 몇 년을 더 보내야 했다.

1908년 드디어 두 아이는 부모님이 사는 디 모인으로 갔다. 다 같이 모인 가족들에게 행복이 찾아왔을까? 모든 것이 제자리를 찾아가자 숨어 있던 것들이 슬금슬금 모습을 드러냈다. 자존심, 그리고 권

태웠다. 어린 딸들에게 블루머라는 바지를 입힐 정도로 자유분방했던 에드윈은 늘 자신을 무시하는 처가와 모험이 사라진 일상생활에 못 견디며 술을 마시기 시작했다.

아슬아슬했던 결혼 생활은 순식간에 금이 갔다. 설상가상으로 1912년 아멜리아의 외할아버지가 사망하면서 에드윈에게는 모욕적인 내용의 유언장이 공개된 것이다. 웃음거리가 되어버린 에드윈은 더욱더 술에 빠져들었고, 결국 회사에서 해고되고 말았다. 뒤늦게 정신을 차린 그는 다른 일자리를 찾았지만, 여전히 술과 거리를 두는 데 실패하고 말았다.

견디다 못한 어머니는 결국 아멜리아와 뮤리엘의 손을 잡고 시카고에 있는 친구 집으로 갔다. 1915년 그곳에 있는 하이드파크 고등학교를 졸업하고 어머니의 뜻대로 필라델피아에 있는 오간츠 여자교양학교에 입학했다. 자유분방하고 자유롭던 그녀는 귀부인이 되기 위한 교양이나 예절 따위를 가리키는 학교 생활을 무척 따분하게여겼다. 다행히 곧 탈출할 기회가 생겼다.

1914년 6월 28일 사라예보를 방문 중이던 오스트리아-헝가리 이중제국의 페르디난트 황태자 부부가 암살범의 총에 맞아 사망하면서 유럽은 전쟁의 불길에 휩싸였다. 오스트리아-헝가리 이중제국이 황태자 부부 암살의 배후로 지목된 세르비아에 선전포고를 하자 세르비아의 보호자를 자처하던 러시아가 움직였다. 러시아의 그런 움직임에 독일이 반응을 보였고, 독일에 자극을 받은 프랑스 역시 총동원령을 내렸다. 유럽 대륙의 전쟁은 대서양 건너 아메리카 대륙까지 옮겨 붙었다. 영연방의 일원이었던 캐나다는 물론 루시타니아

호 격침 사건을 계기로 미국까지 참전한 것이다.

물론 당시 전쟁은 여자인 그녀에게는 별다른 영향을 미치지 못했다. 그러나 1917년 토론토에서 학교에 다니던 여동생 뮤리엘과 크리스마스 휴가를 보내려고 캐나다에 왔던 그녀는 부상당한 병사들을 보고는 군 병원에서 자원봉사활동을 하기로 했다. 숭고한 마음이었을까? 아니면 2학년까지 마친 지긋지긋한 학교로 돌아가지 않기 위한 수단이었을까? 어쨌든 그녀는 병원에서 부상당한 병사들을 돌보는 일에 집중했다. 1918년 11월 11일 독일의 항복으로 전쟁은 종결되었지만 같은 해 유행한 스페인 독감에 수많은 사람이 죽거나 쓰러졌다. 그녀 역시 독감에 걸려 사경을 헤매다 겨우 살아났다.

1919년 봄, 자리를 털고 일어난 그녀는 어머니와 함께 휴가를 즐기고 그해 가을 뉴욕에 있는 컬럼비아 대학에 입학했다. 그녀는 의학을 전공하기로 했다. 만약 다음 해 봄, 어머니의 편지가 없었다면 그녀는 학교를 졸업하고 닥터 아멜리아가 되었을 것이다. 다시 재결합을 원하는 아버지를 따라 로스앤젤레스로 간 어머니가 큰딸에게 함께 있어 달라는 편지를 보낸 것이다. 이제 막 공부에 흥미를 붙였던 아멜리아는 아쉬움을 뒤로 하고 짐을 쌌다.

아버지의 직업이 아직 안정되지 못했기 때문에 어머니는 궁여지책으로 집에 하숙을 쳤다. 아멜리아는 하숙생 중 한 명인 사무엘 채프먼과 약혼을 했다. 그해 겨울 그녀는 아버지를 따라 에어쇼가 열리는 롱비치 비행장에 갔다. 아이오와의 디 모인에서 만난 지 꼭 12년 만이었다.

녹슨 철사로 나무판을 이어 놓은 것 같은 모습은 여전했지만 제1차 세계대전을 겪으면서 비행기술과 성능은 눈부실 정도로 발달했다. 알록달록한 색깔로 치장한 비행기들이 공중회전을 하고, 급강하 하는 모습을 지켜본 그녀는 단숨에 비행이 주는 에너지에 매료되었다.

"아버지! 나 비행기 타고 싶어요."

🌸 두 번째 만남, 1920년 12월 28일
캘리포니아 롱비치 비행장

함께 온 아버지를 조른 아멜리아는 사흘 후에 다시 비행장에 모습을 드러냈다. 프랭크 호크스라는 조종사가 모는 복엽기에 탄 그녀는 10분 동안 비행한다. 그리고 그녀의 인생은 영원히 변했다. 그녀는 훗날 자신의 저서 《비행의 즐거움》에서 첫 비행을 이렇게 회상했다.

"비행기 바퀴가 지상을 박차고 날아오르고, 나는 땅에서 2~3백 피트 정도 떠올랐죠. 비로소 비행을 한다는 것이 어떤 것을 의미하는지 명확하게 알았어요."

비행기에서 내린 그녀는 곧장 부모님에게 비행기를 타겠다고 말했다. 부모님은 당연히 난색을 보였다. 비행기는 너무 위험했고, 천 달러나 하는 레슨비 역시 집에서 감당하기에는 너무 비쌌다. 거기다 비행기 조종사들이 대부분 남자라는 사실도 걸렸다. 다행스럽게도 소수지만 여성 조종사가 있었다. 캘리포니아 남부에 있는 키너 비행장에는 네타 스눅이라는 여성 조종사가 있었다. 1921년 1월 3일 본격적인 교습에 들어간 그녀는 곧 비행기에 익숙해졌다.

여성들이 남성들보다 주차나 운전에 미숙하다는 선입견이 오늘날에도 있는 것처럼, 당시에 여성들이 비행기를 조종하는 일은 말도 안 되는 모험 중의 모험이었다. 하지만 편견은 깨지라고 있는 법. 그녀는 빠른 속도로 비행기를 이해하고 받아들였다. 뉴욕에 있는 컬럼비아 대학에 입학하기 전 자동차 정비를 배워둔 것이 큰 도움이 되었다. 교습비를 벌려고 전화국에서 일하면서 틈날 때마다 비행장을 찾아갔다. 그녀는 2인승 복엽기를 타고 비행을 했다. 가벼운 추락 사고를 겪기도 했지만, 비행에 대한 열정은 멈추지 않았다. 진보적인 여성주의자였던 네타 스눅은 틈날 때마다 여성들도 남성들만큼이나 비행기 조종을 잘할 수 있다는 사실을 일깨워주었다.

1922년 7월 24일, 그녀의 스물다섯 번째 생일날 그토록 원하던 비행기가 생겼다. 키너 에어스타라는 이름의 낡은 복엽기는 노란색으로 칠해진 덕분에 '카나리아' 라는 별명이 붙었다. 비행기 조종사라는 직업 자체가 희귀한 시대에 여성 조종사는 거의 천연기념물 수준이었다. 남자들이 우글거리는 비행장에서 두툼한 가죽 재킷에 짧은 머리를 한 주근깨투성이 아가씨는 단번에 눈에 띄었다. 더군다나 남자 파일럿들에게 뒤처지지 않는 실력까지 갖추고 있었으니 사람들의 주목을 받는 건 당연한 일이었다.

1922년 10월 22일 그녀는 첫 번째 모험에 도전한다. 부모님과 여동생 뮤리엘이 지켜보는 가운데 이륙한 그녀는 곧장 하늘 높이 날아올랐다. 1만 4천 피트(약 4,267미터)까지 날아오른 그녀는 여성 파일럿 중 가장 높이 올라갔다는 기록을 세우고 내려왔다. 다음 해인 1923

년 5월에는 국제 항공 협회로부터 조종사 자격증을 받았다. 여성으로서는 열여섯 번째였다.

1924년은 그녀에게 불행한 해였다. 오랫동안 별거와 재결합을 반복해 온 부모님이 마침내 이혼을 결정한 것이다. 지친 어머니를 돌보려고 비행기를 처분한 그녀는 여동생 뮤리엘이 있는 보스턴으로 자동차 여행을 떠났다. 실컷 여행을 즐기고 보스턴에 도착한 그녀에게 오래전 약혼했던 사무엘 채프먼이 찾아와 청혼했지만 거절했다. 중단한 의학공부를 위해 뉴욕으로 가려던 계획도 학비가 없어서 포기하고 말았다.

이런저런 일로 상심한 그녀는 데니슨 하우스라는 봉사기관에서 이민자 아이들에게 영어를 가르치는 일을 맡았다. 특유의 쾌활함으로 먼 타지에 온 아이들을 돌보며 그녀는 틈나는 대로 비행을 했다. 여성 파일럿은 희귀했기 때문에 찾는 곳이 많았다. 유명인사가 된 그녀는 새롭게 변화해가는 여성상을 상징했다. 긴 머리 대신 짧은 머리를, 길고 치렁치렁한 드레스 대신 가죽으로 만든 비행 재킷을 걸친 그녀의 모습은 세상이 빠르게 변하고 있다는 증거였다.

1927년 5월 21일 비행기 역사에 있어서 가장 극적인 사건이 벌어진다. 찰스 오거스터스 린드버그라는 무명의 파일럿이 세인트루이스 스피리트라고 이름붙인 비행기를 몰고 33시간 30분 동안 단독으로 비행해서 대서양을 횡단한 것이다. 지금이라면 대서양이나 태평양을 횡단해서 비행하는 일은 연료만 충분한 중형 기체라면 언제든지 가능하다. 하지만 이때는 라이트 형제가 12초 동안의 첫 비행을 성공한 지 불과 24년밖에 안 지난 시기였다. 비행기는 여전히 신뢰성이 떨어지는 기계였고, 비행 중에 고장이 발생하면 탑승자는 생명의 위협을 느꼈다. 더군다나 당시에는 GPS*나 레이더가 존재하지 않았다.

목적지를 가려면 자신의 현재 위치와 목적지의 위치를 정확하게 알아야만 한다. 지상에서는 도로 표지판이나 지도, 그리고 나침반의 도움을 받을 수 있었지만, 공중은 위치를 파악할만한 것들이 없었다. 그나마 육지 위를 비행한다면 대형 지상 구조물이나 계곡, 혹은 호수 같은 지형지물로 확인할 수 있지만, 바다라면 그런 것들도 존재하지 않았다. 거기다 추락이라도 한다면 구조될 가망성도 없었다. 무전기가 설치되면서 지상과의 교신이 가능해지긴 했지만, 여전히 자신의 위치나 목적지와의 거리를 알 방법은 없었다.

5백 년 전 지구 반대편이 폭포라고 믿었던 대항해 시대만큼은 아니었지만, 이 시기에 아직 하늘은 인간에게 자비를 베풀지 않았다. 더군다나 제1차 세계대전을 치르면서 비약적으로 발전했다고는 하지만 비행기는 여전히 언제 고장날지 모르는 말썽꾸러기 기계였다. 그런 비행기를 몰고 바다 위를 수십 시간 동안 혼자서 비행한다는 것은 모험 중의 모험이었다. 린드버그가 단독으로 대서양 횡단 비행에 성공했다는 소식을 들은 그녀는 불타는 모험심과 부러움에 들끓었다.

* 인공위성을 이용해서 자신의 위치를 파악할 수 있는 항법 시스템. GPS는 global positioning system의 약자이다.

          Amelia Earhart

✿ 세 번째 만남, 1928년 6월 17일 뉴펀들랜드

이 모든 것은 그녀가 데니슨 하우스의 아이들과 함께 연극 준비에 한창이던 1928년 4월 말에 걸려온 한 통의 전화가 발단이 되었다. 전화를 건 힐턴 라일리는 단도직입적으로 물었다.

"아멜리아 양, 대서양을 횡단하는 첫 번째 여성 파일럿이 되고 싶습니까?"

사연은 약간 복잡했다. 린드버그의 성공 이후 유일하게 남은 타이틀은 여성 파일럿의 대서양 횡단 비행이었다. 처음에 도전했던 사람은 에이미 게스트라는 부유한 상속녀였다. 하지만 그녀는 가족들의 맹렬한 반대에 부딪혀 포기하고 말았다. 프로젝트 자체가 무산될 위기에 처할 무렵 린드버그의 자서전을 출간했던 조지 푸트넘이라는 출판업자가 다른 여성을 탑승시킨다는 아이디어를 내놓았다. 그들이 고른 여성이 바로 아멜리아 에어하트였다. 밝고 건강한 그녀의 이미지가 도전한다는 것과 잘 어울린다는 생각에서였다.

조종과 항법은 윌머스툴츠와 루이스 고든이 맡고 그녀의 역할은 그냥 예비 조종사였다. 실망이 컸지만, 대서양 횡단 비행에 참여한다는 깃으로 위안을 삼기로 했다. 타고 갈 비행기는 엔진이 세 개가 달린 포커 F7기였다. 장거리 비행을 위해 불필요한 좌석을 제거하고 대형 연료탱크를 설치하고 바다에 불시착할 것에 대비해 바퀴 대신 플로트라는 수상 착륙장치를 부착하는 개조 작업이 시행되었다.

비행을 위한 준비를 마친 포커 F7기는 출발 예정지인 캐나다 동부의 뉴펀들랜드 섬으로 향했다. 하지만 도착 직후 기상 악화로 출발은 계속 연기되었다.

1928년 6월 17일 프렌드 쉽이라고 명명된 포커 F7기가 뉴펀들랜드의 트레페시 항구에서 세 개의 프로펠러를 힘차게 돌리며 날아올랐다. 의자조차 없던 그녀는 조종석과 연료탱크 사이의 좁은 틈에 쪼그리고 앉아서 무전기를 조작했다. 비행은 어렵고 복잡했다. 고도를 높이면 연료를 절약하고 기류를 피할 수 있지만, 기온이 떨어지면 기체에 얼음이 생기며 무거워졌다. 반대로 고도를 낮추면 기류에 휘말리고 연료 소모량이 늘어났다.

그 외에도 거센 비바람을 동반한 폭풍우 역시 비행을 어렵게 만드는 장애물이었다. 설상가상으로 이륙 한 시간 만에 무전기가 고장나면서 그녀의 역할은 사라졌다. 위치조차 분간할 수 없었다. 분명히 육지가 나와야 할 시간이었지만 끝없는 바다만 보일 뿐이었다. 지나가는 배에 위치를 알려달라는 쪽지를 묶은 오렌지를 떨어뜨려 봤지만 실패하고 말았다. 다행스럽게도 연료가 거의 바닥날 무렵 육지가 모습을 드러냈다. 목적지인 아일랜드 남쪽을 지나간 덕분에 잉글랜드 남부 웨일스까지 비행한 것이다. 무사히 버리 포트라는 자그마한 항구에 착륙한다.

그녀는 자신이 아무짝에도 쓸모없는 감자포대였다며 투덜거렸지만, 지상의 상황은 정반대였다. 첫 번째만 기억하는 세상은 첫 번째 대서양 횡단에 성공한 '여자'인 아멜리아 에어하트에게 몰려들었다. 쇄도하는 축하전보를 보낸 사람 중에는 당시 미국 대통령이었던 캘빈 쿨리지도 있었다. 린드버그에 버금가는 대대적인 환영을 받은 아멜리아는 미국으로 금의환향했다. 여론은 그녀를 린드버그에 버금

간다는 뜻으로 '레이디 린디' 혹은 '하늘의 퍼스트레이디'라는 별명으로 불렀다.

그녀와 두 조종사는 뉴욕에서 성대한 카퍼레이드를 펼쳤고, 백악관에 초청을 받아서 만찬도 즐겼다. 일약 유명인사가 된 그녀는 쏟아지는 강연 요청과 자서전 집필로 눈코 뜰새 없이 바빠졌다. 그녀가 쓰고 존 푸트넘이 출간한《20시간 40분》은 베스트셀러가 되었다. 코스모폴리탄 같은 잡지에 항공 관련 칼럼을 쓰기도 했다. 바지를 입고 짧게 커트한 머리를 한 그녀의 모습은 전통적인 여성상과는 거리가 멀었다. 자신감 넘치는 똑 부러지는 말솜씨 역시 그때까지의 여성들과는 다른 면이었다. 그럼에도, 사람들은 그녀에게 열광했다.

비행기로 대서양을 횡단한 첫 번째 여성이라는 상징성과 제1차 세계대전 이후 높아져 가는 여성에 대한 인식이 결합한 결과였다. 부모들은 갓 태어난 여자 아이에게 아멜리아라는 이름을 붙여주었고, 아가씨들은 그녀의 헤어스타일과 옷차림을 쫓았다.

그녀가 만약 평범한 여성이었다면 넝쿨째 굴러들어온 행운을 붙잡는 것으로 만족했을 것이다. 하지만 그녀는 자신이 할 일이 무엇인지 분명히 인식했다. 그녀는 강연회나 인터뷰에서 늘 여성들의 역할과 위치를 적극적으로 강조했다. 적어도 비행이라는 위험한 직업에서 여성들이 인정을 받는다면 다른 직업에서도 차별이 사라질 것이라는 사실을 믿었다. 그러면서도 여전히 조종간을 놓지 않은 그녀는 다음 해인 1929년 8월 산타모니카에서부터 오하이오 주의 클리블랜드까지 비행하는 대회에 참가했다. 여성 조종사들만 참가한 이 대회에서 그녀는 3위를 차지했다. 그리고 그해에 처음 설립된 여성 조종사 모임인 '99인회'에 초대 회장을 맡기도 했다.

이런저런 일로 바쁘게 지내고 유명세를 치르던 그녀는 대서양 횡단 비행을 주선해 준 존 푸트넘과 1931년 2월 7일 결혼식을 올린다. 코네티컷 주에 있는 그의 어머니 집에서 조촐하게 열린 결혼식은 가족들만 참석했다. 약혼자인 사뮤엘 채프먼과의 결혼도 거절했던 그녀가 마음을 바꾼 이유는 무엇일까?

아마 전해에 가족들과 떨어진 채 쓸쓸하게 눈을 감은 아버지의 죽음 때문이라는 게 대체적인 해석이다. 하지만 그것보다는 좀 더 확실한 후원을 위한 동반자 관계는 아니었을까? 둘은 결혼 전부터 서로의 영역을 침범하지 않기로 약속한 상태였다. 남편이 된 존 푸트넘은 탁월한 사업 감각으로 그녀의 비행을 도와줬다. 같은 해 4월 8일 오토 자이로*를 몰고 18,415피트(약 5,531미터)라는 최고 상승 기록을 경신했다. 하지만 여전히 그녀는 도전에 목이 말랐다. 감자포대처럼 자리만 차지하는 게 아닌 진짜 대서양 단독 비행을 해내고야 말겠다는 집념이었다. 존 푸트넘이라는 날개를 단 그녀는 다시 날아오를 준비를 끝냈다.

* 오토 자이로는 회전익 항공기의 일종으로 헬리콥터와 유사하다. 결정적인 차이점은 헬리콥터는 기체 위의 회전 로터를 엔진으로 움직이면서 비행하는 것에 비해 기체 전면 또는 후면에 장착된 프로펠러에 동력을 얻는 것이 특징이다. 따라서 헬리콥터와 같이 수직 이착륙이나 비행 중 기동을 멈출 수가 없다. 보통 자이로콥터, 자이로 플레인, 혹은 그냥 자이로라고 불린다. 현재는 헬리콥터에 밀려 레저용으로 소수만 사용된다.

✿ 네 번째 만남, 1932년 5월 20일 뉴펀들랜드

이 날짜는 의도적으로 고른 것이었다. 5년 전 찰스 린드버그가 단독으로 대서양을 건넌 날과 맞췄다. 해질 무렵인 오후 7시, 4년 전처럼 캐나다 동부에 있는 뉴펀들랜드에 장거리 비행을 위해 개조를 한 록히드 베가에 오른 그녀는 힘차게 활주로를 박차고 날아갔다. 이번에도 문제는 날씨였다. 강한 북풍이 비행 내내 그녀를 괴롭혔고, 낮은 기온 때문에 날개에 결빙 현상이 발생했다. 얼음을 녹이려고 고도를 낮췄다가 얼음이 녹으면 다시 연료를 절약하기 위해 상승하는 일을 반복했다. 막판에는 엔진 트러블까지 겹치면서 린드버그처럼 파리까지의 비행은 불가능했다.

1932년 5월 21일 오후 1시 그녀가 모는 록히드 베가 항공기는 북아일랜드 런던 데리 부근의 목초지에 비상착륙했다. 평화롭게 풀을 뜯던 소들이 혼비백산해서 도망쳤다. 인근에 사는 농부는 하늘에서 떨어진 숙녀를 자기 집 뒤뜰로 초대해 뜨거운 차를 한 잔 대접했다.

여성 최초의 단독 대서양 횡단 비행이라는 불멸의 기록을 남긴 것이다. 성취감은 4년 전에 비할 바가 아니었고, 환영식 역시 비교가 되지 않았다. 미국으로 돌아온 그녀는 전미항공협회 명예회원, 국가지리 학회에서 수여하는 금메달, 의회에서는 공군 십자 무공 훈장을 받았다. 부통령 찰스 커티스는 그녀에게 훈장을 수여하면서 다음과 같이 말했다.

"그녀는 영웅적인 용기와 기술로 비행 중의 위험을 슬기롭게 헤쳐 나갔습니다."

대서양 횡단 최단 시간, 무착륙 최장 비행, 최초의 대서양 횡단 비행 2회라는 기록은 덤이었다. 이 정도로도 충분했다. 쇄도하는 강연 요청과 행사 초대에 그녀는 몸이 열 개라도 모자랐다. 하지만 그녀는 다른 무엇보다도 비행을 사랑했고, 도전을 멈추지 않았다. 이제 여자 파일럿이 남자들보다 비행실력이 부족하다고 믿는 이는 사라졌다. 경제 불황에 접어들어서 등골이 휘어질 정도로 가난해진 미국 사람들은 거침없이 날아가는 이 말괄량이 아가씨를 보며 시름을 잊었다. 아멜리아는 틈이 날 때마다 사람들 앞에서 말했다.

"여자는 적어도 비행에 필요한 명석함과 판단력 면에서는 남자들에게 뒤지지 않습니다."

《비행의 즐거움》이라는 책을 쓴 그녀는 같은 해 또 다른 기록에 도전한다. 8월 24일에 다시 하늘로 날아오른 그녀는 캘리포니아에서 뉴욕까지 미 대륙을 횡단했다. 비행시간은 19시간 5분, 비행 거리는 2,448마일(약 3,940킬로미터)이었다. 다음 해 7월 7일 같은 코스에 또다시 도전한 그녀는 17시간 7분 만에 무사히 목적지에 착륙하면서 자신이 세운 기록을 2시간 단축했다.

그녀의 도전은 계속되었다. 바다로 눈을 돌린 그녀는 1935년 1월 11일 하와이의 호놀룰루에서 캘리포니아의 오클랜드까지 2,408마일(약 3,875킬로미터)을 무착륙 단독 비행에 성공한다. 비행 도중 몸을 녹이려고 보온병에 든 핫 초콜릿을 마시려던 그녀는 추위에 못 이겨 차갑게 식은 초콜릿을 보고는 피식 웃고 말았다고 한다. 고난과 역경 따위는 이제 그녀의 적수가 되지 못했다.

같은 해 4월 19일 그녀는 다시 비행기를 몰고 로스앤젤레스에서 멕시코시티까지 비행했다. 비행기에서 내린 그녀는 열광적인 군중에 휩싸인 덕분에 경찰이 나서서 구출해야 할 지경이었다. 환영식을 뒤로하고 다시 비행에 나선 그녀는 5월 8일 멕시코시티를 이륙해서 뉴저지 주 뉴어크로 돌아왔다. 공항에서 환영하던 사람들은 이제 그녀가 비행으로 할 수 있는 모든 것들을 다 이뤘으니 조용히 여생을 즐기며 살 것이라고 믿었다. 그녀의 나이가 38세인 것을 고려하면 틀린 예상도 아니었다.

그해 인디애나 주에 있는 퍼듀 대학이 제안한 교수직을 수락하면서 세간의 예상대로 들어맞는 듯했다. 이곳에서 그녀는 항공학부를 맡아서 후진 양성에 힘을 쏟았다. 하지만 그녀는 모두의 예상을 비웃듯 1937년 2월 다음 목표를 발표했다.

"적도를 따라 세계 일주 비행에 도전하겠어요."

록히드 항공사에서 새로 제작한 쌍발 프로펠러기 엘렉트라가 비행 기종으로 선택되었다. 금속제 동체에 기체 안으로 접히는 바퀴, 장거리 비행에 적합한 신뢰성 높은 P&W사의 엔진. 그리고 당시로는 최첨단이라고 할 수 있는 쌍방 통신이 가능한 무전기까지 탑재된 이 비행기는 무려 2만 9천 마일(약 46,671킬로미터)을 비행해야 하는 장대한 프로젝트에 적합한 비행기였다.

✿ 마지막 만남, 1937년 7월 2일 뉴기니 라에

그녀는 다소 지친 표정으로 항법사인 프레드 누넌과 함께 비행기에 올랐다. 이번 비행은 앞선 다른 비행과는 달리 악전고투와 사고의 연속이었다. 2월 기자회견을 통해 적도선을 따라 세계 일주를 한다고 선언한 이후 출발 준비가 무리 없이 진행되었다. 3월 17일 그녀는 남편인 존 푸트넘, 그리고 함께 비행할 항법사 프레드 누넌과 함께 장거리 비행을 위해 개조한 엘렉트라와 함께 출발지인 하와이의 진주만으로 향했다. 3월 20일 진주만에서 첫 번째 목적지인 하우랜드 섬으로 가려고 이륙하던 엘렉트라는 왼쪽 엔진 고장을 일으키며 활주로를 벗어났다. 두 사람 모두 큰 부상을 당하지는 않았지만 비행기는 크게 파손되었다. 수리를 위해서는 로스앤젤레스로 보내야만 했다.

배편으로 가야 했고, 수리가 예상보다 지체된 덕분에 두 달이 지난 다음에야 비행할 수 있었다. 그 사이 계절풍이 바뀐 것을 고려해서 처음 예정 코스를 변경했다. 즉 진주만에서 출발해서 미국 본토를 지나 대서양으로 넘어 유럽과 아프리카, 아시아를 거치는 대신 미국 본토에서 출발해서 대서양을 건너 유럽을 지나 태평양으로 갔다가 다시 미국 본토로 돌아오기로 한 것이다.

6월 1일 마이애미에서 이륙해 푸에르토리코에 간 그녀는 적도선을 따라 기나긴 여행을 시작했다. 여행은 순조로웠다. 6월 29일 한 달 남짓한 비행 끝에 그녀가 조종하는 엘렉트라는 뉴기니의 라에에 착륙했다. 2만 2천 마일을 무사히 비행한 것이다. 이제 7천 마일만 비행하면 여성 최초로 적도를 따라 세계 일주 비행을 했다는 기록을 세우게 되는 것이다. 태평양 한복판에 있는 하우랜드 섬에 착륙해서 연료를 보충해야 하는 어려움만 극복한다면 되는 것이다.

마지막으로 기체를 점검하고 휴식을 취한 그녀는 7월 2일 믿음직한 항법사인 프레드 누넌과 함께 날아올랐다. 중간 기착지인 그곳에는 미국 해안 경비대가 파견한 이타스카 함과 남편 존 푸트넘이 항로를 따라 조명을 비춰줄 두 척의 배가 준비되었다. 이타스카의 무전실에는 AP통신사에서 파견한 제임스 W. 캐리와 하워드 핸즐릭 기자가 대기 중이었다. 그들의 임무는 아멜리아가 하우랜드 섬에 도착하면 호놀룰루와 샌프란시스코에 있는 AP통신 지국에 무선 전보를 치는 것이었다.

아멜리아와 이타스카 함의 첫 번째 교신은 새벽 2시 48분이었다. 하늘에 구름이 잔뜩 끼었다고 전하는 그녀의 목소리는 차분했다. 아침 6시 15분에는 200마일, 그리고 45분에는 100마일 밖이라는 무전이 들어왔다. 하우랜드 섬에 마련된 임시 활주로에서는 그녀를 맞이할 준비로 부산을 떨었다. 두 기자는 누가 먼저 기사를 송고할지를 놓고 동전 던지기를 했다. 하지만 금방 나타날 것 같던 그녀는 보이지 않았다. 오전 7시 42분 이타스카 함의 무전실로 그녀의 당황한 목소리가 들려왔다.

"우리는 지금 섬 근처에 와 있는 것 같다. 그런데 섬이 보이지 않는다. 우린 천 피트 상공에 있다. 연료가 거의 고갈되어 가고 있다."

출발 선 하우랜드 섬까지 노날할 수 있는 연료 외에 274마일분의 예비연료를 실은 상태였지만 언제까지나 떠 있을 수는 없는 노릇이었다. 송신 안테나가 파손된 상태라 그녀는 무전을 날릴 수는 있어도 이타스카의 무전을 청취할 수 없는 상태였다. 그 사실을 모르는 그녀는 침묵을 지키는 무전기를 보고 애를 태웠다. 7시 58분 이타스카 함의 무전을 들을 수 없다는 그녀의 목소리가 들렸지만 속수무책이었다. 8시 45분 하우랜드 섬을 찾아 위치선 157과 337 사이를 남북으로 오가고 있다는 무전이 마지막이었다.

먼저 기사를 송고하기로 한 캐리 기자는 두 가지 버전을 준비해 놓고 있었다. 그녀가 현지 시각 언제에 하우랜드 섬에 무사히 착륙했다. 그리고 현지 시각 언제에 그녀가 하우랜드 섬에 비상 착륙했다는 것이었다. 하지만 그녀가 도착하지 못하리라는 것은 준비하지 못했다. 시간이 지나고 해가 떴지만, 아멜리아는 나타나지 않았다. 아멜리아 에어하트는 영원히 창공 속에서 실종된 것이다. 대기하고 있던 기자들은 그녀가 실종되었다는 기사를 송고했다.

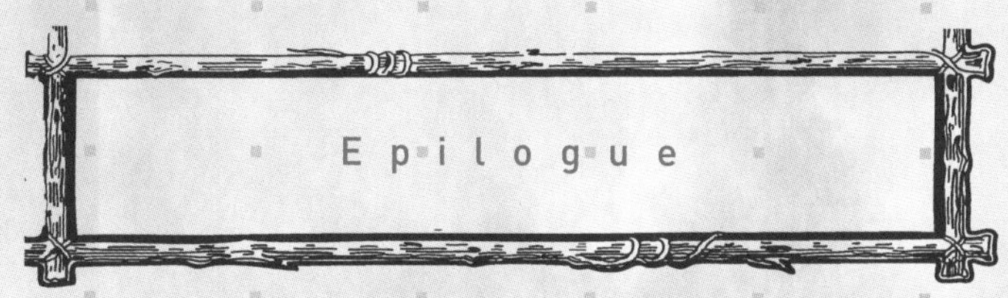

마지막 비행

저명한 여류 비행사 아멜리아 에어하트가 세계 일주 비행 중 실종되었다는 소식은 미국 전역을 발칵 뒤집어 놓았다. 즉각 그녀를 수색하기 위해 미 해군이 동원되었다. 전함 콜로라도와 항공모함 렉싱턴, 그리고 여러 척의 군함과 수십 대의 수상기가 실종된 그녀를 찾기 위한 수색에 동원되었다. 2주 동안 25만 평방마일을 수색하는 동안 약 4백만 달러의 경비가 소요되었다. 결국, 7월 18일 수색은 종료되었고, 기체나 유품은 발견되지 않았다. 2년 후인 1939년 캘리포니아 법원은 그녀의 사망을 공식적으로 인정했다. 그녀의 남편 존 푸트넘은 그녀의 마지막 세계 일수 비행 농안 보내 왔던 편지들을 묶어서 《마지막 비행》이라는 책을 출판했다.

그녀의 일생을 다룬 영화는 1976년과 1994년, 그리고 2009년에 각각 제작되었다. 1976년에 제작된 TV용 영화에서는 수잔 클럭이 주연을 맡았고, 1994년 영화에서는 다이앤 키튼과 룻거 하우어가 주연을 맡았다. 작년 10월 개봉된 최근 영화에서는 힐러리 스웽크가 아멜리아 에어하트를 연기했다.

그녀의 비극적인 실종을 두고 무수히 많은 음모론이 이야기되고 있다. 하우랜드 섬에서 남쪽으로 350마일 떨어진 피닉스 섬에 불시착했다가 구조를 받지 못하고 사망했다거나, 유명세에 지친 그녀가 실종을 가장하고 몰래 미국으로 돌아와 평범하게 살아간다는 이야기가 대표적이다. 외계인에게 납치되었다는 다소 황당한 주장까지 나왔다.

가장 진지하게 논의된 음모론은 그녀가 루즈벨트 대통령의 부탁으로 사이판 인근의 트라크 섬에 있는 일본군 기지를 정찰하다가 불시착 내지는 일본군에게 격추되었다는 주장이다. 그녀를 체포한 일본군은 프레드 누넌과 함께 처형했거나 도쿄로 비밀리에 이송해서 감금했다는 게 음모론의 핵심이다. 미국이 일본과 전쟁 중이던 1943년에는 이런 주장을 근거로 한 〈자유를 향한 비행〉이라는 영화가 만들어지기도 했다. 1944년 사이판에 상륙한 한 미군 해병대원이 일본군 장교의 숙소에 있는 금고에서 그녀의 이니셜이 박혀 있는 가방을 발견했다고 주장하면서 사람들의 흥미를 끌었다.

간단하게 반박하자면 일본군이 설사 트라크 섬에 비밀리에 기지를 건설하고 있었고, 미국이 이를 정찰할 필요가 있다고 해도 전문적인 훈련을 받지 못한 아멜리아 에어하트에게 부탁할 이유는 없었다. 설사 일본군이 트라크 섬을 정찰하던 그녀를 체포했다고 해도 꼭꼭 숨길 필요는 없었다. 오히려 그녀에게 자백을 받아내서 이용하는 게 훨씬 효과적이니까 말이다.

물론 미국은 제1차 세계대전 이후 태평양에 진출한 일본과의 전쟁을 준비하면서 오렌지 계획이라는 이름을 붙였다. 1922년부터 시작된 오렌지 계획은 물론 일본군 기지에 대한 정보 수집과 정찰 작전을 수행했지만 모두 정부 관계자나 비밀 요원들이 동원되었다. 불시착을 가장해서 은둔했다는 주장 역시 믿기 어렵다. 그렇게 되면 엘렉트라에 함께 탑승한 프레드 누넌의 행방이 같이 사라진 점이 설명되지 않는다.

그녀는 사람들의 시선에 다소 지치기는 했지만, 비행을 포기하면서까지 은둔할 성격은 아니었다고 장담한다. 그녀는 창공이라는 자신의 고향에서 영원한 안식을 찾은 것뿐이다.

07
레니 리펜슈탈
Leni Riefenstahl

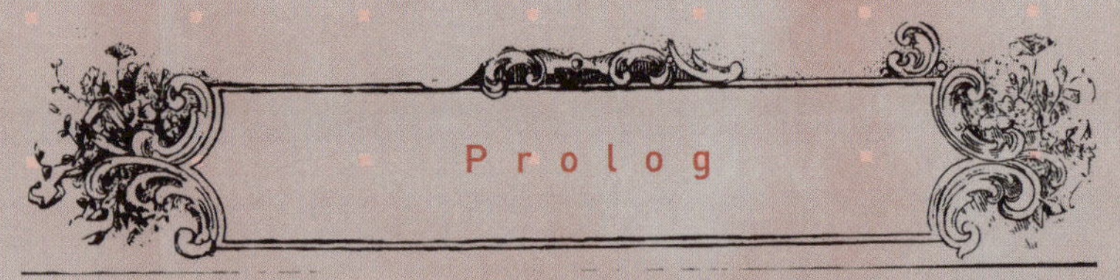

1924년 6월 24일 베를린 놀렌도르프 광장 지하철 역

그녀는 자신보다 더 불행한 여인은 없다고 곱씹었다. 아버지의 오랜 반대를 물리치고 힘들게 시작한 무용수의 길은 한없이 달콤했다. 당시 유행하던 이사도라 던컨처럼 편안한 차림으로 무대를 가로지를 때의 그 쾌감이란 말로 표현하기 어려울 지경이었다. 그녀를 편들던 어머니에게 이혼까지 들먹거릴 정도로 완강하던 아버지는 작년 10월 뮌헨에서 열렸던 첫 번째 단독 리사이틀에서 눈물을 멈추지 못했다. 다 이뤘다고 생각했다. 남김없이 꿈꿀 수 있다고 믿었다.

성공을 축하하는 관객들의 박수소리의 여운이 채 가시기도 전에 라이프치히, 드레스덴, 프라하를 돌면서 순회공연을 했다. 야간열차에서 힘겹게 눈을 붙이고, 의상도 직접 준비해야 했지만, 마음껏 춤을 출 수 있다면 그까짓 건 아무것도 아니었다.

"정말 훨훨 날 줄 알았어."

그녀는 아직도 그때를 생생하게 기억했다. 두 달 전 프라하 공연 때였다. 유난히 관객들의 박수와 호응이 좋아서 피곤함도 느끼지 못할 정도였다. 피날레를 장식하는 도약을 할 때까지는 좋았다. 늘 하던 대로 쭉 뻗은 몸은 무릎과 허리의 탄력을 받아 치솟았다. 그리고 무대에 떨어지는 순간 왼쪽 무릎에서 뚝하는 소리가 들려왔다. 몇 년 동안 무용을 해 왔던 그녀는 그게 무슨 소리인지 그리고 무엇을 뜻하는지 대번에 알아차렸다.

그녀가 쓰러지지 않고 끝까지 무대를 마무리할 수 있었던 건 슬픔 때문이었다. 앞으로 다시는 이렇게 뛰지 못한다는 사실은 인대가 파열된 것보다 더 그녀의 마음을 쓰리게 만들었다. 막이 내려갈 때까지의 기나긴 시간이 끝나고 드디어 쓰러질 수 있게 된 그녀는 눈물을 멈추지 못했다. 무용수로서의 경력이 끝이라는 사실은 중요하지 않았다. 뭔가를 이룰 수 있다는 사실 앞에서 한없이 추락한 게 참담할 뿐이었다.

그녀는 늘 그랬다. 남들처럼 평범하게 살고 싶지는 않았다. 그녀는 왜 여자가 남자들 앞에서 수줍어해야 하고, 그들에게 순종해야 하는지 이해하고 싶지 않았다. 그래서 택한 것이 무용이었다. 그녀는 남자들과 대등하고 싶었다. 무대에서 춤을 추는 동안은 여자가 아니라 무용수였다. 하지만 이제는 지팡이가 없으면 제대로 걷지도 못하게 되었다. 그것보다 더 절망적인 것은 어머니의 한탄이었다.

"다리가 저 모양이니 이제 어떻게 시집을 가니?"

격분한 그녀는 병원에서 받아온 지팡이를 두들겨 부쉈다. 그리고는 이를 악물고 걷는 연습을 했다. 절치부심한 덕분에 이제 겨우 걸음을 걸을 수가 있었지만 그것뿐이었다.

이런저런 생각에 골몰하는 사이 무릎에 통증이 엄습해 왔다. 누군가 무릎 안에 손을 집어넣고 관절을 제멋대로 뒤트는 것 같았다. 아랫입술을 질끈 깨물고 몰려오는 통증을 참아보려 했지만, 저도 모르게 비명이 튀어나왔다. 바로 옆에 있는 기둥을 잡고 허리를 굽힌 그녀는 숨을 몰아쉬었다. 격하게 춤을 출 때처럼 가쁜 숨을 몰아쉬던 그녀에게 카이젤 수염을 한 역무원이 다가와 조심스럽게 물었다.

"아가씨. 어디 안 좋은가요?"

그녀는 글썽거리는 눈을 들어서 괜찮다고 말을 하려는 순간 다른 것에 시선을 뺏겼다. 바로 붙잡은 기둥에 붙어 있던 포스터였다. 한 남자가 어둠과 닮은 산을 뒤로 한 채 우뚝 서 있었다. 그녀의 눈길을 사로잡은 것은 툭 튀어나온 절벽 끝 바위에 선 남자의 몸동작이었다. 정지되어 있긴 하지만 한쪽 무릎을 살짝 굽히고 두 팔을 새처럼 벌린 것은 분명히 그녀가 도약하기 전의 모습과 닮아 있었다. 절망의 끝에서 만난 동질감에 그녀는 아픔도 잊고 역무원에게 물었다.

"이게 무슨 영화에요?"

"아, 〈운명의 산〉이라는 영화입니다. 아르놀트 팡크 박사가 감독한 영화죠."

"이거 어디서 해요?"

"그거요? 길 건너편 막스 아루퉁 극장에서 합니다. 저도 거기서 봤죠. 아가씨! 괜찮아요?"

역무원은 조금 전까지 아파서 쓰러질 것 같던 그녀가 펄쩍거리며 뛰어가는 모습을 보며 허허 웃었다. 역무원은 알지 못했지만, 그녀는 늘 그랬다. 아버지가 소개한 외과의사를 만나러 간다는 사실조차 까맣게 잊은 그녀는 영화를 보고 또 봤다.

해가 떨어지고, 밖으로 나온 그녀는 곧장 근처의 카페로 가서 편지를 썼다. 수신자는 방금 본 영화의 감독인 아르놀트 팡크였다. 지친 다리를 끌고 밖으로 나와 우체통에 편지를 넣는 순간부터 그녀는 웅장한 산으로 가득 찬 영화만을 꿈꿨다.

늘 자신만만하던 그녀는 이번에도 자신의 뜻이 관철되리라는 사실을 믿어 의심치 않았다. 덕분에 그녀의 삶은 '놀랍고도 끔찍한' 이라는 타이틀에 걸맞을 정도로 영광과 오욕으로 얼룩졌지만, 아직 아무것도 모르는 그녀는 오직 행복한 미래만을 생각했다.

❀ 놀랍고도 끔찍한 삶 1부

레니 리펜슈탈로 잘 알려진 그녀의 본명은 헬레네 베르타 아멜리 리펜슈탈이다. 1902년 8월 22일 베를린에서 태어난 그녀의 부모는 테오도르 파울 리펜슈탈과 베르타 아이다 리펜슈탈이었다. 작은 회사를 경영하는 아버지 덕분에 부족하지 않은 삶을 살던 그녀의 유일한 적은 '지루함'이었다.

말괄량이 같던 철부지 시절을 지내던 그녀가 첫 번째로 꽂힌 것은 춤이었다. 고전 무용에 반기를 든 이사도라 던컨이 한참 인기를 끌 무렵이라서 그녀 역시 자연스럽게 새롭게 선보인 현대 무용에 빠져든다. 어머니와 상의하고 몰래 무용 학원에 다녔지만 뒤늦게 이 사실을 안 아버지가 노발대발하는 바람에 일이 커지고 말았다. 남자들이 무용수들을 어떤 눈으로 바라보는지 잘 알고 있던 아버지는 단칼에 딸의 꿈을 잘랐다. 고집쟁이 딸이 계속 울고 고집을 피우자 한 술 더 떠서 멀리 지방에 있는 여학교 기숙사로 보내기도 하였다.

하지만 그녀는 춤을 포기하지 않았다. 결국 고집쟁이 레니가 아버지를 이겼다. 낮에는 아버지 회사에서 일하고 밤에는 무용을 배울 수 있게 허락해 준 것이다. 한 술 더 뜬 아버지는 그녀를 유명한 러시아 무용수 오이게니 에두아르도바가 운영하는 발레학교에 입학시켰다. 유타 클림프라는 무용학교에도 등록시켜주었다. 늦은 나이였지만 그녀의 열정은 세월을 쉽사리 뛰어넘었다.

1923년 10월 드레스덴에서 그녀는 첫 번째 개인 무대에 오른다. 관객들의 반응은 모르겠지만, 그녀 자신은 매우 흡족해했다. 곧바로 순회공연에 나선 그녀는 독일 전역과 체코의 프라하에서 무대에 올랐다. 섣부른 강행군이 그녀의 무릎을 잡아먹은 것은 이즈음이었다.

너무 늦게 시작한 무용을 시작한 탓에 몸에 무리가 올 수 있다는 사실을 무시한 결과는 참담했다. 이를 악물고 물리치료를 한 탓에 보행에는 무리가 없었지만, 도약이나 턴은 불가능했다. 춤이 사라진 그녀의 인생은 급격하게 삭막해졌다. 의사들은 그녀의 무릎을 보고 하나같이 고개를 저었다. 1924년 6월, 영화와 만난 것은 어떤 측면에서는 운명이었다. 그녀는 무용 대신 자신의 정열을 태울만한 것에 목말라 있는 상태였다.

그녀가 본 〈운명의 산〉이라는 작품은 독일 산악 영화의 선구자이자 대부인 아르놀트 팡크 박사의 연출작이다. 알프스 산맥을 옆에 낀 독일에서 산이 등장하는 영화는 카우보이가 등장하는 서부 영화만큼이나 익숙한 장르였다. 산이 주는 웅장함을 담은 영상은 사람늘을 매료시켰다.

그녀는 무릎수술을 받기 직전 아르놀트 팡크 박사와 베를린의 한 카페에서 직접 만났다. 그녀는 필사적으로 자신을 어필했지만 팡크 박사는 별다른 대답을 하지 않았다. 실망한 그녀는 수술대 위에 누웠고, 깁스를 한 채 기나긴 재활 기간을 보내야만 했다. 답답함에 못

이기던 그녀는 뜻밖의 방문자를 맞는다. 꽃다발을 들고 찾아온 팡크 박사는 그녀의 침대 머리맡에 〈성스러운 산〉이라는 제목이 붙은 영화 시나리오를 내려놨다.

레니는 재활 기간 내내 시나리오를 외우고 매일 문병을 온 팡크 박사와 영화에 대한 이야기를 나눴다. 그리고 석 달 후 드디어 깁스를 풀고 병원을 빠져나온 그녀는 당장 영화사로 달려갔다. 그녀는 일이 잘 풀릴 것이라는 희망에 부풀었지만, 글자 그대로 '희망 사항'에 불과했다. 2010년의 대한민국에서도 영화를 크랭크 업하는 일은 쉽지 않은 작업이다. 80여 년 전의 독일 역시 마찬가지였다. 더군다나 세트 촬영 대신 산꼭대기에서 촬영해야 하는 핸디캡까지 있던 덕분에 '성스러운 산'은 '최악의 산'이 되고 말았다.

부상에서 완전히 회복되지 않은 몸으로 무리하게 스키 연습을 하던 그녀가 발목이 부러지면서 첫 번째 부상자가 되었다. 다른 출연 배우들도 하나 둘 촬영을 하다 부상을 당했다. 잘 나가는 프로야구팀도 한꺼번에 이렇게 많은 부상자가 생기면 순위에서 밀리게 마련이다. 하물며 1년 동안 페넌트레이스를 치르는 프로야구팀보다 더 타이트하게 시일에 쫓기는 영화 촬영일정에서는 두말할 나위가 없다. 더군다나 출연진들의 부상으로 시일이 흐르면서 눈이 녹았다.

폭풍처럼 몰아치는 악재에 두 손을 든 감독 팡크 박사에게 엎친 데 덮친 격으로 베를린의 우파 영화사에서 더는 제작비를 지원해줄 수 없다는 전보를 받는다. 놀란 팡크 박사가 베를린으로 달려간 사이 호기심만큼은 누구에게도 뒤지지 않았던 그녀는 남은 카메라로 빠진 장면들을 찍었다.

우연이었을까? 아니면 또 다른 도전이었을까? 팡크 박사는 촬영 현장에서 레니에게 스스로 터득한 촬영 노하우를 알려주었다. 정식으로 영화 편집이나 촬영을 배우지 못했지만—사실 영화 자체가 등장한 지 얼마 안 된 때였다—팡크 박스는 오랫동안 등산하러 다녔고, 스스로 사진기를 만들 정도로 사진에 조예가 깊었다. 그는 관습적인 스튜디오 촬영에 극한의 거부감을 나타내고 하얀 산과 갈라진 빙하에서의 촬영을 즐겼다. 그 영향을 고스란히 받은 레니는 그의 스타일에 자신만의 감각을 덧붙였다. 촬영한 필름을 베를린으로 보내자 뜻밖에도 호의적인 반응이 돌아왔다. 위기를 넘긴 〈성스러운 산〉은 막바지 촬영을 순조롭게 끝냈다.

1926년 12월 15일 베를린의 한 극장에서 개봉한 〈성스러운 산〉은 호평을 받았고, 그녀의 연기 역시 찬사를 받았다. 그녀가 만족했다고 생각했으면 아마 단순히 독일 영화계를 주름잡는 산악 영화 전문 배우로 끝났을 것이다. 나름 나쁘진 않았겠지만 레니 리펜슈탈을 담기에는 부족했다. 그녀는 다음 해 팡크 박사의 다음 작품 〈위대한 도약〉에도 주연으로 출연한다. 그리고 다음 해인 1928년에는 산에서 벗어난다.

산에서 내려온 그녀가 도전한 작품은 1889년 1월 30일 메이어링에서 동반 자살한 오스트리아 - 헝가리 이중제국의 황태자 루돌프의 비극적인 사랑을 다룬 작품이었다. 〈합스부르크가의 운명—제국의 비극〉이라는 작품에서 루돌프 황태자와 동반 자살하는 마리아 베체라 역할을 맡아 열연을 펼쳤다. 하지만 영화는 흥행에 실패했고, 그녀는 다시 산으로, 그리고 팡크 박사 곁으로 돌아가야만 했다.

새로 시작한 〈피츠팔뤼의 하얀 지옥〉은 전형적인 산악 영화의 흐름을 따라갔다. 다른 점이 있다면 위기에 처한 남녀 주인공을 구출하기 위해 비행기가 등장한다는 점이었다. 제1차 세계대전에서 활약한 전투기 조종사인 에른스트 우데트가 조종하는 비행기는 암벽을 아슬아슬하게 빗겨가면서 흥미를 더했고 영화는 대성공을 거두었다. 그리고 이즈음 그녀는 자신의 인생에서 두 번째 도약을 할 준비를 마쳤다.

사람이 앞으로 나아가게 되는 원인 중 하나는 분명히 '욕심'일 것이다. 그녀는 팡크 박사의 촬영기법을 보면서 감탄도 했지만 부족한 점에 대해서도 분명히 느꼈다. 〈성스러운 산〉의 막바지 장면을 촬영한 것 역시 그런 맥락에서 이해해볼 수 있다. 그녀가 한발 더 나아간 것에 감탄할 수밖에 없는 것은 그 안에서도 충분히 명성과 부를 누릴 수 있었음에도 욕심을 냈다는 점이다. 배우로서가 아닌, 연출자로서 말이다.

그녀는 자신의 자서전과 인터뷰에서 이즈음부터 자신이 독자적으로 영화를 연출하고 싶다는 욕심을 내고, 시나리오를 썼다고 말했다. 차기작인 〈몽블랑의 폭풍〉에서 그녀는 팡크 박사를 도와 촬영과 편집에 도와주면서 자신의 작품 〈푸른 빛 – 돌로미티케의 전설〉의 구상을 구체화했다. 영화판에 뛰어든 지 불과 4년 만의 일이었다. 다른 여배우였다면 성공을 만끽하기도 부족한 시간이었다.

하지만 이제 햇병아리에 불과한 여배우에게 영화 연출을 맡길만한 배포 큰 제작자는 없었다. 스승이라고 할 수 있는 팡크 박사에게조차 외면당하자 계획은 그냥 물거품이 될 뻔했다. 그럼에도 그녀는 자신의 꿈을 양보하거나 포기할 생각이 없었다. 두 사람의 차이는 극단적이었다. 영화를 단지 자신이 사랑하는 산에 대한 애정표현쯤으로 생각하던 팡크 박사는 필터를 이용해 몽환적인 장면을 연출하고 싶다는 그녀의 말에 벌컥 화를 냈다.

"산은 오직 산으로만 보여야 해. 카메라를 가지고 장난을 치려고 하다니, 제정신이야?"

결국, 한발 물러선 그녀는 팡크 박사의 차기작인 〈하얀 광기〉에 출현한다. 오직 자신이 직접 연출할 영화에 필요한 돈을 조달할 목적뿐이었다. 서둘러 영화를 끝낸 그녀는 촬영에 필요한 주변 사람들을 포섭하는 데 성공했다. 알프스 산을 뒤지던 그녀는 자른탈 계곡에서 촬영에 적당한 장소도 찾아냈다. 그녀는 이 영화에서 엑스트라로 등장하는 마을 사람들 상당수와 주인공들을 모두 현지에서 채용했다. 제작비를 자체 조달해야만 했기 때문에 어쩔 수 없는 선택이었다.

훗날 다큐멘터리 감독으로 기억되는 그녀의 영화 연출작은 상당히 몽환적이었다. 마을 사람들과 담을 쌓은 채 혼자서 산속에서 지내는 신비로운 소녀 융타와 빈에서 온 예술가 비고, 그리고 탐욕스럽고 완고한 마을 사람들이 어우러지는 이야기는 관객 대다수가 그 지역의 전설을 영화화했다고 믿을 정도였다. 오랫동안 산속에서 지내던 사람들은 낯선 그녀를 경계했지만, 그녀의 열정에 마음의 문을 열었다. 첫 번째 촬영은 순조롭게 끝났고 뒤이어 투자자가 나타나면서 촬영은 예정대로 진행되었다. 산 사람이 다 된 그녀와 촬영팀은 무사히 촬영을 마치고 베를린으로 돌아왔다.

1932년 3월 24일에 열린 시사회는 대성공이었다. 독일은 물론 그

동안 독일 산악 영화에 대해서 부정적인 시각으로 일관하던 런던과 파리에서도 호평을 받았다. 여자 영화배우들은 제법 되었지만, 여자 영화감독은 희귀한 시절이었다. 그녀가 자신이 직접 연출하고 싶다는 욕심을 낸 것도 그냥 소리만 지르며 감탄하거나 남자의 도움만 바라는 수동적인 여자역할에 질렸기 때문이었다. 여자배우의 역할도 한정된 시절, 그녀의 대담한 도약은 놀랄만한 성공으로 이어졌다. 하지만 이제 시작에 불과했다. 그녀의 삶은 이제 고작 30년을 살아왔을 뿐이다.

자신의 영화를 끝낸 레니는 팡크 박사의 산악 모험영화에 흥미를 느낀 할리우드가 직접 제작에 나선 영화 〈SOS! 빙산이다!〉에 출연했다. 독일의 산 대신 북극의 빙산으로 무대가 바뀐 것이다. 출연진들이 꾸려졌다. 하지만 그들을 태운 배는 출발하지 못했다. 배가 기다리는 함부르크로 갈 열차가 출발할 때까지 레니 리펜슈탈이 모습을 드러내지 않은 것이다. 그녀는 대체 어디로 사라진 것일까?

이야기를 조금 앞당겨보자. 1932년 봄 〈푸른 빛 - 돌리미티케의 전설〉의 촬영을 마치고 베를린으로 돌아온 그녀는 주변 풍경이 낯설어졌다는 사실을 눈치챘다. 길거리마다 흘러넘치는 실업자들은 여전했지만, 갈색 셔츠를 입은 나치 돌격대가 눈에 띄게 늘어난 것이다. 신문에서도 새롭게 부상하는 히틀러에 대한 기사들이 실렸다. 호기심이라면 누구보다 뒤지지 않았던 그녀는 친구이자 저널리스트인 에른스트 예거에게 물었다. 그의 대답은 짧았다.

"직접 가서 봐."

레니는 스포츠 궁전에서 열린 나치당 집회에 참석했다. 그리고 대다수의 독일인처럼 히틀러에게 사로잡혔다. 그리고 그것은 당시 독일 사회에 퍼진 일반적인 시각이었다. 연설을 들은 그녀는 8년 전 팡크 박사에게 했던 것처럼 히틀러에게 편지를 썼다. 그리고 이번에도 답장이 왔다. 그것도 영화 촬영을 위해 그린란드로 출발하기 직전에 말이다.

히틀러의 부관에게서 걸려온 전화를 받은 레니는 동료를 뒤로 한 채 발트 연안에 있는 호루메르질에 있는 작은 휴양소로 향했다. 사실 히틀러는 그녀의 영화를 좋아하는 영화광이었고, 영화가 사람들에게 주는 파급력도 잘 이해하는 편이었다. 그런 그에게 레니 리펜슈탈은 앞으로 유용하게 써먹을 카드였다.

뒤늦게 촬영팀에 합류한 그녀는 그린란드에서 영화를 찍었다. 팡크 박사의 다른 영화들처럼 이 영화도 악전고투를 거듭했다. 특히 시도 때도 없이 갈라지는 빙하 덕분에 촬영 스태프나 출연진 모두 죽을 고비를 몇 번이나 넘겨야만 했다. 무사히 촬영을 마치고 돌아온 그녀 앞에 괴벨스가 보낸 초청장이 왔다. 바야흐로 정상으로 도약할 무대가 열린 것이다.

✸ 놀랍고도 끔찍한 삶 2부

그녀의 삶에서 가장 정점에 올라와 있던 시기는 바로 이때였다. 하지만 이때부터 기록과 기억들이 혼잡스럽게 뒤엉킨다. 그녀와 히틀러, 그리고 국민 계몽선전부 장관으로 독일 영화계를 좌지우지하던 괴벨스 중 종전 후까지 살아남은 건 그녀가 유일했다. 확실한 건 그녀가 히틀러의 총애를 받았고, 그녀의 능력을 꿰뚫어 본 히틀러가 나치 집권기에 가장 중요했던 나치 당 전당대회와 베를린 올림픽을 기록하는 다큐멘터리의 감독으로 그녀를 낙점했다는 사실이다.

1933년 1월 힌덴부르크 대통령에 의해 수상으로 지명된 히틀러는 정권뿐만 아니라 독일국민의 의식까지 장악하려고 했다. 인터넷이 발달하기 전 영화계를 장악하는 일은 모든 독재자의 필수 코스였다. 국민 계몽선전부 장관인 괴벨스는 영화계에서 유대인을 추방하고 나치의 입맛에 맞지 않는 영화의 상영을 허락하지 않았다.

레니는 그런 와중에서 히틀러의 부탁을 받고 1933년에 열린 나치 당 전당대회를 촬영한다. 〈믿음의 승리〉라는 타이틀을 단 이 다큐멘터리를 본 히틀러는 매우 흡족해하며 다음 해 열릴 전당대회도 그녀가 촬영하도록 일임했다. 물론 히틀러 같은 독재자는 부하들에게 절대적인 신임이나 권한 따위는 주지 않았다. 애매모호한 명령과 겹쳐진 업무 덕분에 측근들은 늘 긴장한 채 히틀러의 총애를 받으려고 무한 경쟁을 벌였다. 늙고 고루하고, 여자들은 단지 살림이나 해야만 한다는 나치의 이념에 충실한 이들은 총통 주변에서 설치는 그녀를 곱게 보지 않았다. 레니 역시 완고한 나치당 관계자들과 싸우는 것보다는 자신의 영화를 연출하고 싶었다.

1934년 초 베를린의 한 영화사에서 그녀에게 오페라 〈저지대〉를 영화로 연출하지 않겠느냐는 제안을 했다. 욕심쟁이인 그녀는 두 가지 다 삼키고 싶었지만, 불운하게도 일이 계획대로 진행되지 않았다. 스페인에서 시작된 촬영은 일정이 늘어나면서 무산되었다. 설상가상으로 영화를 찍는 동안 뉘른베르크 전당대회를 촬영하도록 고용한 감독은 레니의 의도와는 전혀 딴판으로 필름을 낭비했다.

가뜩이나 그녀를 마땅치 않게 여기던 괴벨스나 헤스 같은 고관들은 그녀를 발목을 잡으려고 수단 방법을 가리지 않았고, 다른 뉴스 촬영팀 역시 압도적인 특혜를 누리는 그녀를 질투했다. 그녀는 꽉 막힌 사방을 물어뜯으며 자기 자리를 지켜냈다. 사실 나치당 전당대회를 독점으로 촬영할 수 있다는 것은 감독의 능력을 무한대로 쓸 수 있다는 것을 의미하기도 했다.

레니는 다른 방식으로 다큐멘터리에 접근했다. 이때까지의 다큐멘터리는 뉴스용 촬영화면과 별반 다를 바 없었다. 카메라는 늘 멈춰선 채 촬영을 했고, 피사체를 건조하게 찍어 냈다. 레니는 영화, 그중에서도 가장 동적이고, 활동적이었던 산악 영화에서 잔뼈가 굵었다. 그녀는 무려 1백 명이 넘는 남자들을 일일이 지휘하면서 촬영을 감독했다. 사사건건 트집을 잡으려는 친위대나 여자 밑에서 일을 못하겠다는 스태프들과 삿대질을 하는 것도 마다하지 않았다.

레니가 다큐멘터리에 도입한 방법은 혁신적이었다. 깃대에 소형 리프트를 장착해서 높은 곳에서 촬영한 덕분에 전당대회장에 집결한 참가자들의 웅장한 모습을 잡아낼 수 있었다. 뚜렷하게 대비뇌는 제복색깔이 마치 마름모꼴의 방진처럼 질서 정연하게 서 있는 모습은 히틀러가 자랑하고 싶었던 수십만 당원들의 집합체였다.

집단의 모습은 압도적으로 잡으면서도 레니는 집단에 속한 개개인을 근접해서 잡아냄으로써 양쪽의 조화를 절묘하게 이뤄냈다. 특히 근접 쇼트는 앵글을 최대한 낮고 가깝게 잡아냄으로써 피사체가 피와 근육을 가진 인간이라는 사실을 명백하게 드러냈다. 개인이 구성하는 집단과 집단을 이루는 인간의 조화는 기존의 다큐멘터리와는 명백하게 달랐다. 그녀는 실패를 기대한 주변의 코를 납작하게 만들었다.

숨 가쁜 편집을 끝내고 1934년 3월 28일 베를린에서 그해 뉘른베르크 전당대회를 찍은 다큐멘터리 〈의지의 승리〉가 공개되었다. 떨리는 가슴을 움켜쥐고 객석에 앉은 그녀는 이 다큐멘터리가 자신의 생애보다 더 오랫동안 기억되고 이야기될 것이라는 사실을 예측했을까? 나치의 프로파간다라는 딱지가 붙었지만, 당대에는 아직 제2차 세계대전까지 예견한 사람이 없었던 덕분에 독일 국내에서는 찬사를, 유럽 지역에서는 떨떠름한 칭찬을 받았다.

이 다큐멘터리는 비행기를 타고 도착하는 히틀러를 은근히 신격화시키고, 대회장에 모인 사람들의 미소와 함성을 대열 중간 중간에 끼워 넣었다. 히틀러는 흡족해했고, 레니 리펜슈탈은 마침내 그의 영화 경력에서 제일 높은 봉우리에 올라섰다. 그리고 또다시 오랫동안 논란이 될 만한 또 다른 다큐멘터리에 도전한다.

원래 독일에서 1916년 올림픽을 개최하기로 했지만 제1차 세계대전 때문에 무산되었다. 히틀러는 1936년 베를린에 올림픽을 개최하면서 새로워진 독일을 전 세계에 알리고자 했다. 뉘른베르크 전당대회와 올림픽은 차원이 다른 문제였다. 전당대회는 수십만의 인원이 참가하고 불과 며칠 동안만 한 장소에서 치러졌지만, 올림픽은 여러 장소에서 더 오랜 기간 펼쳐진다.

가장 결정적인 차이는 바로 편집 기간이었다. 뉘른베르크 전당대회같이 프로그램이 짜여 있다면 순서대로 편집하면 그만이었지만 올림픽은 동시 다발적으로 벌어지는 수십 개의 종목을 집어넣어야만 했다. 그러려면 오랜 편집 기간이 필요했고, 막상 공개가 되었을 때는 당시의 기억과 흥분이 말끔하게 사라진 상태라서 별다른 감흥을 불러일으키지 못할 수도 있었다. 레니의 스승인 팡크 박사가 1928년 스위스 생 모리츠에서 열린 동계올림픽을 다큐멘터리로 만들었다가 실패한 원인도 그것 때문이었다.

그러나 포기를 모르는 여자 레니 리펜슈탈은 〈의지의 승리〉를 촬영했을 때의 경험을 바탕으로 올림픽에 도전했다. 이번에도 역시 사방에서 태클이 들어왔지만, 그녀는 가뿐하게 피했다. 비판하는 이들은 곧잘 그녀가 히틀러를 등에 업고 자금과 인원을 마음대로 썼기 때문에 그런 명작들이 나왔다고 말한다. 하지만 영화가 자금과 인원만 풍족하게 쓴다고 좋은 작품이 나오는 게 아니라는 사실은 두말할 필요조차 없다.

레니는 경기장 안에서 자신이 원하는 앵글을 잡아내려고 구덩이를 파고, 이동식 레일을 설치했다. 난관을 헤쳐나가는 그녀의 태도는 일관적이었다. 싸우고, 욕하고, 그래도 통하지 않으면 총통을 들먹거렸다. 괴벨스는 이를 갈았고, 여자에게 무시당했다고 믿은 남자들도 분을 삭이지 못했다.

그녀의 촬영기법은 〈의지의 승리〉 때보다 한층 발돋움했다. 운동경기의 특성을 잘 살려서 인물보다는 그들의 움직임에 초점을 맞췄다. 당시 일본 선수로 참가해 금메달을 딴 손기정 선수가 뛴 마라톤 경기를 살펴보자. 다른 감독이었다면 아마 뛰는 선수들의 일그러진 얼굴과 길가의 가로수들을 번갈아가면서 찍었을 것이다. 하지만 그녀는 선수 대신 그들이 뛰는 그림자를, 그리고 얼굴 대신 땀으로 범벅이 된 팔과 허벅지를 보여줬다. 푸른 혈관이 도드라진 땀투성이 팔과 바닥을 스쳐 지나가는 그림자의 헐떡거림을 본 관객들은 낯선 화면에 어리둥절해하면서도 동화되어갔다.

8월 16일 올림픽은 끝났지만, 그녀의 촬영은 아직 끝나지 않았다. 보충 촬영을 끝낸 그녀는 곧바로 편집 작업에 뛰어들었다. 300킬로미터 분량의 필름 길이는 마라톤 코스를 일곱 번 뛰어야지만 도달할 수 있는 길이였다.

그렇게 탄생한 〈올림피아〉는 미의 제전과 민족의 제전이라는 제목의 2부작으로 편집되어 올림픽이 끝난 2년 후 1938년 4월 20일 히틀러 총통의 생일에 맞춰 개봉되었다. 〈의지의 승리〉를 뛰어넘는 찬사가 쏟아졌다. 히틀러는 만족해했고, 이 다큐멘터리는 전 세계에 상영되었다. 다른 지역 역시 레니가 만들어 낸 창작물에 열광했다. 차가운 반응이 나온 것은 수정의 밤* 사건 이후였다.

수정의 밤 이후 싹 달라진 언론들은 그녀에게 히틀러의 애인이 아니냐는 모욕적인 질문도 서슴지 않았다. 그런 와중에 그녀가 수정의

---

* 수정의 밤은 1938년 11월 7일 파리 주재 독일 대사관의 3등 서기관인 에른스트 폼 라트가 헤르셀 그린슈판이라는 유대인 청년에게 총격을 받고 사망한 일로 촉발된 사건이다. 이 사건이 독일에 알려지자 즉시 반유대인 폭동이 일어났다. 그전과 다른 점이 있었다면 독일 권력이 은밀히 개입했다는 사실이다. 괴벨스의 주도하에 친위대와 조직적으로 벌어졌다. 유대인이 운영하는 상점과 유태교 성전인 시나고그가 공격을 받았고, 많은 유대인이 폭행을 당하고 체포되었다. 수정의 밤이라는 이름은 이때 부서진 유대인 상점들의 유리창들이 수정처럼 반짝거렸다고 해서 붙여진 이름이다.

밤 사건을 부정하는 발언을 하면서 일이 더 커졌다. 모욕과 냉대 속에서 그녀는 독일행 여객선에 몸을 실어야만 했다. 뒤를 돌아보지 않는 그녀는 〈올림피아〉에 대한 유럽과 미국인들의 비난을 털어버리고 다시 영화판으로 돌아갈 준비를 했다. 하지만 그녀의 바람은 1939년 9월 1일 히틀러가 폴란드의 침략에 맞서 독일 국방군이 반격에 나섰다는 방송을 하면서 끝장이 났다. 그녀의 화려한 시절이 막을 내린 것이다. 이제 남은 건 기나긴 오욕의 세월이었다.

🌸 놀랍고도 끔찍한 삶 3부

1945년 4월 30일 독일 제3제국의 총통 히틀러와 그의 애인 에바—직전에 결혼해서 에바 히틀러가 되었다—가 지하벙커에서 자살했다. 충성스러운 그의 측근 괴벨스 역시 부인과 여섯 아이를 데리고 뒤를 따랐다.

천년제국이라고 자부하던 제3제국은 히틀러가 정권을 잡은 지 12년 만에 잿더미로 변했다. 제1차 세계대전에 이은 두 번째 패배였지만 첫 번째 패배가 독일 국내까지 불똥이 튀지 않았다면 두 번째 패배는 글자 그대로 베를린이 잿더미가 된 후에야 끝이 났다. 살아남은 사람들은 그 잿더미 위에서 전혀 다른 형태의 전쟁을 치러야만 했다.

레니 리펜슈탈 역시 적응하려고 노력했다. 폴란드와의 전쟁이 터지자마자 국방부의 승인을 받아 종군기자팀을 꾸려서 폴란드로 간 것이다. 하지만 콘스키에라는 마을에서 독일군이 폴란드 민간인을 학살하는 장면을 목격하고는 뒤도 돌아보지 않고 독일로 돌아왔다. 그리고는 전쟁 전부터 진행하려던 〈저지대〉의 촬영에 몰두했다. 전쟁 통에 촬영지가 바뀌고 세트장이 징발되는 우여곡절을 겪었지만, 차라리 행복한 편이었다.

1944년 〈저지대〉의 촬영 도중 만난 산악부대 소속의 페터 야콥 대위와 결혼한 그녀는 전쟁 기간 내내 영화와 씨름했다. 그리고 전쟁이 끝나고 그녀는 미군에게 체포되었다. 체포된 그녀는 미군 심문관에게서 아우슈비츠와 유대인 학살에 대한 이야기를 처음 들었다고 고백했다.

하지만 시대는 희생양이 필요했다. 대다수의 독일 국민은 히틀러의 유대인 학살이나 강제수용소의 존재를 전후에야 알았다고 믿었다. 아니 그렇게 믿고 싶었다. 자신의 무죄를 증명하기 위해 두리번거리던 독일국민 눈에 히틀러 옆에서 알짱거리던 그녀가 눈에 띄었다. 1948년 법정에서 그녀는 무죄를 선고받았지만, 법정 밖에서는 유죄를 선고받았다. 그리고 평생토록 보이지 않는 견고한 창살 속에 갇혀 살았다. 굽히고 살 줄 몰랐던 그녀는 사람들의 손가락질을 향해 이렇게 반문했다.

"내가 왜 사과를 해야 하는지 모르겠다. 내가 나치 당원이었나? 아니면 공개적인 자리에서 유대인 학살에 찬성했나? 왜 내가 잘못했다고 해야 하나요?"

앞뒤 이야기를 자르고 딱 이 문장만 놓고 본다면 대단히 파렴치하고 뻔뻔스러운 나치 부역자의 더러운 변명처럼 들린다. 하지만 그녀가 억울해하는 것도 당연한 일이었고, 분개하는 것도 놀랄만한 일은

   Leni Riefenstahl

아니었다.

자신이 무죄라고 믿은 그녀는 재기를 위해 발버둥을 치지만 그때마다 터져 나온 악재가 발목을 잡는다. 애써 찍은 〈저지대〉의 필름을 압수한 프랑스 정부와의 반환소송이 시작이었다. 그리고 영화는 1954년 2월이 되서야 슈투트가르트에서 공개된다. 1934년 스페인에서 첫 촬영을 시작한 지 20년 만의 일이었다. 감격한 그녀가 객석에서 영화를 보는 사이 극장 밖에서는 그녀를 처벌하라는 피켓을 든 시위대가 진을 쳤다. 영화는 찬사를 받았지만, 그녀의 예술과 나치 전력은 계속 맞대결을 펼쳤다.

한쪽에서 그녀의 작품들에 대한 예술성을 높게 평가하면 다른 쪽에서는 나치의 부역자에게 그런 평가는 온당치 않다며 반박했다. 힘겹게 진행되던 영화 작업들은 터무니없는 낭설과 모략에 의해서 번번이 발목이 잡혔다. 그녀와 함께 팡크 박사의 영화에 출연했던 루이스 트렝커는 히틀러의 애인 에바 브라운이 자신에게 맡긴 일기를 공개했다. 후에 거짓으로 밝혀진 이 일기장에서 레니 리펜슈탈은 에바와 함께 히틀러의 관심을 끌려고 경쟁을 벌이는 여자로 묘사되었다. 그녀는 아니라고 반박했지만, 아무도 그녀를 믿지 않았다. 사람들이 그럴 것이라고 지레짐작했고, 그래야만 한다고 믿었던 탓이다.

오늘날까지 잘 알려진 그녀에 대한 프로파간다, 즉 그녀가 히틀러의 정부이며, 괴벨스의 애인이었고, 〈저지대〉의 촬영에 동원된 집시들이 강제수용소에서 왔으며 촬영이 종료되고 나서는 도로 그곳으로 끌려갔다는 등등의 이야기들은 대부분 이 시기에 완성되었다. 세간의 소문에 지친 그녀는 남편과 이혼하고는 훌쩍 아프리카로 떠났다.

어니스트 헤밍웨이의 작품 《아프리카의 푸른 별》을 읽고 깊은 감명을 받은 그녀는 아프리카 노예에 관한 시나리오를 썼다. 투자를 하겠다는 영화사도 나타났다. 하지만 촬영을 위해 아프리카 수단으로 갔던 그녀는 자동차 사고를 당하고 말았다. 그녀가 독일로 돌아와 치료하는 사이 영화사는 투자를 철회했다.

기진맥진해진 그녀는 영화에 대한 꿈을 접어야만 했다. 대신 어느 사진작가가 찍은 누바족의 사진을 보고는 아프리카에 대한 호기심을 안고 그들을 찾아 떠났다. 1962년 그녀는 마침내 수단에 있는 누바족 마을에 도착했다. 레니는 낯선 백인 여자를 경계하는 누바족 사람들에게 오히려 편안함을 느꼈다. 그들에 관한 다큐멘터리를 찍겠다는 계획도 무산되었다. 하지만 그들과 가까워진 그녀는 35밀리 촬영기 대신 라이카 사진기를 들고 그들을 찍었다. 아직 예전 관습대로 알몸으로 지내는 누바족의 모습은 그녀의 손에 들려진 렌즈를 통해 세상에 알려졌다.

1974년 누바족을 찍은 그녀의 첫 번째 사진집 《최후의 누바족》이 발간되자 다시 나치의 망령이 되살아났다. 평론가들이 누바족과 나치의 연관성을 찾느라 혈안이 된 사이에도 그녀는 마흔 살 연하의 연인 호르스트 케트너와 함께 여전히 누바족의 모습을 카메라에 담았다. 1976년 두 번째 사진집 《누바 사람들》을 출간하면서 그녀는 사진작가로서의 명성을 누렸다.

무용수에서 영화배우, 영화감독, 다큐멘터리 감독, 그리고 사진작가까지 쉼 없이 질주한 그녀는 아름다운 물속의 속삭임에 반해 70대의 나이를 52세라고 속이고 스킨스쿠버를 배웠다. 대체 무엇이 그녀를 계속 도전하게 하였을까?

1993년 독일의 라이 뮐러 감독이 그녀의 일대기를 다룬 다큐멘터리 〈레니 리펜슈탈의 놀랍고도 끔찍한 삶〉을 찍었다. 항상 다큐멘터리를 촬영하다가 피사체가 된 그녀는 원형의 렌즈를 향해 자신의 이야기들을 쏟아냈다. 그녀의 삶에서 앵글은 항상 쉼 없이 변했다. 촉망받는 무용수에서부터 은막의 스타, 그리고 불멸의 다큐멘터리를 찍은 영화감독, 그리고 아프리카와 물속의 모습을 담은 사진작가까지…. 보통 한 사람이 한 가지를 이루기 어려운 세상에서 그녀는 뛰어든 분야마다 성공을 거두었다. 그리고 이런 천재성이 그녀의 후반기 삶을 망가뜨리고 말았다.

혁명으로 기억되는 그녀의 삶

이제 그녀의 삶을 이야기했으니 그녀의 혁명에 대해서 말해 보자. 그녀가 뛰어든 여러 분야 중 가장 눈에 띈 것은 당연히 영화 연출과 다큐멘터리 분야였다. 오늘날에도 두 분야에서 여성감독은 희귀한 존재다. 제2차 세계대전 이전은 말할 것도 없고, 더군다나 여성의 역할을 집안의 부엌으로 국한지은 나치가 지배하던 독일에서는 더더욱 그러했다.

오늘날 우리가 기억하는 히틀러와 나치의 이미지의 결정체는 레니 리펜슈탈이 만들었다. 제복을 차려입고 무리지어 모여 있거나, 딱딱한 걸음으로 행진하는 친위대의 모습이나, 낮고 신념에 찬 목소리로 연설하는 히틀러의 모습 모두 〈의지의 승리〉를 통해 드러났다.

그리고 전쟁이 끝나고 나치는 사라졌지만, 그 이미지만큼은 여전히 남았다. 그 광기의 시대를 함께 한 사람들은 그것을 남긴 그녀에게 비난을 쏟아냄으로 한발 뒤로 빠지려고 들었다. 그래서 그녀가 이룩해 놓은 업적과 혁명의 제단을 무너뜨리고 그 잔해조차 지우려고 애썼다. 너무 찬란했기 때문에 질시의 대상이 된 것이다.

〈의지의 승리〉나 〈올림피아〉 이후 다큐멘터리는 그 이전과 다른 길을 걷는다. 트랙 옆에 구덩이를 파면서까지 잡아내려고 했던 극도의 사실성과 마라톤 선수 대신 바닥의 그림자나 클로즈업한 땀 찬 팔뚝이 함유하는 이미지를 담아내려고 한 것이다. 레니 리펜슈탈 이후에는 다 그랬지만, 이전에는 아무도 그렇게 하지 않았다.

그녀는 자신의 삶이 불공평하다고 믿었을지 모른다. 영광의 순간은 짧았고, 고통의 나날은 길었으니까, 물론 그녀는 거짓말쟁이다. 두 차례 쓴 자서전이나 1993년의 다큐멘터리 속 인터뷰에서 그녀는 부정확한 자신의 기억들을 진실이라고 우겼다. 하지만 그녀가 자신에게 유리한 기억만 간직하고 있다고 해서 그 자체가 비난의 대상이 될 수는 없는 노릇이다. 인간은 누구다 다 자기가 보고 싶은 것 만 보고 기억하고 싶은 것만 기억하는 이기적인 존재니까 말이다.

하지만 히틀러와 괴벨스, 손기정과 누바족, 그리고 바다 속을 누빈 그녀의 삶이 혁명적인 열정으로 가득 찼다는 사실은 부인할 수 없는 명백한 사실이다.

끝나지 않은 논쟁

2000년 아프리카에서 헬기 추락 사고를 겪은 레니 리펜슈탈은 폐와 갈비뼈를 심하게 다쳤다. 모두들 그녀가 끝일 거라고 생각했지만 오산이었다. 2002년 그녀는 〈물속의 인상〉이라는 다큐멘터리를 발표했다. 1938년 발표된 〈올림피아〉이후 무려 64년 만의 일이다.

2003년 101살의 그녀는 오랫동안 함께 했던 호르스트 케트너와 결혼식을 올린다. 그리고 그해 9월 8일 독일 남부 바바리아주 푀킹에 있는 자택에서 조용히 눈을 감았다. 그녀의 시신은 뮌헨의 공동묘지에 안장되었다. 1세기가 넘는 그녀의 놀랍고도 잔혹한 삶이 마침내 막을 내린 것이다.

그녀는 눈을 감았지만, 논쟁은 끝나지 않았다. 2010년 캐나다 토론토 동계 올림픽에서도 그녀의 이름이 언급되었다. 올림픽 성화 봉송 장면을 담은 공식 영상에 〈올림피아〉의 일부분이 들어간 것이다. 비난 여론에 못 이긴 조직위원회는 〈올림피아〉를 공식 영상에서 제외했다.

08

프리다 칼로

Frida Kahlo

꿈 혹은 꿈꾸는 자화상

프리다 칼로, 그녀가 스스로 그린 자화상과 사진작가들이 찍은 사진들을 보면 복잡한 우주가 펼쳐진다. 남자가 달고 있어도 충분히 웃음거리가 될 만한 굵은 눈썹은 안타깝게도 바짝 붙어 있다. 그녀가 남긴 그림 중에는 아예 양쪽 눈썹을 이어 놓은 것도 있다. 눈썹 때문에 살짝 묻히긴 했지만 속눈썹 역시 만만치 않게 짙다. 이런 난관을 뚫고 더 살펴보자. 아슬아슬하게 튀어나온 광대뼈와 우뚝 솟았다는 걸 자랑이라도 하는 것 같은 코는 단호한 의지를 엿볼 수 있게 해 준다. 살짝 앞으로 굽어진 것 같은 턱과 이 모든 미묘함을 품은 완고한 턱선까지 보고 나면 그녀의 얼굴 탐험은 끝이다.

아니지. 한 가지가 빠졌다. 그 눈, 인간의 의지와 관념과 용기와 우주를 품은 눈. 질서와 규칙을 숭상하는 독일 혈통과 열정과 정열을 먹고 사는 스페인 혈통, 그리고 자신과 신이 가까이 있다고 믿었던 아즈텍 족의 혈통이 혼합되면서 창조해 낸 눈. 그녀는 자궁에 상처를 입었고, 척추와 다리에도 상처를 받았다. 남편인 디에고의 바람기에 마음이 갈가리 찢어졌고, 그런 상황에서도 여전히 그를 사랑하는 자신의 마음에 또다시 절망했다. 그러면서도 두 눈이 만들어 낸 우주는 상처받지 않았다. 아니 상처를 입을 때마다 오히려 더 견고해졌다.

그녀는 특별한 우주였고, 특별한 프리다 칼로였다. 그녀는 단순히 잘 팔리는 그림을 남긴 화가가 아니라 멕시코 혁명이 낳은 유산이었다. 그녀가 끝끝내 자신이 1907년생이 아니라 멕시코 혁명이 일어난 1910년생이라고 주장했던 건 자신의 길이 곧 혁명과 맞닿아 있기 때문이라고 확신했기 때문이다. 혁명의 여신 프리다 칼로는 혁명 속에서 피어났고, 그 자신이 혁명이 되었다.

✿ 희망이 없다 – 1953년 4월 13일 멕시코시티

그것은 기묘한 전시회였다. 맨 처음 나타난 불청객들은 인부들이었다. 그들은 기둥에 천정까지 달린 침대들의 부속품들을 가지고 와서는 전시장 한복판에 조립했다. 뒤이어 나타난 인부들이 레이스 달린 커튼을 침대에 달았다.

걸음을 멈추고 웅성대던 사람들은 뒤이어 나타난 여인을 보고는 입을 다물지 못했다. 코끼리 같은 거구의 디에고 리베라의 품에 안긴 채 힘겹게 숨을 내쉬던 프리다 칼로는 침대에 눕혀진 다음에도 고통스럽다는 듯 얼굴을 찡그렸다. 디에고가 베개를 머리에 대주고 이불을 목 끝까지 덮어준 다음에야 그녀는 겨우 미소를 되찾았다.

금과 옥으로 된 장신구에 멕시코의 전통적인 복장인 테우아나를 입은 그녀는 상처 입은 새처럼 보였다. 관람객들은 하나둘씩 그녀 곁으로 모여들었다. 그녀를 위해 화랑을 대여해 준 사진작가 알바레스 브라보가 그녀의 어깨에 손을 얹었다.

"꼭 와보고 싶었어요. 아니 와야만 할 것 같았어요."

그녀, 프리다 칼로는 힘겹게 대답하고는 침대 주변을 둘러봤다. 그녀의 남편 디에고 리베라가 침대 주변에 이젤을 옮기고 그림을 올려놓았다. 침대를 빼곡히 둘러싼 그녀의 친구들은 손을 꼭 잡거나 돌아서서 눈물을 글썽거렸다. 친구들과 일일이 눈을 맞추고 인사에 답례를 하던 그녀가 디에고에게 뭔가를 속삭였다. 고개를 끄덕거린 디에고가 그녀를 번쩍 들어올렸다. 남편의 품에 안긴 그녀는 관람객들 사이를 돌면서 일일이 인사하고 사과했다. 미안하다는 그녀의 말에 관람객들은 눈물을 흘리거나 애써 참았다. 관람객들과 인사를 끝내고 침대로 돌아온 그녀는 한결 차분해진 표정으로 미소를 지었다.

"그까짓 다리가 없으면 어때요. 날 수 있는 날개가 있는데…."

"맞아. 훨훨 날아. 프리다."

디에고가 맞장구를 쳤다. 그녀, 프리다 칼로는 베개에 머리를 파묻고 날고 싶다고 중얼거렸다. 피곤함이 몰려왔고, 그녀가 눈을 감자 그가 손가락을 입술에 갔다대며 조용히 하라는 신호를 보냈다. 사람들은 조용히 물러났고, 텅 빈 침대 주변에는 그녀가 그린 작품들만이 그녀를 쳐다봤다. 잠든 그녀는 그림들 사이를 지나 과거로, 그리고 꿈속으로 훨훨 날아갔다.

❀ 죽음의 가면을 쓴 아이 – 1925년 9월 17일 멕시코시티

소녀는 꿈을 꾸고 있었다. 하얀 웨딩드레스에 보석처럼 반짝이는 부케를 들고 결혼식장으로 들어서는 중이었다. 카이젤 수염에 갈색 양복을 근사하게 차려입은 아버지 기예르모 칼로의 손은 가볍게 떨렸다. 하얀 벨벳이 펼쳐진 바닥에는 붉은 장미꽃잎과 환한 조명이 깔렸다. 그리고 저 멀리에는 사랑스러운 알레한드로 고메스 아리아

스가 수줍은 미소와 함께 서 있었다. 멕시코 전통의 마리아치 악단
이 흥겨운 음악을 연주하는 가운데 사람들이 둘의 결혼을 축하했다.

소녀가 걷는 길옆에는 하객들이 모여서 춤을 췄다. 소녀는 천천히
걷고 있는 아버지의 손을 잡아끌었다. 어서 가서 사랑하는 그의 품
에 안기고 싶었다. 하지만 아버지는 더 이상 걷지 않았다. 바위처럼
그 자리에 우뚝 선 아버지가 야속해진 소녀는 다그치기 위해 돌아봤
다. 그리고 비명을 질렀다. 아버지가 있던 자리에는 매년 11월 2일
에 열리는 죽음의 축제에서 사람들이 쓰는 하얀 죽음의 가면을 쓴
아이가 있었다. 마리아치 악단이 사라지고 춤추던 하객들도 제각각
죽음을 상징하는 해골이나 재규어의 가면을 쓴 채 소녀를 응시했다.
겁에 질린 소녀는 멀리 서 있는 남자 친구를 쳐다봤다. 그러다 갑자
기 꿈에서 깨어났고, 악몽이 덮쳐왔다.

소녀가 타고 가던 소칼로 중앙 광장을 지나 코요 아칸으로 버스는
갑자기 달려든 전차에 옆구리를 받쳤다. 한 바퀴 구르며 으깨진 버
스는 악몽으로 변했다. 남자 친구인 알레한드로의 손을 잡고 잠들어
있던 소녀의 몸은 버스의 금속 파이프에 관통당했다. 옆구리를 뚫고
들어간 금속 파이프는 소녀의 자궁을 헤집어 놓고 허벅지를 뚫고 나
왔다. 도입된 지 얼마 안 된 낯선 버스를 보지 못한 전차가 그만 사
고를 낸 것이다.

사고가 난 산 후안 시장 앞은 전쟁터를 방불케 했다. 소녀는 척추
가 세 동강 나고 빗장뼈와 갈비뼈 두 군데가 부러졌다. 금속 파이프
가 관통한 자궁은 말할 것도 없고, 오른쪽 발도 여러 군데가 골절되
었다. 작살에 찍힌 생선처럼 버둥거리던 그녀는 사람들에 의해서 옮

 Frida Kahlo

겨졌고, 곧 병원으로 실려갔다. 기적적으로 크게 다치지 않은 남자 친구 알레한드로는 물론 소녀를 옮긴 사람이나 병원에서조차 소녀가 살아날 수 있을 것이라고는 믿지 않았다.

만약 프리다 칼로의 인생에 핀셋을 들이대고 한 군데를 제거하라고 한다면 단연코 이날, 그리고 이 시간을 선택할 것이다. 이 사고가 없었다면 그녀는 학교를 졸업하고 알레한드로와 결혼하는 평탄한 삶을 찾아갔을 것이다. 이날의 사고로 1907년 7월 6일 멕시코의 수도 멕시코시티 남쪽의 교외 지역인 코요 아칸에서 마그달리나 프리다 칼로 칼데론으로 태어난 소녀는 죽었다. 그리고 프리다 칼로가 탄생했다.

그녀의 유전자에는 운명이 섞여 있었다. 1872년 독일 바덴바덴에서 보석 세공일을 하는 집안에서 태어난 빌헬름 칼로가 한쪽 운명이었다. 어머니의 죽음과 뒤이은 아버지의 재혼에 못 견딘 빌헬름은 1891년 멕시코시티 행 여객선에 몸을 실었다. 지구 반대편으로 떠나기로 결심한 그의 모험심이 딸의 유전자에 불을 지폈다.

멕시코시티에 도착한 그는 빌헬름이라는 이름을 버리고 기예르모라는 멕시코식 이름을 썼다. 마리아 카르데냐라는 멕시코 여인과 결혼을 한 그는 아내가 두 번째 딸을 낳으면서 사망하면서 첫 번째 결혼 생활에 종지부를 찍었다. 독일에 있을 때 배웠던 보석 세공일로 먹고 살던 그는 곧 두 번째 결혼을 하게 된다.

프리다 칼로의 운명에 섞인 두 번째 유전자의 주인공은 스페인 장군의 딸 이사벨과 멕시코 원주민 출신의 사진사 안토니오 칼데론의 딸 마틸데 칼데론이었다. 기예르모 칼로는 보석 세공일을 그만두고

장인어른 밑에서 사진기술을 배웠다. 디지털 카메라와는 비교도 되지 않을 만큼 복잡하고 정교한 촬영과 현상기술이 필요한 사진사는 당시의 인기 직업 중 하나였다.

둘 사이에서는 네 명의 딸이 태어났다. 어머니와 이름이 똑같은 마틸데와 아드리아나, 프리다, 그리고 크리스티나였다. 프리다 위로 사내 아이가 한 명 더 태어났지만 오래 살지 못하고 죽었다. 계속되는 출산으로 우울증에 걸린 어머니의 손길을 받지 못한 그녀는 두 언니와 유모의 손에 길러졌다. 그녀가 여섯 살 때 소아마비에 걸린 것도 혹시 집안의 보살핌이 없었던 탓이 아니었을까?

프리다에게는 나무다리 소녀라는 달갑지 않은 별명이 붙었다. 냉담한 어머니를 대신해서 아버지가 그녀를 보살폈다. 1922년 멕시코에 거주하는 독일인을 위한 초등학교를 졸업한 그녀는 에스쿠엘라 국립예비학교에 입학한다. 명문 중의 명문으로 꼽히던 이 학교에 최초로 입학한 35명의 여학생 중 한 명이 바로 그녀였다. 다리가 불편했던 그녀는 의사를 꿈꿨다. 하지만 이 시기 그녀가 받은 최고의 교육은 아마 남과 다른 삶을 살아가야 한다는 암시 아니었을까? 나무다리 소녀라는 놀림을 받는 가운데, 수천 명의 남학생들 틈바구니에 끼인 여학생이라는 신분 속에서 그녀는 흐릿하게 자신의 길을 바라봤다.

학창 시절 그녀는 카추차스라는 모임에 가입한다. 카추차라는 챙이 있는 모자를 쓰는 것이 상징인 이 모임은 좌파성향을 가진 학생들의 친목모임이었다. 멕시코 혁명을 지지하고 권위에 도전하는 젊은 피들의 모임이었다. 프리다는 이곳에서 첫사랑인 알레한드로 고메스 아리아스를 만난다. 모임의 실질적인 리더인 그에게 푹 빠진 그녀는 약혼자 내지는 정부를 자처했다. 만약 그 사고만 아니었다면 그녀는 그와 결혼하고 가정을 꾸미는 평범한 여인이 되었을 것이다.

하지만 그 지옥 같은 사고 현장에서 금속 파이프가 몸을 꿰뚫는 순간 운명은 뒤바뀌었다. 아니, 어쩌면 태어날 때 주어진 유전자가 이끈 운명의 길이었을지도 모르겠다.

✿ 몇 개의 작은 상처들

명함이 사라지면 인간관계도 가벼워진다. 대기업 로고가 박혀 있는 명함을 더 이상 쓸 수 없게 되었을 때 연락이 두절되거나 심드렁하게 연락을 받는 상대방을 보면 낯설고 차가운 벽을 보는 느낌이 든다. 하물며 사고로 몇 달 동안 누워 있게 된다면 망가지는 건 마음이나 몸뿐만은 아니리라. 1925년 멕시코의 프리다 칼로는 2010년 대한민국에서 명예퇴직을 한 대기업 사원의 심정보다 더 한 상처를 받았다. 사고 현장에 함께 있었지만 기적적으로 크게 다치지 않았던 알레한드로 고메스 아리아스가 그녀의 곁을 떠난 것이다.

남겨진 초상화로 보면 도저히 부모의 뜻을 서스를 것 같지 않은 애인이 머나먼 독일로 떠나는 날, 침대에 홀로 남겨진 프리다는 새로운 애인을 찾았다. 어린 시절 소아마비로 침대에 누워 있던 로자 룩셈부르크는 당시 책 속에서 새로운 삶을 찾았다. 프리다 역시 붓과 물감이 보여주는 새로운 세상으로 다가갔다.

왜 하필 그림이었을까? 지금 생각해볼 수 있는 단서는 아버지의 친구이자 판화가인 페르난도 페르난데스라는 존재뿐이다. 멕시코 혁명의 여파로 정부 공식 사진사였던 아버지가 실직하면서 어려워진 가계에 보탬이 되기 위해 그녀가 일한 첫 직장이 영향을 미친 것으로 생각된다. 그곳에서 그녀는 페르난데스의 일을 도와주면서 용돈벌이를 했고, 다른 판화가의 작품을 베끼기도 했다. 하지만 분명한 건 9월 17일의 사고가 없었다면 그림에 흥미를 가질 일은 없었다는 점이다.

그녀의 첫 번째 작품은 침대 머리맡에 놓인 거울을 통해 본 자신의 자화상이었다. 그녀는 갇혀 있었지만 포효할 준비를 마쳤다. 그리고 살아 있다는 것이 기적이라고 믿었던 사고의 한복판에서 걸어나온 그녀는 다시 차근차근 세상으로 돌아갔다. 그리고 아직 깨닫지는 못하지만 훗날 그림을 그리게 될 주요한 재료들을 얻게 된다. 분열과 뒤틀림, 혼돈과 종말, 그리고 인간과 죽음과의 희미하면서도 진한 핏줄들을 말이다.

사고가 난 지 몇 달 후에 자매들과 조카와 함께 찍은 사진을 보면 명명백백하다. 자매들은 당시 유행하는 원피스를 입고 귀걸이와 목걸이로 장식을 하고 굽이 있는 구두를 신은 반면 프리다는 남성용 정장에 지팡이를 들었다. 사진을 자세히 들여다보라. 그 타는 듯한 눈빛에 무엇이 담겨 있는지 짐작조차 하기 어렵다. 다른 자매들이 다소곳한 자세와 내리깐 눈으로 카메라를 응시했다면 그녀는 정면에서 당당하게 카메라를 맞이했다.

불과 5개월 전 저승 문턱까지 갔다 온 사람이라고는 믿어지지 않는다. 어떤 사람들, 아니 대다수의 사람들은 인생의 좌절을 겪는 순간 바람 빠진 막대풍선 인형처럼 쪼그라든다. 그렇지 않은 사람들에게는 특별한 유전자가 존재하는 것일까? 프리다 칼로는 죽음 속에서 부활한 불사조처럼 다시 살아났다. 사고가 발생한 지 정확히 한 달 만인 10월 17일 퇴원한 그녀는 다음 해 초 국립예비학교로 돌아간다.

카추카스의 동료들은 좀 더 성숙해 있었다. 그곳에서 프리다는 학생 운동의 지도자인 헤르만 데 캄포의 영향으로 공산주의에 빠져든다. 그리고 그의 소개로 쿠바의 청년 혁명가 훌리오 안토니오 메야와 이탈리아 출신의 여류 사진가 티나 모도티도 만났다. 그녀는 혁명으로 부글거리고 피를 쏟게 되는 그런 삶을 동경했을까?

프리다 칼로는 이제 도전을 시작한다. 그녀의 그림들은 당대의 어느 화풍에도 속해 있지 않다. 굳이 비슷한 걸 찾자면 당시 멕시코에 몰아치던 벽화에서 답을 얻을 수 있다. 정규 미술 교육을 받지 못했기 때문에 오히려 자유로웠던 그녀는 자신의 눈에 보이는 세상을 아름답지는 않지만 정직하게 그려나갔다.

✾ 프리다와 디에고 리베라 혹은
프리다 칼로와 디에고 리베라

고통도 삶의 한 갈래 길이라고 한다면 맥없는 말장난일까? 프리다 칼로에게 디에고 리베라는 고통의 근원이자 창조의 원천이었다. 그가 없었다면 그녀는 프리다 칼로가 될 수 없었다. 둘의 열정과 불협화음은 멕시코 혁명이라는 씨앗으로부터 자양분을 공급받았다.

프리다와 디에고 리베라는 티나의 집에서 처음 만났다. 아니 처음 본 것은 아니었다. 바람둥이 디에고 리베라는 기억하지 못했겠지만 그녀는 그를 기억했다. 1922년 국립예비학교에 있는 시몬 볼리바르 대강당에서 벽화 작업을 하던 디에고 리베라는 낯선 소녀와 만난다. 훗날 디에고는 첫 만남이 인상 깊었다고 술회했지만 윤색되었을 가능성이 높다.

두 번째 만남은 1928년이었다. 그녀가 죽음의 터널을 막 지나친 시점이었다. 역시 장소는 국립예비학교였다. 당당해지고 성숙해진 그녀와 재회한 디에고는 어떤 기분이었을까? 식인귀라는 별명이 붙은 이 뚱뚱한 바람둥이는 자그마한 여인이 만들어 낸 예술적 광휘를 엿봤다. 둘이 사랑에 빠진 건 육체적인 쾌락이나 인간적인 애정만으로는 설명이 불가능하다. 둘은 서로가 만들어 놓은 빈자리에 자신을 끼워 넣었다.

사랑에 빠진 디에고 리베라는 코요 아칸에 있는 그녀의 집을 찾아갔다. 프리다는 정원에 있는 나무에 걸터앉아서 인터내셔널가를 휘파람으로 불면서 그를 맞이했다. 아마 혁명의 정신으로 결혼을 승낙받으라는 무언의 퍼포먼스 같다. 산 도적 같은 거구의 남자를 본 그녀의 부모는 대경 질색했다. 나이는 스물한 살이나 많았고, 키도 20센티미터 이상 컸다. 거기다 결정적으로 몸무게도 두배가 넘었다.

그녀의 부모는 코끼리와 비둘기의 결합이라며 극심한 반대를 했지만 자식을 이기는 부모는 없었고, 돈 앞에는 장사가 없었다. 디에고가 지참금을 포기하고 오히려 집안의 빚을 갚아주자 결혼 승낙이 떨어졌다. 아버지 기예르모 칼로는 14살 아래인 사위 후보에게 조심스럽게 말했다.

"잘 알고 있겠지만 내 딸은 환자일세. 앞으로도 정상적으로 살아 가긴 힘들거야. 똑똑하긴 하지만 고집이 세고 예쁘진 않네. 그래도 내 딸과 굳이 결혼하겠다면 말리진 않겠네."

두 사람은 1929년 8월 21일 두 사람은 코요 아칸의 시청 건물에서 결혼식을 올렸다. 디에고는 엄청나게 큰 멕시코식 모자를 썼고, 프리다 칼로는 전통 복장에 긴 숄을 걸쳤다. 시장이 주례를 맡은 가운데 결혼식이 열렸다. 결혼식 도중 일어난 기예르모 칼로는 한숨을 쉬면서 하객들을 향해 이 결혼이 한편의 희극 같다는 말을 던졌다. 그리고 그 말을 입증이라도 하듯 결혼식은 냉담함과 한숨으로 시작되어서 난동과 총질로 끝이 났다. 디에고의 전부인인 루프 마린이 결혼식 도중 난입해서 소동을 부렸고, 결혼식 직후의 피로연에서 술에 취한 디에고가 사방에 권총을 쏘아댄 바람에 하객들이 부상을 당했다.

하지만 둘의 결혼 생활은 놀랄 만큼 순조로웠다. 프리다 칼로는 맹목적일 정도로 남편 디에고 리베라의 뜻을 따랐다. 1929년 10월 디에고가 그 다운 퍼포먼스를 펼치며 멕시코 공산당을 탈당했을 때 그녀 역시 뒤를 따랐다. 이 시기 디에고가 왕성한 활동을 펼쳤나번 프리다는 모험을 시도했다. 아이를 가지려고 했던 것이다. 하지만 망가진 몸은 생명을 담아낼 수 없었다. 중절수술은 그녀를 쇠약하게 만들었다. 한편 디에고 또한 주변과의 갈등에서 탈출하고 싶었다.

두 사람은 1930년 11월 10일 미국 샌프란시스코에 도착한다. 멕시코 공산당의 핵심 인물인 디에고 리베라가 자본주의의 상징인 미국의 증권 거래소에 벽화를 그리기 위해 온 것이다. 멕시코 공산당에서 제명당한 상태였지만 미국은 그의 입국을 거부했다. 하지만 그의 여행 경비를 지원해 준 것은 멕시코주재 미국대사인 드와이트 모로였다. 이 복잡 다난한 정황은 그의 정치적 포지션과 예술가로서의 자리가 얼마나 뒤엉켜 있는지 단적으로 보여주는 일이다. 이 당시의 그녀는 얌전하게 그의 뒤를 따라다니며 안방마님 역할에 만족했다. 아마 순조롭게 출산을 했다면 아이를 기르는 일에 열중했을 것이다.

✿ 멕시코와 미국의 국경에 선 자화상

미국을 바라보는 멕시코인들의 시선은 매우 복잡하다. 1848년 2월 미국과의 전쟁에서 패배하면서 맺은 과달루페-이달고 조약의 내용을 들여다보면 이해가 될 것이다. 멕시코가 전쟁에서 패배하면서 상실한 영토는 어마어마했다.

미국은 그 땅에 유타, 뉴멕시코, 네바다, 아리조나, 캘리포니아 주를 만들었다. 이로써 미국은 태평양을 향한 마지막 여정을 마칠 수 있었지만 한반도의 15배에 달하는 땅을 빼앗긴 멕시코의 상실감은 말로 표현하기 힘들었다. 더군다나 1836년에는 멕시코 영토인 텍사스에 거주하던 미국인들이 반란을 일으켜서 멕시코군을 격파하고 텍사스 공화국을 세운 상태였다. 땅의 넓이보다 더 크나큰 자존심의 상처를 입은 멕시코는 그 후 강대국으로 성장하는 미국의 그림자에 갇혔다.

디에고는 그런 미국에서 자본주의자들의 의뢰를 받아서 벽화 작

    Frida Kahlo

업을 하겠다고 선언한 것이다. 이 미묘하고 복잡한 상황은 디에고의 벽화로 정리가 되었다. 전혀 듣도 보도 못했던 웅장한 벽화에 압도당한 미국인들은 순순히 이 공산주의자 벽화가를 받아들였다. 복잡한 정치 상황에서 벗어난 디에고는 주변의 찬사에 어깨를 으쓱거리며 작업에 열중했다.

남편만큼 미국에 빠져들지 못했던 프리다는 무료한 나날을 보냈다. 프리다는 다음 해 잠깐 멕시코로 돌아왔다가 디트로이트 미술관 정원에 벽화를 그리기 위해 떠나는 남편을 뒤따라갔다. 1932년 그녀가 의사의 만류를 무릅쓰고 다시 임신을 시도했던 것은 아이에 대한 열망 외에도 고립되었다는 두려움 때문이기도 했다. 그녀는 우군을 얻기 위해 출산을 시도했지만 1932년 7월 4일 그녀의 두 번째 시도는 디트로이트 포드 병원에서 참담한 실패로 끝나고 말았다.

이제 다시 그림이 그녀를 찾아왔다. 절망에 빠진 그녀는 붓을 잡고 필사적으로 휘둘렀다. 피와 죽음이라는 물감이 주어진 그녀의 붓은 현실을 탈피했으면서도 탈출하지 못한 그녀를 상징했다. 이제 그녀의 그림에는 현실과 꿈과 망각이 투영되었다.

이 시기 그린 '떠있는 침대'에는 벌거벗은 채 하혈을 하는 여인이 붉은 실을 움켜쥐고 있다. 이 실은 완성되지 못한 태아와 달팽이, 수술도구, 골반 뼈와 시들어진 난초꽃과 연결되어 있다. 침대 몸통에는 운명의 날짜인 1932년 7월이 새겨졌다. 그림의 지평선 너머에는 공장 건물들이 이 여인의 불행을 남의 일처럼 쳐다보고 있다. 핏덩어리로 변한 뱃속의 아기를 끄집어 낼 때 그녀가 떠올렸던 이미지 내지는 고통의 상징들이었다. 아이러니하게도 사고를 겪고 이별을 경험하면서 점점 더 자신의 그림에 다가가게 된 것이다.

또 다른 그림인 '나의 탄생'은 더 직접적이고 끔찍한 이미지다. 다른 가구가 없는 황량한 방 한복판에서 성모 마리아의 초상화가 굽어보는 가운데 출산이 정지된 이미지가 보인다. 머리만 밖으로 나온 아이도, 다리를 벌리고 누워서 시트로 상반신을 덮은 여인도 모두 죽은 것처럼 보인다. 침대 위의 여인이 비슷한 시기 사망한 어머니 마리아 칼데론을 상징한다고 보는 견해도 있지만 아이를 잃음으로서 또다시 죽은 그녀를 상징했다.

그녀는 숙명처럼 그림을 그렸다. 데생을 하고 붓으로 물감을 칠하고 상징을 그려 넣었다. 강인한 그녀는 오뚝이처럼 다시 일어났다. 하지만 그림은, 아니 운명은 또다시 그녀에게 상처를 주었다. 그것도 다름 아닌 사랑해 마지 않던 남편 디에고 리베라로부터….

✿ 가슴 아픈 기억

디트로이트 미술관의 벽화를 마무리한 디에고는 아이를 잃은 상처를 어느 정도 극복한 그녀와 함께 뉴욕으로 갔다. 록펠러 센터에 세워지는 라디오 시티 아메리카의 뮤직홀을 장식할 벽화를 그리기로 계약을 한 것이다. 하지만 자본주의와 공산주의 간의 공존은 작업 과정상 벌어진 견해 차이로 깨지고 만다. 디에고는 분개했지만 그녀는 아마 속으로 웃었을 것이다.

1933년 12월 20일 두 사람은 베라크루즈로 가는 여객선에 몸을 싣는다. 멕시코시티 교외의 산 앙헬에 건축가인 친구 후고 오고르만

이 세운 집이 바로 그들의 새로운 거처였다. 꿈에도 그리던 고국행이었지만 역시 순탄하진 못했다. 그녀의 건강에 문제가 생긴 것이다. 아마 두 차례의 유산이 결정적인 원인처럼 보인다. 또 한 차례의 중절수술을 비롯한 몇 차례의 수술이 그녀를 쇠약하게 만들었다.

하지만 정말 큰 상처가 뜻밖의 곳에서 터졌다. 1934년 여름 남편과 이혼하고 혼자 아이들을 키우던 여동생 크리스티나가 디에고와의 불륜을 고백했다. 디에고의 바람기와 여자에 대한 욕정을 어느 정도 묵인하고 있던 그녀였지만 이것은 견디기 힘들었다. 디에고는 습관적으로 부인의 자매나 절친한 친구들과의 잠자리를 즐겼다. 그에게 있어서 여자들과의 관계에서 얻는 쾌락은 중독이었고, 활력이었으며 원천이었다.

그녀에게 있어서 디에고와 크리스티나의 결합은 모욕이었다. 아이를 낳을 수 없는 그녀는 이혼하고 혼자서 아이를 키우던 크리스티나의 자식들을 돌봐 주고 있었다. 둘의 결합을 아이를 낳을 수 없는 자신에 대한 끔찍한 조롱이라고 여긴 그녀는 1935년 봄 산 앙헬의 집을 떠나 멕시코시티의 작은 아파트로 거처를 옮겼다.

이혼에 대한 명백한 그녀의 의지는 그곳에서 그린 작품 '몇 번 찔렀을 뿐' 에 나타나 있다. 신문에 난 기사를 토내로 그린 그림은 알몸으로 침대에 누운 여인의 시신과 칼을 쥔 채 곁에 서서 내려다보는 한 남자의 모습이 담겨 있다. 질투심에 눈이 멀어 여인을 찌른 남자는 재판정에서 "그냥 살짝 몇 번 찔렀을 뿐인데요."라는 이야기로 변명을 했다. 그 이야기를 들은 그녀는 죽은 여인에게 자신을, 그리고 말도 안 되는 비겁한 변명을 한 남자에게서 디에고를 느꼈을 것이다. 그림만으로는 부족했는지 액자에도 붉은 물감으로 피가 튄 흔적을 그려 넣었다.

이후 울적해진 기분을 풀기 위해 그녀는 두 친구와 함께 뉴욕으로 여행을 떠났다. 남편을 빼앗겼을 때에는 더 없이 증오하던 뉴욕이었지만 위안을 삼기에도 적당한 곳 같았다. 그리고 그곳에서 그녀 역시 복수하듯 다른 남자들과 만났다. 일본인 아버지와 스코틀랜드인 어머니 사이에서 태어난 조각가인 이사무 노구치가 첫 번째 연애 대상이었다. 혼혈의 신비로움과 창백하고 마른 얼굴, 몸매는 개구리라는 별명이 붙은 디에고와는 여러모로 달랐다. 하지만 디에고에 대한 복수로 바람을 폈다는 말이 나올 정도로 그녀는 상심한 상태였다. 그리고 이후 작품부터 죽음과 배반은 얼룩처럼 묻어나왔다.

여행에서 돌아온 그녀는 다시 디에고에게 돌아갔지만 애정은 한 조각도 남아 있지 않았다. 그녀 역시 보란 듯이 다른 남자들과 애정 행각을 벌였고, 심지어는 동성연애를 한다는 소문까지 퍼졌다. 사랑이라는 독은 그 어떤 해독제도 없는 것일까? 그녀의 연애 목록에는 레온 트로츠키도 있었다. 레닌의 사후 스탈린과의 정치 투쟁에서 패배한 그는 암살의 위협을 피해 전 세계를 떠도는 신세가 되었다. 소련의 압력에 못 이긴 노르웨이가 그를 추방하자 디에고와 프리다는 멕시코에 그의 거처를 마련하기 위해 백방으로 뛰어다녔다. 1937년 1월 9일 탐피코 항에 도착한 유조선 루스에서 내린 트로츠키 부부는 프리다가 어린 시절에 살던 코요 아칸에 거처를 마련했다. 암살 위협을 당하는 트로츠키를 위해 집을 개조하고 하인들까지 붙여주었다.

이 노 혁명가와 프리다는 북적거리는 수많은 사람들 틈에서 나름

대로의 방식으로 자신의 감정을 드러냈다. 둘의 사랑에 관해서는 많은 의견들이 있다. 대표적인 것은 자신의 여동생을 유혹한 남편에 대한 복수로 그의 우상이나 다름없는 트로츠키를 유혹했다는 것이다. 하지만 사랑이라는 복잡 미묘한 메커니즘과 혁명이라는 함수는 오류를 일으켰다. 둘은 곧 제 자리로 돌아갔고, 친구 사이로 지냈다.

가장 복잡 미묘하고 폭풍 같은 이 시기 그녀는 그 어느 때보다 더 많은 그림을 그렸다. 산 앙헬에 후안 오르고만이 지어준 둘의 거처는 별도의 작업실로 이뤄졌고, 같은 모양이었지만 프리다의 작업실은 하늘색으로, 디에고의 작업실은 붉은색으로 칠해졌다. 둘은 몇 년 동안 서로에게 상처를 주는 게임을 벌였다. 그리고 그 게임은 아이러니하게도 프리다 칼로를 완성시키는 마지막 혁명이 되었다.

이 시기에 그린 '도로시 헤일의 자살'은 뉴욕을 방문 중 이던 그녀가 베니티 페어의 편집장인 클레어 루스에게 의뢰받은 그림이었다. 친구이자 여배우인 도로시 헤일의 자살을 기리기 위해 그림을 부탁했던 클레어는 완성된 그림 앞에서 할 말을 잊었다. 구름인지 안개인지 알 수 없는 회백색의 부유물들 사이로 햄프셔 하우스 스위트룸에서 투신자살한 도로시 헤어의 모습이 보였다. 그것도 처음 유리창에서 뛰어내릴 때의 작은 그림자에서부터 두 팔을 벌리고 거꾸로 떨어지는 광경. 그리고 바닥에 누운 시신까지 그려졌다. 쓰러진 시신이 흘린 피는 '몇 번 찔렀을 뿐'처럼 액자 아래쪽을 흥건하게 적셨다. 심장에 놓인 꽃 한 다발은 자칫하다가는 죽음에 대한 조롱이자 비아냥거림으로 비춰진다.

그림을 받은 클레어는 그림을 없애버릴 것을 심각하게 고려했지만 결국 남겨놓기로 했다. 이것은 아마 죽음에 대한 극명한 온도 차이를 보여주는 것이 아니었을까? 클레어가 뜨겁게 익은 마음으로 죽음을 곁눈질했다면 프리다는 차갑게 얼어붙은 현실적인 시선으로 죽음을 바라봤다.

뉴욕에서의 성공적인 전시를 마무리하고 앙드레 브루통의 초대를 받은 그녀는 파리로 갔다. 하지만 제2차 세계대전 직전의 음울한 분위기에 젖어 있던 파리는 그녀에게 환영받지 못했다. 거기다 평생 혁명가에 공산주의자를 자처하던 프리다는 맥이 빠진 것 같은 파리의 예술가들에게서 어떤 감흥도 받지 못했다. 뉴욕에서 만났던 유명한 사진작가 니콜라스 머레이에게 보낸 편지에 신랄하게 담겼다. "사랑하는 나의 닉, 나의 소년에게…"로 시작되는 편지들은 그녀의 복잡한 마음을 고스란히 담았다.

물론 파리의 예술가들은 낯설고 강렬한 그녀의 그림을 사랑했다. 피카소는 그녀에게 손모양의 귀고리 한 쌍을 선물했고, 그녀의 그림에 감흥을 받은 칸딘스키는 전시장 안에서 그녀를 포옹했다. 하지만 그것뿐이었다. 영국에서의 전시회를 취소한 그녀는 곧장 뉴욕으로 갔다가 멕시코로 돌아갔다. 연어가 태어난 고향인 강으로 돌아가는 것처럼 그녀는 니콜라스 머레이와 뉴욕과 파리를 버리고 멕시코, 그리고 디에고 리베라의 곁으로 돌아갔다.

🌸 두 명의 프리다

자, 이제 한숨 돌리고 그녀의 혁명에 대해서 이야기해 보자. 프리다 칼로는 멕시코의 대표적인 여류화가이지만 그 시기에 활동한 다른 여류화가들도 분명 존재했다. 그녀는 서구에서 초현실주의 화가로 대접받았다. 그녀의 그림들을 보면 당연히 그럴 것이다. 하지만 그녀는 자신이 멕시코의 전통적인 방식을 고수하는 예술가로 자처했다. 그녀의 그림을 혁명적으로 보는 것은 내면의 속성과 인간성의 순수한 발현을 시각적으로 표현했다는 점이다. 그녀보다 뛰어난 화가는 존재했다. 그녀보다 더 도덕적인 화가도 존재했지만 그 누구도 프리다 칼로를 뛰어넘을 수는 없었다.

그녀의 삶이 가혹하다고는 하지만 길을 걷고 있는 사람을 붙잡고 이야기를 들으면 누구나 다 가혹한 삶의 우주를 지녔다는 사실을 어렵지 않게 눈치 챌 수 있었다. 그녀는 또한 당대에 지금처럼 조명을 받지도 못했다. 그녀의 그림이 사람들의 눈에 띈 것은 60년대 페미니즘 운동이 본격화된 이후였다. 멕시코 정부가 그녀의 그림을 국보로 지정한 것은 1984년의 일이었다. 그 이전의 그녀는 화가로서의 명성보다는 디에고 리베라의 세 번째 부인―그는 평생 네 번의 결혼을 했다―이자 자유연애주의자, 양성애자로 더 명성을 떨쳤다. 물론 그녀의 진가를 알아보는 전문가 집단은 당연히 존재했지만 말이다.

그녀의 그림이 초현실주의건 아니면 꿈과 현실의 녹마른 경계인지는 불분명하다. 그녀의 그림에는 심장과 피, 상처 입은 몸이 유난히 많이 보인다. 또한 또 다른 자신이 있다거나(두 명의 프리다) 자신의 몸이 상처투성이라는 사실(부러진 척추)을 드러냈다. 양성애자라는 공격의 빌미를 줄 만한 작품도 그렸고(숲 속의 누드 혹은 대지 그 자체 혹은 유모와 나) 몸이 안 좋아지는 후기로 갈수록 죽음에 천착했다(죽음을 생각하며). 그녀가 복잡하게 비춰진다는 건 역설적으로 기억할만한 가치를 증명하는 것이다.

어떤 이는 그녀의 그림에서 비명이 들려온다고 했고, 어떤 글에서는 인간의 감정을 가장 잘 표현한 화가라고 쓰기도 했다. 비명이 들렸다는 의견에 전적으로 공감한다. 인간의 원초적인 감정들을 가장 잘 묘사했다는 찬사에도 고개를 끄덕거릴 수밖에 없다. 그녀가 페미니즘의 혜택과 은혜를 입었다는 것에도 "그렇다."라고 대답해야만 한다.

반면 그녀가 평생 디에고에게 스스로 발목이 잡힌 답답한 여인네였다는 점에도 "그래."라고 중얼거릴 수밖에 없다. 디에고가 없었다면 프리다 칼로라는 화가가 존재하지 못했다는 주장에도 '마초 같은 놈'이라는 비난을 받는다고 하더라도 동의할 수밖에 없다. 그녀의 복잡다단한 삶의 방식이 빈껍데기 같은 영혼의 고갈에서부터 왔다는 말에도 눈물을 뿌릴지언정 아니라고는 말을 하지 못한다. 이런 부정과 손가락질 역시 프리다 칼로를 이뤄내는 유전자들 중 하나일 테니까 말이다.

프리다의 삶이 그녀를 만든 것이다. 상처 입은 몸을 보면서 삶의 근원을 그려낼 에너지를 뽑아냈고, 남편의 바람기에 눈물을 흘리는 모습을 거울로 보면서 자화상을 그렸다. 낙서를 하듯 상징들을 집어 넣었고, 조롱하듯 자신을 그려 넣었다. 아참, 그녀가 자신이 초현실주의라는 말에 거부감을 느꼈다고 했던가? 하지만 그녀는 초현실주의 화가였다. 덕분에 멕시코의 다른 화가들보다 서구인들의 눈에 좀 더 잘 띄었다.

사진과 영화, 라디오와 신문이 등장하면서 아프리카에 가 보지 않고도 코끼리를 볼 수 있는 세상이 되자 상징과 은유가 더 현실적이 된 것이다. 그녀는 그런 세상 속에서 자신의 기억을 사진처럼 찍어 낸 것이다. 피 묻은 심장으로, 그리고 구멍 뚫린 가슴으로 말이다.

그녀는 그런 측면에서 유리했다. 죽음에 임박한 사고를 경험했고, 세 번이나 아이를 유산했다. 바람둥이 남편은 다른 여자들도 모자라 여동생과도 정분이 났다. 그 자신도 그에 맞서 열심히 바람을 폈지만 끝끝내 남편의 그림자에서 벗어나지 못했다. 이 극심한 모순덩어리 여인은 고통 속에서 시선을 넓혔고, 우주와 영혼을 그려냈다.

신의 손을 가진 화가도 자신의 마음속의 욕망이나 상처를 그려내지 못한다. 태양도 그릴 수 없고, 우주도 묘사할 수 없다. 글로 풀어 낼 수 없는 복잡한 심경은 물론이고, 자신의 우주를 드러내지도 못한다. 하지만 프리다 칼로는 겸손하게 그것들을 그려냈다. 이마에 그려진 또 하나의 눈이나 몸속에 심어진 부러진 기둥, 혹은 피를 토하는 태양과 피가 뚝뚝 흐르는 핏줄로 말이다.

뛰어나다는 기준은 절대적으로 제각각이겠지만 독특하다는 말로 대체한다면 그녀에게 높은 점수를 줘야하는 게 올바르다. 미술사에 관심이 있는 사람이라면 금방 눈치 챘겠지만 소제목들은 모두 그녀의 작품 이름들이다. 그녀의 작품들만큼 그녀의 혁명 같은 삶을 보여주는 것도 없으니까 말이다. 이제 다시 그녀의 힘겨운 삶으로 돌아가 보자.

❀ 짧은 머리의 자화상

파리에서의 실망스러운 전시회를 마치고 돌아온 그녀에게는 암울한 일들이 기다리고 있었다. 닉이라는 애칭으로 부를 만큼 사랑했던 사진작가 니콜라스 머레이가 다른 여인과 결혼한다는 소식에 뒤이어 디에고가 정식으로 이혼을 요구했다.

1939년 가을에 이혼을 신청한 두 사람에게 코요 아칸의 법원은 11월 6일 정식으로 이혼을 승인한다. 정치적으로도 트로츠키와 결별했고, 스페인 내전에서의 패배도 경험해야만 했다. 이 시기에 그려진 짧은 머리의 자화상은 상처를 입고 지친 그녀의 마음을 잘 표현한다. 디에고의 옷이라고 믿어질 만큼 큼지막한 남성용 정장차림—그전까지 그녀는 멕시코 전통 의상을 고집했다—의 여인이 치렁치렁한 머리를 이제 막 자른 것처럼 앉아 있다. 한쪽 손에는 가위가, 다른 한손에는 탐스러운 머리카락을 움켜쥐고 있다. 그림 위쪽에는 악보와 글씨가 적혀 있다.

"내가 당신을 사랑했다면 그건 당신 머리카락 때문이에요. 지금은 대머리가 되었으니 나는 더 이상 당신을 사랑하지 않아요."

차였으면서도 찼다는 암시를 집어 넣은 건 그녀답다. 하지만 특징적인 갈매기 눈썹을 그려 넣은 얼굴에 한바탕 울고 난 다음의 서글픔이 엿보이는 건 착각일 뿐일까?

두 사람의 전쟁은 끝이 났지만 세계는 그들의 전쟁을 시작했다. 나치의 폴란드 침공을 시작으로 전쟁의 불길은 유럽의 예술을 잿더미로 만들었다. 이혼의 여파 탓인지 아니면 그녀는 척추 때문인지 그녀는 다시 고통을 겪는다. 주치의인 엘로서 박사는 그녀에게 무려 20킬로그램에 달하는 보정기구를 입혔다. 삶의 무게에 비하면 턱없이 가볍기는 했지만 그녀의 상태는 점점 악화되었다. 척추가 아픈 게 아니라 마음이 아픈 것이었다.

결국 그녀는 해독제를 찾아 샌프란시스코로 향했다. 그즈음 트로츠키의 암살을 시도했다는 혐의를 받고 간신히 미국으로 탈출한 디에고는 자신의 쉰 네 번째 생일인 1940년 12월 8일 프리다에게 두 번째 청혼을 한다. 그녀는 결혼 조건으로 잠자리를 같이 하지 않는 것과 자신이 생활비를 모두 충당하겠다는 조건을 내걸었다. 그리고 디에고는 조건을 승낙했다. 이 기묘한 결혼은 둘의 영혼에 휴식을 주었다. 다음 해 4월 그녀의 아버지 기예르모 칼로가 심장마비로 사망하자 두 사람은 그녀의 고향인 코요 아칸의 집으로 돌아온다. 산 앙헬의 집은 디에고의 작업실로 계속 사용했다.

모든 것이 평온해 보였지만 이후 그녀의 삶은 내리막길을 걷는다. 마음의 안식을 얻자마자 마치 봇물 터지듯 몸이 고장 나기 시작한 것이다. 물론 미국에서 얻은 명성이 고스란히 옮겨오면서 작가로서의 입지는 탄탄해졌다. 제2차 세계대전의 여파로 우익 정권이 집권했지만 그녀는 더 이상 공산주의자라는 손가락질을 받지 않았다. 미술학교의 교수로 초빙되었고, 각종 위원회의 명단에 이름이 올라갔다. 1946년 9월에는 벨라스아르테스 예술전당에서 열린 전시회에서 '모세'라는 작품으로 특별상과 함께 5천 페소의 상금을 받았다. 시상식에 참석한 그녀는 수술 후유증으로 힘들어 했다.

그녀의 건강은 하루가 다르게 나빠졌다. 수술대나 침대에 누워서 보내는 시간이 점점 늘어나면서 그림도 점점 거칠어졌다. 후기의 그림들은 주로 테이블에 놓인 과일들이었고, 그나마 프리다 칼로의 작품이라는 타이틀이 아니라면 별 볼일 없는 수준까지 떨어졌다. 1950년 병균에 감염된 오른쪽 발가락을 절단해야 했으며 점점 더 쇠약해지는 척추를 지켜내기 위해 수차례 수술을 거듭해야만 했다.

그녀의 친구이자 사진작가인 알바레스 브라보는 자신이 소유한 국립 현대미술관에서 그녀를 위한 전시회를 기획한다. 침대에 누운 채 전시회에 참여한 그녀는 사람들의 축하 속에서 잠시나마 기쁨을 누렸다. 성공적인 전시회에 쏟아지는 찬사들 중에 가장 인상 깊었던 비평은 호세 모레노 비야라는 비평가가 남겼다.

"그녀의 독특한 삶은 작품과 분리할 수 없다. 프리다 칼로의 작품은 곧 프리다 칼로의 자서전이다."

❀ 상처 입은 사슴

자신을 화살에 맞아서 피를 흘리며 죽어가는 상처투성이 사슴으로 묘사한 그림처럼 그녀는 차츰 죽어갔다. 1953년 8월 결국은 오른쪽 다리의 무릎 아래를 절단해야만 했다. 어린 시절 척추와 골반이 부러지는 부상에도 견딘 그녀는 사라진 다리가 못내 아쉬웠을까?

"날 수 있는 날개가 있는데 다리가 없는 게 무슨 걱정이야."

당당함도 저물어가는 인생을 이겨낼 수 는 없는 법. 그녀는 급속도로 망가져갔다. 그림도, 그리고 마음도.

그녀는 어린아이처럼 제멋대로 굴었고, 짜증을 냈지만 남편인 디에고 리베라는 묵묵하게 받아주었다. 1954년이 되면서 그녀의 병세는 끝이 보일 정도로 안 좋아졌다. 그러다가 꺼져가는 촛불이 마지막 빛을 환하게 밝히는 것처럼 6월이 되자 병세가 호전되었다. 같은 달 2일 그녀는 주치의가 만류하는데도 불구하고 과테말라의 아르벤스 대통령을 축출한 쿠데타에 항의하는 집회에 참석한다. 그날 내린 차가운 비가 그녀의 남은 삶을 먹어치웠다. 죽음을 직감한 그녀는 1942년부터 쓰기 시작한 일기장의 마지막에 다음과 같은 글귀를 적었다.

"이 외출이 행복했으면, 그리고 다시 돌아오지 않았으면…."

운명의 날이 심장처럼 다가오던 7월 12일 그녀는 남편에게 반지를 하나 선물했다. 두 사람의 첫 번째 결혼 25주년을 미리 축하한 것이다. 왜 먼저 주는 것이냐는 물음에 그녀는 그날까지 살 수 없을 것 같다는 건조한 대답을 들려주었다. 다음 날인 13일 새벽 극심한 고통을 호소하던 그녀는 눈을 감았다. 그녀의 나이 47세였고, 생일을 7일 지난 다음이었다. 눈을 감은 곳은 그녀가 태어난 곳인 코요 아칸의 카사 아술이었다.

프리다 칼로라는 이름을 남기다

그녀의 시신은 사망한 그날 오후에 벨라스아스케스 예술전당에 안치되었다. 수많은 추모객들이 그녀와 마지막 작별인사를 하기 위해 찾아왔다. 그녀의 시신이 들어 있는 관은 공산당을 상징하는 낫과 망치가 그려진 붉은 깃발로 덮여졌다. 당초 그녀의 시신을 안치하는 조건으로 일체의 정치적인 색깔을 배제하기로 했던 약속이 어긋난 것이다.

디에고 리베라는 깃발을 치우라는 명령을 거부했다. 자칫하다가는 폭동이 일어날 수도 있었기 때문에 붉은 깃발은 치워지지 않았다. 다음 날 오후 남편과 친구들의 어깨에 실려서 운구차에 실린 그녀의 시신은 돌로레스에 있는 자그마한 민중 묘지에서 화장되었다. 그녀가 화장되는 동안 추모객들은 인터내셔널가를 불렀다. 슬픔에 젖은 디에고가 그녀의 재를 한 움큼 집어서 먹었다는 이야기가 전해져 온다.

그녀의 탄생과 죽음을 품었던 카사 아술은 국가에 기증되었다. 이 곳은 현재 미술관이 되어서 지나가는 사람들의 발길을 받아들이고 있다.

1954년 네 번째 아내라는 말로는 설명이 부족한 프리다 칼로가 사망하면서 디에고 리베라는 급격히 쇠약해진다. 1955년 6월 29일 예전부터 알고 지냈던 엠마 우르타도와 다섯 번째 결혼을 감행한다. 식인귀는 아직 죽지 않았다는 치기 어린 행동이었을는지 프리다 칼로가 죽기 전에 엠마에게 그를 보살펴달라고 했던 디에고의 주장 때문인지는 알 수 없다. 신병 치료를 위한 짧은 모스크바 방문을 마치고 돌아온 그는 멕시코를 여행하면서 화폭에 풍경을 담아냈다. 1957년 11월 24일 그는 프리다처럼 생일을 며칠 앞두고 산 앙헬의 작업실에서 뇌일혈로 사망한다. 71년을 살았고, 다섯 번 결혼했으며 두 명의 딸을 낳았다. 여성과 명예를 탐닉했으며 공산주의자를 자처했지만 탈당과 복귀를 거듭했다. 어쩌면 프리다 칼로보다 더 복잡한 이 괴물은 멕시코 미술사에 지울 수 없는 흔적을 남겨 놓았다.

09
조피 숄
Sophie Scholl

1943년 2월 18일 목요일 독일 뮌헨 대학 대강당

하얀 종이들이 홀 안에 꽃잎처럼 떨어졌다. 2층 난간에 선 조피 숄은 가방을 거꾸로 들고 안에 든 전단지를 쏟았다. 강의를 끝난 교수들과 학생들이 전단을 볼 수 있도록 하자는 오빠 한스의 의견에 동조한 그녀가 전단이 든 가방을 들고 학교로 온 것이다.

두 사람은 강의실 복도와 계단에 전단 뭉치를 놔두고 남은 전단을 홀에 뿌렸다. 전단을 거의 다 뿌릴 무렵 강의가 끝났다는 벨 소리와 함께 문이 열렸다. 낭패스러운 상황에 부닥친 것이다. 그녀는 아직도 아래층 강의실을 뛰어다니며 전단을 뿌리고 있던 오빠에게 소리쳤다.

"오빠. 그만해."

그 순간 복도 끝 계단으로 누군가 헐레벌떡 올라오는 것이 보였다. 갈색 셔츠에 멜빵 바지 차림의 중년 사내는 단숨에 그녀에게 달려와서 소리쳤다.

"꼼짝 마. 널 체포한다."

한 손으로 그녀의 팔뚝을 움켜잡은 그는 아래층에 대고 소리쳤다.

"문 다 잠갔으니까 도망칠 생각은 버려. 공범도 잡았다."

한스는 전단을 양손에 쥔 채 위쪽을 올려다봤다. 그리고는 어깨를 한번 으쓱거리고는 웅성대며 몰려드는 학생들과 교수들에게 전단을 나누어줬다. 그런 한스를 내려다본 조피도 가방에 남은 전단지를 힘껏 뿌렸다. 하얀 종이들이 펄럭거리며 교수와 학생들의 머리 위로 떨어졌다. 잠시 후 수위들이 한스를 붙잡았다.

두 사람은 학장실로 끌려갔다. 그녀와 한스를 잡은 수위에게 보고를 받은 학장은 일말의 망설임도 없이 테이블의 전화기를 집어들었다. 두 사람에게서 등을 돌린 학장은 게슈타포라는 단어를 속삭였다. 통화를 마친 학장은 수위들에게 두 사람을 잘 지키라고 말하고는 밖으로 나갔다. 한스와 조피는 손을 꼭 잡은 채 의자에 앉았다.

몇 분 후 검은 코트에 중절모를 쓴 사내들이 학장실 문을 박차고 들어왔다. 기세등등하게 두 사람을 노려보던 수위들은 일제히 발뒤꿈치를 붙이고 오른손을 들어 올렸다. "하일 히틀러!"라는 우렁찬 경례소리에 흡족한 표정을 지은 사내들은 한스와 조피를 가리키며 이들이 맞느냐고 물었다.

"맞습니다. 이들이 불온한 내용이 적혀 있는 전단을 돌린 반역자들입니다."

맨 처음 조피를 잡은 수위가 가증스럽다는 눈길로 두 사람을 쳐다보며 대답했다.

"너희가 정말 백장미단이냐?"

미심쩍어하는 게슈타포에게 한스가 대답했다.

"맞아요. 내가 백장미고, 애는 제 여동생인데 오늘 처음 데리고 왔습니다. 앤 아무것도 몰라요."

그녀는 한스가 자신의 손을 꽉 움켜잡으며 대답하는 소리를 들었다. 아마 여동생을 지켜주려는 배려 같았다. 그녀는 활짝 웃으며 고개를 저었다.

"아니요. 저도 처음부터 같이 행동했어요. 제가 백장미에요."

"아무튼, 두 사람 다 게슈타포 본부로 연행하겠다. 얌전히 따라와."

밖으로 끌려나온 한스가 그녀에게 말했다.

"왜 그랬어?"

"나도 백장미니까, 아니 우리가 백장미잖아."

강당 밖에는 검은색 메르세데스 벤츠 두 대가 나란히 서 있었다. 뒤쪽 차량에 태워진 두 사람은 눈이 가려졌다. 잠시 후 부릉거리며 차가 출발했다. 바깥까지 따라나온 수위가 멀어져가는 차를 향해 외쳤다.

"총통의 뜻을 거스르는 반역자들은 반드시 죄의 대가를 치를 것이다! 하일 히틀러!"

❀ 체포

　두 사람이 끌려간 곳은 뮌헨의 악명높은 게슈타포 본부인 비텔스 바흐 궁이었다. 지하로 끌려간 조피는 몸수색을 당하고 작은 독방에 갇혔다. 천정에 매달린 작은 전구만이 어둠을 쫓아낼 뿐이었다. 축축한 짚이 깔려진 침대에 살짝 앉은 그녀는 조용히 눈을 감았다. 잠시 후 녹슨 철문이 열리는 소리에 눈을 뜬 그녀는 어둠을 등진 사내와 눈이 마주쳤다. 무시무시할 것이라는 선입견과는 달리 동그란 안경을 쓴 땅딸막한 사내는 평범한 이웃처럼 보였다.

　"조피 숄?"

　사내의 물음에 그녀는 대답 대신 고개를 끄덕였다. 사내는 따라오라는 말을 남기고는 사라졌다. 침대에서 일어난 그녀는 천천히 걸어나갔다. 습기에 찬 복도를 지나 짧은 계단을 올라간 사내는 검게 칠해진 창살 달린 철문을 열고 안으로 들어갔다. 뒤따라온 경비가 보이는 무언의 재촉에 그녀는 반쯤 열린 철문으로 들어갔다. 아까 갇혀 있던 독방보다 조금 더 넓은 방 안에는 나무 탁자 하나와 의자 두 개, 그리고 전화기 하나가 전부였다.

　안쪽 의자에 앉은 사내가 맞은편 의자를 가리켰다. 조심스럽게 의

자에 앉은 그녀는 가지런히 모은 무릎 위에 두 손을 올렸다. 누군가
와 마주치자 잠깐의 두려움이 거짓말처럼 가셨다.

"난 로베르트 모어다. 널 조사하라는 명령을 받았지. 아까 보고를
받고 좀 얼떨떨했다. 정말 너희가 백장미단이냐? 학생 시절에는 누
구나 다 반항해 보고 싶을 때가 있긴 해. 나도 그랬으니까, 하지만
이건 크리스마스 때 교회 유리창에 눈 뭉치를 던지는 거나 못된 이
웃집 마당에 죽은 쥐를 던져 놓는 것과는 차원이 달라. 국가사회주
의를 모독하거나 비방하는 내용의 전단을 유포 내지는 소지하는 자
는 국가 반역죄에 따라 처벌을 받는다. 일반 법정이 아니라 특별 민
족 재판소에서 말이야."

"전 스물두 살이에요. 뭐가 옳고 그른지 정도는 알 수 있는 나이
죠. 전 죽음 따윈 겁 안 나요."

"넌 여자니까 죽을 필요 없어. 그냥 오빠가 시킨 대로 했고, 오빠
는 또 누군가의 꼬임에 빠져서 그런 거잖아. 그냥 시킨 대로 했다고
해."

"아니요. 전 그러지 않을 겁니다. 처음부터 함께 일을 했고, 전단
의 내용도 제가 썼어요."

"맙소사. 조피. 고집 부리지 말고, 그냥 사실대로만 털어놔 봐."

"난 진실을 알렸을 뿐이에요. 그게 전부에요. 배후도 없고, 주동자
도 없어요. 우리가 모두 백장미에요."

지루한 말싸움은 똑똑 거리는 소리와 함께 잠깐 중단되었다. 검은
색 제복을 입은 친위대원이 서류철을 하나 들고 와서는 탁자에 얌전
히 내려놓고 나갔다. 신경질적인 손길로 서류철을 열어젖힌 로베르

트 모어는 눈살을 찌푸렸다.

"어린 나이에는 히틀러 유겐트 활동을 열심히 했군. 어쩌다가 이렇게 된 거야?"

"제 인생에서 가장 수치스러운 시기였어요. 지도자라는 사기꾼이 심은 거짓 환상에 속았어요."

"좋아. 너랑 말싸움할 생각은 전혀 없다. 여기 종이랑 연필을 놓고 가마. 태어나면서부터 지금까지 어떻게 지냈는지 빠짐없이 적어라. 속일 생각은 하지 않는 게 좋을 거다."

서류철에서 꺼낸 종이와 연필을 탁자에 놓은 그가 일어서서 밖으로 나갔다. 꽝 소리가 나며 닫힌 철문의 창살 너머로 친위대원의 근엄한 얼굴이 보였다. 종이와 연필을 자기 쪽으로 끌어당긴 조피는 잠시 숨을 골랐다.

❀ 자술서

나 조피 숄은 1921년 5월 9일 슈바벤의 작은 마을 포르흐텐베르크에서 태어났습니다. 아버지 이름은 로베르트 숄, 어머니 이름은 막달레나입니다. 어머니의 결혼 전 성은 뮬러입니다.

아버지는 1891년 마인하르트발트라는 작은 마을에서 태어나셨습니다. 11남매 중 다섯째로 가난한 농부의 자식이었습니다. 다행히 총명했던 아버지는 국립 행정학교를 졸업하고 공무원 시험에 합격해서 공무원이 되셨습니다. 제1차 세계대전이 터지자 루트비히스부르크의 야전 병원에서 위생병으로 복무하셨습니다. 그리고 그곳에서 어머니를 만나셨습니다.

아버지보다 열 살 연상인 어머니는 제가 태어난 포르흐텐베르크의 한 제화공 집안에서 태어나셨습니다. 초등 교육을 마치고 다른 일을 하다가 간호사가 되신 어머니는 전쟁이 터지자 아버지가 배치받은 곳으로 파견되셨습니다. 두 분은 만나자마자 첫눈에 사랑에 빠졌다고 우리한테 자랑스럽게 말씀하셨습니다. 아버지는 전쟁이 끝나자 어머니의 고향인 포르흐텐베르크의 시장으로 선출되셨습니다.

우리 형제는 모두 6명으로 큰언니 잉에는 1918년에, 큰오빠 한스는 1919년에 태어났습니다. 둘째 언니 엘리자베스는 1921년에 태어났는데 우리끼리는 그냥 리즐이라고 불렀습니다. 다음 해인 1922년에 제가 태어났고, 또 다음 해에는 남동생인 베르너가 태어났습니다. 1925년에는 막내 여동생인 틸데가 태어났는데 다음 해 겨울에 그만 홍역에 걸려서 목숨을 잃고 말았습니다. 그 외에 에른스트라는 남자 아이가 있었는데 아이의 집안이 어려워서 대부였던 아버지가 데리고 왔습니다.

1929년 시장자리에서 물러나신 아버지는 슈투트가르트의 한 회사에 취직하셨고, 우리는 루트비히스부르크로 이사를 하였습니다. 우린 모두 그곳에서 학교에 다녔습니다. 1932년 아버지는 울름에 있는 회계사 사무실로 옮기셨고, 우리 가족들은 다시 이사를 하여야만 했습니다. 그리고 거기에서 처음 나치당과 아돌프 히틀러라는 존재에 대해서 들었습니다.

평화주의자였던 아버지는 반대 의사를 분명히 밝혔지만 오빠 한스는 히틀러를 옹호했습니다. 미국에서 시작된 경제 위기 덕분에 독일은 큰 어려움에 빠져 있고, 그걸 해결할 수 있는 건 오직 히틀러밖에는 없다고 말이죠. 그러자 아버지는 이렇게 말씀하셨습니다.

"틀렸다. 한스. 그는 우리 독일 민족을 멸망의 구렁텅이로 밀어 넣고 말 거야."

어쨌든 당시 아무것도 몰랐던 우리 자매들은 혜성처럼 등장한 히틀러와 국가 사회주의 노동자당에 큰 기대를 걸었습니다. 우리는 남들보다 뒤처지면 안 된다는 어린 마음에 새로 만들어진 히틀러 유겐트에 들어가려고 애를 썼습니다. 학교는 점점 변해갔고, 길거리에서는 유대인을 욕하는 구호가 울려 퍼졌습니다. 수치스럽게도 그땐 정말 아무것도 몰랐습니다.

1933년 큰오빠 한스가 히틀러 소년단에 큰언니 잉에는 히틀러 소녀단에 가입했습니다. 가입하려는 사람들이 너무 많아서 울름 시내에 있던 소년단 사무실은 유리창이 깨질 정도였습니다. 소년단은 건강한 독일의 젊은이를 길러 낸다는 명목으로 야영과 야외 활동을 적극적으로 권장했습니다. 단원들은 자전거를 타거나 도보로 여행을 떠나고 텐트를 치고 모닥불을 피우면서 야영을 했습니다. 적극적으로 활동하던 오빠 한스는 간부로 선출되었습니다.

저는 1934년에, 남동생 베르너도 1935년에 히틀러 소년단원이 되었습니다. 처음에는 열심히 활동했습니다. 몇 번 이사하면서 친구를 사귈 기회가 없었는데 소녀단 안에서는 너무나 쉽게 친구들을 만날 수 있었거든요. 오빠 한스는 열심히 활동을 하면서 내내 아버지와 다퉜습니다. 한스는 소년단에서 배운 대로 히틀러가 독일 민족의 구원자가 될 거라고 자신 있게 말했죠. 아버지는 그가 반대세력들을 탄압하고 전쟁 준비를 하고 있다고 비난했습니다. 학교는 점점 변해 갔고, 길거리에는 유대인들의 모습이 사라졌습니다. 하지만 우린 아무것도 몰랐습니다.

변화의 조짐은 1935년 큰오빠 한스가 울름의 히틀러 소년단 대표로 뉘른베르크에서 열린 나치 전당대회에 참석하고 돌아온 이후부터였습니다. 의기양양하게 떠났던 오빠는 풀이 죽은 채 돌아왔고, 가족들은 그 이유를 몰랐습니다. 하지만 오빠는 그때부터 히틀러 소년단과 조금씩 멀어졌고, 아버지의 말씀에 귀를 기울였습니다.

1936년 부활절 축제 때 큰 사건이 터졌죠. 오빠는 자신의 중대에 독특한 깃발을 사용했는데, 새로 임명된 소년단 간부가 그걸 사용하지 못하게 윽박지른 겁니다. 격분한 오빠는 간부의 뺨을 때렸고, 그 일 때문에 소년단 중대장직에서 해임되었습니다. 해임 처분을 받고 돌아온 날 오빠는 저에게 홀가분하다고 말했습니다. 그리고 곧 군에 입대했습니다.

그 즈음에는 저 역시 히틀러가 독일 국민을 속이고 있다는 사실을 깨달았습니다. 1937년 11월 악명 높은 비밀경찰 게슈타포가 우리 집에 왔습니다. 그들은 일기장을 뒤지고 책장을 함부로 어지럽혔죠. 그리고는 저와 큰언니 잉에, 그리고 남동생 베르너를 체포해서 울름시 경찰서로 끌고 갔습니다.

한스 오빠와 가깝게 지내던 학생들도 잡혀 왔고, 오빠도 군대에서 끌려왔습니다. 전 나이가 어린 여자 아이라고 곧 풀려났지만, 나머지 사람들은 재판을 받고 감옥에 가야 한다는 무시무시한 말을 들었죠. 아버지는 한스 오빠에게 용기를 내라고 말씀하시고는 석방을 위해 백방으로 뛰어다니셨습니다. 아버지의 노력 덕분인지 오빠는 곧 가석방으로 풀려났습니다.

저는 명백하게 깨달았습니다. 지도자가 독일 국민을 행복하게 해 주겠다는 명백한 거짓말을 일삼는 위선자라는 사실을요. 우리 집안은 범죄자로 낙인이 찍혔고 소외되었지만 나쁘지 않았어요. 지금껏 살아오면서 쌓아왔던 모든 인간관계가 모두 허물어졌지만 우린 결연히 맞서 싸우기로 했습니다. 독일은 점점 전쟁 준비에 몰두했고, 다시 파멸의 길로 접어드는 것이 보였지만 사람들은 환상에 젖어 있을 뿐이었죠.

무사히 복무를 마치고 제대한 한스 오빠는 의과 대학에 진학하기로 했습니다. 그해 11월 7일 프랑스에서 헤르셀 그린슈펀이라는 유대인 청년이 에른스트 폼 라트라는 독일 대사관 직원을 총으로 저격한 사건이 벌어졌습니다. 나치는 이 우발적인 사건을 유대인 탄압의 도구로 이용했습니다. 폭도로 변한 시위대가 유대인들이 운영하는 상점과 예배당인 시나고그를 불태웠습니다.

단지 분노한 국민의 자발적인 행동이라고 우길 생각은 하지 마세요. 전 횃불을 들고 시위대를 이끄는 나치들을 봤어요. 그때 부순 유대인 상점들의 유리창들이 깨지면서 수정처럼 빛났다고 해서 '깨진 수정의 밤'이라는 이름이 붙여졌죠. 하지만 깨진 건 독일의 존엄성입니다.

히틀러는 독일을 점점 전쟁의 구렁텅이로 몰아넣었습니다. 체코를 집어삼킨 다음에는 폴란드를 노렸죠. 전쟁은 당연시되었고, 이번에야말로 지난 전쟁의 복수를 할 수 있다고 믿는 분위기가 역력했습니다. 아버진 이번 전쟁은 지난번처럼 쉽게 끝날 것 같지 않다고 몹시 불안해하셨습니다. 1939년 9월 1일 독일은 폴란드를 침공했습니다. 전쟁은 손쉽게 승리로 끝났고 사람들은 열광했습니다.

전 이해할 수가 없었죠. 인간이 인간을 죽이는 일에 왜 박수를 보내고 환호해야 하는지, 다른 나라를 침략한 조국을 왜 자랑스러워해야 하는지 말입니다. 전 대학 입학 자격시험 준비를 하면서 내내 고민했어요. 어떻게 해야 이 잘못된 일들을 세상에 알릴 수 있는지 말에요. 히틀러는 폴란드에 만족하지 못하고 덴마크와 노르웨이를 침공했어요. 전 그 다음 달인 5월에 프뢰벨 전문학교에 입학했습니다. 무엇보다도 대학에 입학하기 위해 의무적으로 치러야 했던 6개월간의 노동봉사를 피하기 위해서였죠.

❀ 심문

그녀가 여기까지 썼을 무렵 다시 문이 열리고 아까 그 게슈타포가 들어왔다. 그녀가 잠자코 종이를 내밀자 확 낚아챈 그는 천천히 자술서를 읽어 내려갔다. 그리고는 옆구리에 끼고 온 책들을 그녀 앞에 던졌다.

"네 동료의 집에서 찾아낸 것들이다. 토마스 만, 하인리히 하이네, 배신자와 유대인들이 쓴 책들이다. 그리고 우표들이 잔뜩 있더구나. 불온 선전물을 받았다고 신고한 시민이 가져온 봉투에 붙은 것들과 같은 우표 말이다."

"말씀드렸잖아요. 늦기 전에 사람들에게 진실을 알리고 싶었어요."

"진실? 진실은 너희같이 나약한 대학생들이 멋모르고 설치는 사이에 다른 독일의 젊은이들이 조국을 위해 죽어간다는 점이다."

"소련땅에서죠. 남의 나라를 침략하고서는 뻔뻔스럽게 조국을 위해서라는 말을 하다니, 역겨워요."

"너랑 말싸움할 생각은 없다. 숨길 이유가 없다니까 어떻게 해서 이런 음모를 꾸미게 되었는지 말해봐."

"좋아요. 잘 들으세요. 거기 자술서에 쓰지 못한 부분부터 말씀드리죠. 어떻게든 노동봉사를 피하고자 입학한 전문학교를 졸업했지만 결국 소용이 없었죠. 6개월간의 끔찍한 노동봉사를 마치고 블룸베르크란 작은 마을에 있는 유치원에서 추가된 노동봉사를 하게 되었어요. 힘들었지만 틈틈이 성당에서 혼자 기도를 하면서 위안을 삼았죠. 작년 3월에 모든 노동봉사를 마치고 고향으로 돌아왔어요. 오빠가 다니고 있던 뮌헨 대학에 들어갈 계획이었죠. 가족들은 제가 그림에 소질이 있다며 미술을 전공하는 게 좋겠다고 했지만 전 철학을 선택했어요."

"쓸데없는 얘기는 빼고 요점만 말해. 어떻게 해서 백장미단에 가입하게 된 거지?"

"뮌헨에 도착해서 의대생이 된 오빠를 만나고, 오빠 친구들과도 인사를 나누게 된 게 계기였어요. 오빠 친구 중에는 암묵적으로 나치에 반대하는 사람들이 많았고, 자연스럽게 저항의 방법을 모색하게 되었죠."

"모이는 장소가 주로 만프레드 아이케마이어의 작업실이었지. 거기서 타자기를 찾아냈다."

"빠르시네요. 아무튼, 오빠가 참여하던 독서모임은 그 문제를 놓고 심각하게 토론을 벌였어요. 저항을 해야 할지, 하게 된다면 어떤 형태로 하게 될지 말이죠. 상황이 안 좋으니까 포기하자는 사람도 있었고, 동참을 거부하는 이도 있었죠. 그러다가 폴란드 전선에 참전했던 아이케마이어가 그곳에서 친위대가 유대인들을 조직적으로 학살하고 있다는 사실을 털어 놓았어요. 가만히 듣고 있던 오빠는 그냥 있을 수 없다면서 분개했죠."

"왜 가만히 있다가 갑자기 그런 발언을 하게 된 거지."

"죄책감 때문이죠. 당신들에게 속아서 나쁜 짓을 했으니 그렇게 해서라도 죗값을 치르고 싶은 심정이었겠죠. 아무튼, 오빠는 저항을 결심하고 행동에 옮겼습니다. 사람들에게 나치의 실상을 폭로하는 전단을 보내기로 한 거죠."

"그래, 덕분에 게슈타포 본부가 발칵 뒤집혔지. 우린 로자 룩셈부르크나 스탈린을 추종하는 공산당의 잔당 소행인 줄로만 알았다. 전단을 만들고 배포할 자금은 아마 부유했던 알렉산더 슈모럴이 조달했겠지?"

"우린 그를 슈릭이라고 불렀어요. 1942년 여름에 처음 배포된 백장미단의 전단을 보고 처음에는 안도감을 느꼈어요. '누군가 나와 같은 생각을 하는 사람이 행동하고 있구나'라고요. 근데 전단 내용을 꼼꼼히 읽다 보니까 어쩐지 잘 아는 사람이 썼을 것 같다는 생각이 들었죠."

"그게 오빠 한스니?"

"네, 독일의 재앙이라는 말은 총통에게 오빠가 자주 쓰던 얘기였으니까요. 그날 저녁에 물어보니까 처음에는 딱 잡아뗐어요. 하지만 전 끈질기게 물어봤고 결국 오빠는 자기가 쓴 전단이라고 인정했어요."

"자기가 아니라 우리겠지. 지금 후버 교수랑 테어도어 해커도 체포되었다. 그러니까 누구를 감싸줄 생각은 하지 않는 게 좋아."

모어의 말에 조피는 두 손으로 머리를 감싸 안았다. 그리고는 잠시 후 담담하게 말을 이어갔다.

"동조자들은 뜻밖에 많았어요. 그해 가을에 잠깐 울름에 있는 집에 갔다가 다시 뮌헨으로 돌아왔어요."

"그래 몇 달 동안 잠잠하던 유인물이 다시 배포된 게 겨울이었지."

모어는 미소를 지으며 조피를 쳐다봤다.

"사실 올 1월에 있었던 나치 뮌헨 가울라이터(대관구 지도자) 파울 기슬러의 연설이 기폭제가 되었죠. 맙소사, 그 쓰레기 같은 작자가 무슨 말을 했는지 알죠?"

"여학생들한테 모욕적인 말을 했다는 건 인정해. 그래서 다음번에 직접 사과했잖아."

"아무튼, 전 그 자리에서 희망을 봤어요. 학생들은 손에 손을 잡고 눈을 부릅뜬 친위대와 맞섰죠. 오빠는 지난번보다 많은 전단을 만들어서 배포하기로 했어요. 지난번 전단 내용이 너무 어렵다는 말을 듣고 좀 더 쉽게 고쳐 썼고요."

"읽어봤다. 우리 쪽은 아마 후버 교수가 글을 봐준 게 아닌가 하고 의심하는 중이다."

"아무튼, 전단을 완성하고 배포하는 일은 아슬아슬하면서도 재미있었어요. 우편으로 보내는 것 말고도 기차역이나 공원 벤치에 갔다 놨어요. 아파트 우편함에 꽂아 넣기도 했고요."

"밤중에도 뿌렸잖아. 거기다 시내 여기저기에 불온한 내용의 낙서도 그렸지?"

"맞아요. 이번 달 3일에 스탈린그라드에서 제6군이 전멸당한 이후에 새로 전단을 만들어서 우편으로 발송했어요."

"덕분에 며칠 동안 집에도 못 가고 꼬박 밤을 새워야만 했다. 시내 여기저기에 낙서를 해대는 바람에 순찰도 늘려야 했고 말이다."

"그리고 며칠 동안은 오빠도 그렇고 저도 기분이 좋았어요. 그런 거 있잖아요. 막연한 기대감. 해냈다는 황홀함 같은 거요."

"그래서 어이없는 실수를 한 거지. 잘 나가던 범죄자가 종종 벌이는 실수란다. 한스의 외투에서 전단 내용을 적은 쪽지를 발견했다. 잘게 찢기기는 했지만 우린 그런 쪽 전문가들이 많아. 곧 공범도 체포될 거야."

"우린 범죄자가 아니에요. 사실 좀 방심하긴 했어요. 늦게 일어나 식사하면서 남은 전단을 어떻게 처리해야 할지 상의했죠. 그냥 학교에 뿌리는 게 좋겠다고 해서 좋다고 했어요. 가방에 넣고 와서는 홀에 뿌렸죠. 다음 생애에도 이런 일이 벌어진다면 전 망설이지 않겠어요."

"현행법 위반이야. 그리고 너희가 그렇게 욕하는 총통은 합법적인 독일의 지도자고 말이다. 열정은 이해하지만 잘못된 방향이었고 무모했다."

"그 지도자란 사람이 전 세계를 상대로 전쟁을 벌이고 있어요. 스탈린그라드에서 무려 30만이나 되는 독일 젊은이들이 희생당했어요."

"그건 제6군 지휘관인 파울루스 원수의 잘못된 지휘 때문이었지. 그리고 거기에서 졌다고 전쟁에서 패배한 것도 아니야. 우린 아직 이기고 있단다."

"언제까지 이길 수 있을 것 같아요? 길어봤자 2년이에요."

"우리가 패하길 바라다니 독일 국민이 맞는 거니?"

"우리가 아니라 나치가 패하는 거죠."

"나치와 독일은 공동운명체다. 만약 어느 한 쪽이 패배한다면 다른 한쪽도 마찬가지야. 너희는 반역죄로 특별 법정에 설 것이다. 롤란드 프라이슬러 판사가 지금 베를린에서 오고 있다. 신을 믿고 있다면 기도해라. 조피."

"당신을 위해서도 기도할게요."

서류들을 주섬주섬 챙기던 로베르트 모어는 잠시 주저하고는 고개를 끄덕거렸다. 그리고는 밖으로 나갔다. 굳게 닫힌 철문을 바라보던 조피는 참았던 한숨을 깊게 내쉬었다.

❀ 재판, 1943년 2월 22일 월요일

"피고인들은 자신들이 자랑스러운 독일 국민이라는 사실을 망각한 채 끔찍한 반역 행위를 저질렀다. 그것도 최고의 지성이라는 대학생들이 말이다. 지금이 어떤 시기인가? 저 동방의 훈족들이 우리 아리아인종을 호시탐탐 노리는 이때, 후방의 대학생들이 불온한 전단을 돌리고 낙서를 했다. 이는 유대인들과 공산주의자들의 파업과 선동으로 등 뒤의 칼을 꽂은 것과 다름없다. 판사는 이에 대해 즉각적인 엄벌을 내림으로서 잘못된 사상을 뿌리 뽑고 우리 독일 민족의 순수성을 증명하고자 한다. 하일 히틀러!"

장광설을 터트리며 자리에서 벌떡 일어난 롤란드 프라이슬러 특별 법정 판사가 나치식 경례를 했다. 법정 안에 있던 배심원들과 검사, 방청객들까지 자리를 박차고 일어나서는 "하일 히틀러!"를 외쳤다. 흡족한 표정의 판사는 자리에 앉으며 세 사람을 쳐다봤다.

"너희 같은 반역자들에게는 이런 자리조차 사치스럽다. 나 롤란드 프라이슬러 독일 민족 특별 법정 판사는 국가반역죄와 국가사회주의 체제 전복죄를 저지른 저 세 사람에게 참수형을 선고한다. 오늘 해가 떨어지기 전 처형을 집행한다."

법정 한구석에서 쿵 하는 소리가 들렸다. 고개를 돌린 조피는 어머니 막달레나가 의식을 잃고 기절하는 모습을 지켜봤다. 애써 눈물을 참던 아버지는 몰려드는 법정 경위들 사이로 불끈 쥔 주먹을 치켜들었다.

"내 아이들은 아무 죄가 없다. 진실이 내 아이들에게 무죄를 선고할 것이다. 한스! 조피! 사랑한다. 절대 용기를 잃지 마라."

아버지와 쓰러진 어머니까지 끌려 나가자 법정은 다시 조용해졌다. 한스와 크리스토프 프롭스트를 조용한 눈으로 쳐다보던 그녀가 판사석을 향해 입을 열었다.

"할 일을 다 끝내셨으면 잠깐만 우리 얘기에 귀를 기울여주시겠습니까?"

"너희 같은 반역자들의 얘기는 듣고 싶지 않다!"

"하지만 들으셔야 합니다. 처음 전쟁을 시작할 때 한 달이면 끝난다고 얘기했죠? 올해 벌써 4년째입니다. 우리가 이기고 있다고 했죠? 스탈린그라드의 제6군은 지금 어디 있습니까? 영국이 항복했나요? 롬멜 장군은 카이로를 점령했습니까?"

"그만! 너희같이 안전한 후방에서 펜대나 굴리는 것들이 전쟁에 대해서 뭘 안다고 지껄여!"

"맞습니다. 전 여자라서 전쟁을 모릅니다. 하지만 이대로 가다가는 파멸뿐이라는 사실은 잘 알고 있습니다. 부디 현실을 직시하세요. 오늘 우리를 죽인다고 백장미가 사라질 줄 아세요?"

"그깟 장미 따위는 금방 꺾을 수 있어."

롤란드 프라이슬러 판사의 농담에 같이 배석한 다른 판사들이 낄낄댔다.

"나중에는 손도 못 댈 정도로 늘어날 겁니다. 오늘 우리는 죽지만 다음에는 독일을 잿더미로 만든 당신들 차례에요."

"어서 끌고나가."

표정을 싹 바꾼 판사가 신경질적으로 의사봉을 두드렸다. 법정 경위들이 세 사람의 겨드랑이에 팔을 끼웠다. 끌려가기 직전 한스가 있는 힘껏 소리쳤다.

"자유 독일 만세! 나치는 지옥으로 꺼져라!"

법정에서 끌려나온 세 사람은 밖에서 대기 중인 차에 태워졌다. 히죽 웃은 운전사가 사형장이 있는 슈타델하임이라는 곳이 목적지라고 말하고는 차를 출발시켰다.

❀ 처형, 같은 날

저녁해가 뉘엿뉘엿 사라져갔다. 부모님과 허락된 잠깐의 면회 시간을 끝낸 조피는 담담한 표정으로 사형집행을 위한 건물로 가려고 뜰로 나왔다. 그곳에서 한스와 크리스토프를 발견한 조피는 걸음을 멈췄다. 그의 팔을 잡고 가던 간수가 속삭였다.

"시간을 오래 줄 순 없다. 여기 담배 있으니까 가서 나눠 피우렴."

간수들이 멀찌감치 떨어져 있는 가운데 세 사람은 벤치 옆에 둥그렇게 모여 섰다.

"이제 몇 분 후면 이 세상도 끝이네."

조피의 말에 크리스토프가 웃었다.

"이렇게 쉬운 줄 몰랐어. 아무튼, 잠시 후면 또 만나겠지."

세 사람은 유쾌하게 웃으며 담배를 피웠다. 필터만 남은 꽁초를 바닥에 떨어뜨린 조피는 폐 속에 담긴 담배 연기를 세상 밖으로 뽑아냈다. 넘실거리며 사그라지는 연기 너머로 뭔가를 본 조피가 두 사람에게 말했다.

"방금 독일 전역에 우리가 만든 전단이 뿌려지는 모습을 봤어. 우리 희망을 품자."

두 사람은 따라 웃으며 고개를 끄덕였다. 다가오는 간수에게 고맙다는 눈빛을 던진 그녀는 담담하게 사형장 안으로 걸어 들어갔다. 1943년 2월 22일 오후 다섯 시. 조피 숄의 혁명은 그렇게 끝났다.

짧았던 혁명의 생애

조피와 한스의 가족들은 몇 달 동안 구금을 당했다. 러시아 전선에 나가 있던 조피의 남동생 베르너는 1944년 6월 실종되었다. 그녀의 부모는 다섯 자녀 중 셋을 잃었다.

숄 남매의 큰언니 잉에는 종전 후 두 동생의 삶과 행적을 다룬 책 《백장미의 죽음》을 펴냈다. 그리고 반전 운동을 펼치며 두 동생의 뜻을 이어갔다. 잉에 숄이 쓴 《백장미의 죽음》은 국내에서 《아무도 미워하지 않는 자의 죽음》이라는 제목으로 소개되었지만, 박정희 정부에 의해 금서로 지정되었다. 당시 대학생들은 이 책을 '아미자'라고 줄여서 부르며 읽었다.

처형은 세 사람으로 끝나지 않았다. 그들과 뜻을 같이했던 쿠르트 후버 교수와 빌리 그라프, 동료 사이에서는 슈릭이라고 불렸던 알렉산더 슈모렐 역시 곧 체포되었고 사형 선고를 받았다. 하지만 저항운동은 그치지 않았다. 함부르크에서도 비슷한 혐의로 교수와 대학생들이 체포되었고 처형당했다.

가끔 조피 숄과 그녀의 동료가 나치에게 희생당하지 않았다면 지금처럼 기억되었을까 생각해 본다. 훗날의 삶이 그 일을 덮거나 지워버릴 수도 있으니까 말이다. 어쩌면 이들은 종전 후 독일 모든 국민이 히틀러와 한 패거리라는 손가락질을 피하려고 과대평가되었을 수도 있다. 사실 그녀의 저항은 작고 미미했다고도 할 수 있다. 물론 그것만으로도 엄청난 용기와 자기 확신이 필요했다. 더 사소한 일에도 대세에 따르라는 말을 하거나 남한테 밉보여서 좋을 게 없다고 두리 뭉실하게 넘어가는 요즘 세상에 비춰보면 더더욱 그럴 것이다. 그녀의 혁명은 하얀 장미처럼 아름답고 순수한 용기다.

1944년 7월 20일 오후 1시경 동프로이센 라슈텐부르크에 있는 볼프스산체(늑대소굴)에 있던 총통 회의실은 폭발음에 휩싸였다. 오래전부터 히틀러를 암살할 기회를 노렸던 클라우스 센크 폰 슈타우펜베르크 대령은 이번에야말로 성공했다는 안도감에 한숨을 내쉬었다. 곧장 차에 올라탄 그는 베를린으로 향했다. 하지만 총통은 죽지 않았다. 두꺼운 참나무 테이블이 폭발력을 집어삼킨 탓이다.

대기시킨 비행기를 타고 베를린에 도착한 그는 곧장 발키리 계획을 발동시켰다. 친위대 본부가 점령되었다. 하지만 히틀러가 자신이 살아 있다는 사실을 직접 밝히는 라디오 방송이 시작되면서 전세는 급격히 역전된다. 결국, 자신이 반란군과 손을 잡았다는 사실을 숨기려고 했던 예비군 사령관 프롬에 의해 체포된 슈타우펜베르크는 1944년 7월 21일 자정에 처형당한다. 그는 마지막에 "우리의 신성한 독일 만세!"라고 외치며 죽음을 맞이했다.

　이성을 잃을 정도로 분노한 히틀러는 철저한 보복을 지시했고, 뼛속 깊이 나치 추종자였던 롤란드 프라이슬러 판사가 이번에도 활약했다. 약 7천 명이 체포되었고, 5천 명이 처형당했다. 사막의 여우라는 별명으로 유명했던 롬멜 장군도 음모에 가담했다는 이유로 자살을 강요당했다. 롤란드 프라이슬러 판사는 1945년 2월 3일 이 사건을 재판하던 도중 연합군의 공습으로 사망한다.

10
제인 구달
Jane Goodall

곰비의 수컷 침팬지, 데이비드 그레이비어드 1

안녕? 내 이름은 데이비드 그레이비어드야. 내 얘기 좀 들어볼래? 내가 사는 곳은 아프리카의 탄자니아에 있는 곰비 숲이야. 나른하던 일상에 변화가 온 건 숲에 털 없는 침팬지. 그러니까 인간이 들어오면서부터야. 물론 그전에도 까만 털 없는 침팬지를 가끔 보기는 했지만 하얀 암컷 침팬지는 처음이었어. 두 명이 와서 뚝딱거리면서 숲에 집을 짓더니 숲을 거닐었어. 우리처럼 나무를 잘 타는 것 같지도 않고, 치타처럼 빨리 뛰지도 못하는지 느릿하게 두 발로 걷는 게 고작이었어.

왜 왔는지 모르겠지만, 며칠 지나면 돌아가겠지 생각했어. 그런데 몇 주일이 지나도 그냥 있지 뭐야. 그러다 숲에서 마주쳤어. 다른 날처럼 풀잎을 뜯으며 흰개미들을 한참 낚고 있는데 언제 나타났는지 한참 쳐다보지 뭐야. 신경이 쓰여서 흰개미 사냥을 그냥 두고 나무로 올라갔지. 그랬더니 조금 있다가 내가 있던 곳으로 오더니 나처럼 풀잎을 길게 뜯어서 흰개미 집 구멍에 쑤셔 넣지 뭐야. 그리고는 풀잎에 줄줄이 매달려나온 흰개미들을 보고는 환호성을 지르며 좋아했어. 정작 끄집어낸 흰개미는 거들떠보지도 않고 말이야.

그렇게 몇 달이 지나고 털 없는 하얀 침팬지 중에 나이가 많이 든 쪽이 떠나는 모습이 보였어. 나머지 하나도 곧 떠나겠지 했는데 웬걸, 아예 눈을 뜨면 숲으로 들어와서는 봉우리에 올라가서 종일 앉아 있다가 돌아가곤 했어.

저 하얀 침팬지는 대체 사냥도 안 하면서 무엇을 먹고사는 건지 궁금해졌어. 내가 속한 침팬지 무리의 우두머리인 골리앗은 위험할지 모르니까 가까이 가지 말라고 했지만, 호기심이 많은 나는 그 털 없는 하얀 침팬지가 사는 곳으로 갔어. 식사를 하는지 바닥에 내가 좋아하는 바나나를 쌓아두고 있지 뭐야. 마침 배가 고픈 참이라 나도 모르게 나무에서 훌쩍 뛰어내렸지. 원래는 바나나만 잽싸게 집어들고 도망치려고 했지. 공격적일 수도 있잖아. 그런데 의외로 차분하게 날 지켜보고 있는 거야.

그때야 비로소 그 털 없는 하얀 침팬지를 가까이서 볼 수 있었지. 적어도 위협적이지는 않아 보였어. 그래서 손에 쥐고 있던 바나나도 날름 받아먹었어. 털이 없는 미끈한 손에 닿으니까 기분이 좀 이상해졌어. 뭐라고 해야 할까? 아주 오래전에 무리에서 떨어져 나갔다가 돌아온 동족 같다고나 할까?

내가 바나나를 배불리 먹고 돌아가는데 천천히 뒤따라왔어. 다른 때 같으면 나무 위로 올라가서 멀리 도망갔겠지만, 왠지 그러기 싫어졌어. 그래서 천천히 개울가까지 갔는데 거기까지 따라오지 뭐야. 다른 침팬지들이 보면 흉볼까 봐 그만 오라고 하고는 나무 위로 올라갔어. 그랬더니 그 털 없는 하얀 침팬지가 나한테 소리쳤어.

"안녕, 난 제인 구달이라고 해. 네 이름은 뭐니?"

난 이름이란 게 뭔지 잘 몰라서 그냥 모른다는 뜻으로 고개를 저었어. 그랬더니 빙그레 웃으면서 그러는 거야.

"그럼 내가 지어줄게. 음, 점잖은 신사 같으니까 데이비드라고 불러줄게. 뺨에 회색 수염이 있으니까 그레이비어드. 데이비드 그레이비어드 어때?"

난 작명 센스가 엉망이라며 야유를 실컷 보내고는 무리가 있는 곳으로 돌아가려고 다른 나무로 옮겨 탔어. 내 말귀를 못 알아들었는지 제인 구달이라는 털 없는 하얀 침팬지는 내게 소리쳤다.

"데이비드! 바나나 많이 준비해 놓을게. 내일도 캠프로 놀러 와!"

맙소사, 내가 얼마나 시크하고 도도한 수컷 침팬지인데 그깟 바나나에 혹해서 다시 돌아가겠어. 혹시 모르지. 야자열매가 있으면 좀 생각해 보겠어. 그나저나 대체 언제까지 여기 곰비에 죽치고 있을 거지?

✿ 털 없는 하얀 침팬지, 제인 구달

1960년 7월 16일 탕가니카(오늘날의 탄자니아)의 곰비 국립공원에 있는 밀렵 감시인 초소에 두 명의 백인 여성들이 짐을 풀었다. 그들을 데리고 온 밀렵 감시인은 주의사항들을 줄줄이 늘어 놓았다. 그 사이 흑인 밀렵 감시인 두 사람이 나타나서 텐트 치는 일을 도와주었고, 도미니크라는 흑인 요리사는 좀 떨어진 곳에 자기 텐트를 쳤다. 백인 밀렵 감시인은 캠프를 한번 둘러보고는 타고 온 보트에 몸을 실었다. 단 한 사람을 제외하고는 곰비 국립공원에 도착한 젊은 백인 여성이 그렇게 오래 있을 것이라고는 짐작조차 못 했다. 그녀는 왜, 그리고 어떻게 해서 이곳에 왔을까? 그리고 그녀의 관찰은 왜 사람들의 시선을 끌게 되었을까?

발레리 제인 구달은 1934년 3월 4일 영국 런던에서 대이났다. 어린 시절에 대한 이런저런 에피소드들은 그녀가 아프리카에서 침팬지를 연구하지 않았다면 동네 미용실에서 흘러간 이야기로 오고 갈 만한 사소한 것들이었다. 1939년 제인 구달의 집안은 아버지 모티머스 구달을 따라 런던에 있는 집을 처분하고 프랑스로 건너갔다. 그러나 히틀러가 이끄는 나치 독일이 체코슬로바키아를 합병하고 폴란드를 침공하면서 유럽 대륙에 전운이 감돌자 제인 구달의 가족들은 할 수 없이 영국으로 돌아왔다.

전쟁이 터지고 아버지 모티머스 구달이 군에 입대하자 어머니와 가족들은 본머스에 있는 외가 버치스에 머물렀다. 어른들이 조국의 운명을 걸고 서로 죽고 죽이는 동안 어린 제인은 어린아이다운 호기심을 발휘했다. 방으로 지렁이를 가져와서 관찰한다든지, 닭장에 몰래 숨어들어 가서 알을 낳는 모습을 훔쳐보는 일 등이었다. 전쟁이 끝나고 제인의 부모님이 이혼하면서 가족들은 계속 버치스에 머물렀다.

나이가 들면서 특유의 호기심이 사라진 그녀는 평범하고 정숙한 영국 여성으로 탈바꿈했다. 1952년 고등학교를 졸업한 그녀는 짧은 독일 체류 후에 어머니의 권유로 런던에 있는 비서 양성 학교에 입학한다. 제인의 첫 번째 직업은 옥스퍼드 대학 기록원의 사무원이었다. 그리고 런던 다큐멘터리 영화사로 자리를 옮겼다.

1956년 크리스마스를 일주일 앞둔 12월 18일 틈이 날 때마다 런던 자연사 박물관을 드나드는 것을 빼고는 지극히 평범했던 그녀에게 삶을 뒤흔들 파문이 일어났다. 본머스의 여학교에서 가깝게 지냈던 마리 클로드 망쉬에게서 한 통의 편지가 날아온 것이다. 편지 겉봉에 쓰인 케냐-나이로비라는 글씨를 본 순간 제인의 심장은 얼마나 떨렸을까?

오랫동안 연락이 없던 친구에게 받은 편지를 읽은 그녀는 환호성을 질렀다. 케냐의 나이로비 인근에 농장을 사들였다며 시간이 되면 놀러 오라는 내용이었다. 꿈꾸기만 했던 아프리카가 현실로 다가온 것이다. 하지만 문제는 아프리카까지 갈 여행 경비였다. 아직 비행기가 없던 시절이라 아프리카까지 가려면 여객선밖에는 없었다.

쥐꼬리 만한 비서월급으로는 여객선 운임을 벌 수 없다고 판단한 그녀는 당장 사표를 쓰고 본머스로 내려갔다. 그리고 고되지만 팁을 벌 수 있는 호손 호텔의 웨이트리스로 취직한다. 타자기만 치던 그녀로서는 무거운 접시를 들고 나르는 일이 낯설고 힘들었지만, 아프리카로 갈 수 있다는 생각이 기운을 북돋아주었다. 결국, 아끼고 아껴서 모은 돈으로 아프리카 케냐행 여객선표를 구입하는 데 성공했다. 한 여인의 조그마한 혁명이 시작된 것이다.

1957년 4월 2일 제인은 3주 동안 여행을 마치고 케냐의 몸바사 항구에 도착한 여객선에서 내렸다. 기차를 타고 케냐의 수도 나이로비로 간 그녀는 마중 나온 클로드와 그의 부모님과 만났다. 덜컹거리는 차를 타고 클로드의 농장까지 가는 동안 아프리카가 그녀에게 다가왔다.

오랫동안 꿈꿔왔던 일이 현실로 변할 때 사람이 얼마나 행복해하는지는 겪어본 사람만이 알 수 있다. 몇 주 동안 클로드의 농장에서 지낸 그녀는 친구와 작별을 하고 나이로비로 돌아왔다. 그리고 그녀의 삼촌 에릭이 주선해 준 영국 회사의 케냐 지사에 비서로 취직한다. 자연에 심취한 이 괴짜 아가씨에게 어느 날 회사 동료는 케냐 자연사 박물관의 루이스 리키 박사를 만나보라고 알려준다. 호기심에 못 이긴 그녀는 루이스 리키 박사를 만나러 갔고, 뜻밖의 환대를 받는다. 선교사인 아버지 덕분에 어린 시절 원주민들과 똑같이 자란 박사는 케냐의 자연에 대해서 누구보다도 잘 알고 있었다.

루이스 리키 박사의 주선으로 그녀는 운좋게 세렝게티 평원에 있는 올두바이 계곡의 발굴 작업에 참여한다. 그곳에서 자연에 흠뻑 빠져든 그녀는 루이스 리키 박사가 던지는 침팬지 떡밥을 멋도 모르고 받아먹었다. 박사는 오랜 경험으로 야생 상태의 동물을 오랫동안 관찰하는 일이 끈기 있는 여성들에게 적합하다는 사실을 알고 있었다. 그런 박사의 눈에 호기심에 못 이겨 아프리카까지 찾아온 여성이야말로 가장 적당한 후보자였다. 아예 루이스 리키 박사가 일하는 박물관에 취직한 제인은 지속적으로 침팬지에 관한 이야기를 듣고 세뇌를 당한다.

결국, 루이스 박사의 제안대로 자연 상태의 침팬지를 관찰하는 일을 수락한 그녀는 자금과 출입허가를 받는 동안 런던으로 돌아가서 자료 준비를 한다. 기나긴 1년이 지나고 드디어 곰비 국립공원에 거주할 수 있다는 허가와 함께 자금지원을 받는 데 성공한다. 반드시 유럽인을 동행해야 한다는 조건 덕분에 그녀의 어머니도 동행했다.

그녀 자신조차 그렇게 오래 머물게 될지 모르게 된 곰비는 그렇게 그녀에게 두 팔을 벌렸다. 침팬지가 인간과 어떤 유사성이 있고 그들이 야생에서 어떻게 지내는지에 대한 학위조차 없는 한 여인에 의해 밝혀질 준비가 된 것이다.

1960년 10월 곰비에 체류한 지 석 달째인 그녀의 눈에 동물학 뿌리를 뒤흔들 광경이 들어왔다. 뺨에 회색 털이 있어서 데이비드 그레이비어드라는 이름을 붙인 침팬지가 흰개미집 구멍에 풀잎을 넣어서 개미들을 사냥하는 모습을 본 것이다. 만물의 영장인 인간이 독점하는 것으로 알고 있던 도구를 이용해 사냥하는 모습을 목격한 것이다. 교과서에 빠짐없이 실린 덕분에 누구나 다 아는 '도구를 쓰는 침팬지'라는 중대한 학술적 발견이 학위도 없는 웬 '듣보잡' 여인에게서 발견된 것이다. 그녀의 전보를 받은 루이스 리키 박사는 특유의 재치 있는 답장을 보냈다.

"오, 그럼 우리는 인간을 다시 정의하든지 도구를 재정의 하든지, 그것도 아니면 침팬지를 인간으로 받아들어야겠군."

진화론조차 아직 완전하게 받아들여지지 못한 시기에 동물이 인간처럼 도구를 사용할 줄 안다는 사실은 크나큰 충격을 안겨줬다. 인간만이 도구를 쓸 줄 안다는 명제를 포기하고 싶지 않았던 사람들은 그녀가 침팬지들에게 도구를 쓸 수 있게 훈련을 시켰다는 억지를 부렸다. 심지어 그녀와 루이스 리키 박사가 심상치 않은 사이라는 악의적인 소문까지 퍼졌다. 이에 대해서 그녀는 짧고 간단하게 답변했다.

"그렇다면 침팬지가 인간처럼 학습까지 할 수 있다는 사실까지 증명한 셈 아닌가요?"

그녀에게는 학술적인 논쟁 따위는 침팬지에게나 줘버릴 일이었다. 그녀가 그 발견을 기뻐한 것은 후원금을 받을 수 있을만한 이야깃거리라는 점에서였다. 당장 내셔널 지오그래픽에서 도구를 쓰는 침팬지들을 찍으려고 야생 다큐멘터리 제작자이자 사진작가로 명성을 떨치는 네덜란드 출신의 휴고 반 루윅을 파견했다. 함께 침팬지를 관찰하는 동안 두 사람 사이에는 사랑이 싹텄다.

1964년 3월 28일 두 사람은 런던 첼시에 있는 한 교회에서 결혼식을 올렸다. 런던으로 돌아온 그녀는 케임브리지 대학교 대학원에서 동물행동학으로 박사 학위를 받았다. 대학에서 교육을 받지 못한 점이 두고두고 그녀의 발목을 잡을 것이라는 사실을 예측한 루이스 리키 박사의 권유였다. 내셔널 지오그래픽 표지에 실린 그녀의 사진을 보고 내셔널 지오그래픽 표지 모델이라는 비아냥거림도 더는 들리지 않았다.

학위를 받은 그녀는 다시 곰비로 돌아왔다. 곰비에 있는 그녀의 보잘 것 없던 캠프는 점점 커졌다. 텐트 대신 오두막이 세워지고, 그녀의 명성을 좇아온 호기심 많은 대학생을 위한 연구소도 만들어졌다. 이제 그녀를 대신한 대학생 자원봉사자들이 녹음기를 들고 온종일 침팬지를 따라다니며 그들을 관찰했다.

1967년에 그녀와 휴고 반 루윅 사이에서 휴고 에릭 루이 반 루윅이라는 긴 이름의 아들이 태어났다. 보통은 땅벌레라는 뜻의 그럽이라는 애칭으로 불렸다. 캠프에 사람들이 늘어나면서 그녀는 차츰 곰비에서 멀어졌다. 1968년 침팬지들을 관찰하던 대학생 루스 데이비스가 낭떠러지에서 떨어져 죽는 사건이 발생했다.

이를 시작으로 비극적인 사건은 계속되었다. 아들을 멀리 영국에 있는 사립학교로 보낼 즈음 그녀의 명성에 부담을 느낀 남편과의 사이도 벌어졌다. 각자의 일을 하느라 떨어져 지내던 시간이 많아진 두 사람은 1974년 조용히 이혼한다. 그리고 그녀는 중요한 발견을 몇 가지 더 해냈다. 숲 속의 신사라는 별명으로 불린 침팬지의 어둡고 추악한 면과 대면한 것이다.

✿ 곰비의 수컷 침팬지, 데이비드 그레이비어드 2

어휴, 요즘은 털 없는 침팬지들이 너무 늘어나서 귀찮아졌어. 지난번에 수풀돼지 새끼를 뜯어먹고 있는데 뒤에서 비명을 지르질 않나. 이상한 돌멩이에 대고 중얼대면서 쫓아다니지 않나 말이야. 제인 구달이라는 털 없는 침팬지는 어디로 갔는지 코빼기도 보이지 않아. 물론 매일 개들 둥지에 가면 바나나가 많이 있어서 좋긴 하지만 바나나도 이제 질려. 가끔 고기도 먹어줘야지.

근데 왜 이렇게 조심스럽게 다니느냐고? 우리 전쟁 중인 거 몰랐어? 몇 해 전부터 젊은 수컷들이랑 새끼를 거느린 암컷 몇 마리가 숲 남쪽에 자기들끼리 둥지를 틀었잖아. 가끔 사냥터에서 마주치면 으르렁거리는 정도이긴 한데 요즘은 분위기가 심상치 않아졌어. 무리에서 배신자들에게 응징을 가할 건가 봐. 나야 뭐, 자유로운 영혼을 가진 침팬지라서 그런데 끼고 싶진 않아. 어쨌든 같은 침팬지들끼리 싸우고 죽이는 건 좀 자제했으면 하는 바람이야. 우리가 인간도 아니고 말이야.

✿ 4년 전쟁

침팬지들이 흰개미를 비롯한 작은 벌레를 잡아먹거나 수풀돼지의 새끼를 잡아다가 먹는 모습은 비교적 초기에 발견되었다. 하지만 같은 동족들을 공격하거나 심지어 죽이는 모습, 한 걸음 더 나아가서 먹어치우는 모습까지 발견된 것은 그녀가 곰비에서 관찰을 시작한 이후 10년이 넘어서부터였다. 아직 어른 침팬지가 갓 태어난 새끼 침팬지를 죽이고 먹어치우는 이유는 정확히 밝혀지지 않았다. 다만, 적정한 개체 수를 유지하기 위한 본능이 아닐까 하는 추측만이 오가고 있을 뿐이다. 침팬지 무리의 새끼 살해는 시작에 불과했다.

그녀가 자서전에서 4년 전쟁이라고 부르는 기나긴 살육의 그림자가 드리워진 것이다. 원래 무리에서 열 마리 남짓한 어른 침팬지가 갈려져 나와 남쪽 숲 속에 따로 근거지를 만든 것이 시작이었다. 처음에는 서로 마주치면 으르렁거리거나 위협을 하는 정도였다. 그 정도는 그녀도 충분히 예상했다. 예상하지 못한 건 원래 무리에서 젊고 건장한 수컷들이 몰래 남쪽 숲으로 접근해서 따로 떨어진 침팬지를 공격한 것이다. 도망치려다가 잡힌 침팬지는 바닥에 떨어졌고, 그를 둘러싼 다른 침팬지들은 발로 짓밟고 이빨로 물어뜯고 구타했다. 가혹한 린치를 당한 침팬지는 처참한 모습으로 죽었다.

오랫동안 침팬지를 관찰했던 그녀가 받았을 충격은 가히 상상이 가지 않는다. 하지만 엄연한 현실이었고, 15년 전처럼 격렬한 논쟁에 휩싸인다. 도구를 사용하는 것이 인간의 특권이라고 믿는 사람들은 전쟁과 살육 역시 인간만이 할 수 있는 것이라고 믿었다. 문명화된 인간의 오만한 편견 시스템이 작동한 것이다. 서울에 사는 사람들이 시골 사람들은 인정 많고 푸근할 것이라고 제멋대로 단정한 것처럼 말이다. 야생에 사는 순수한 침팬지들은 나무 열매를 먹고 이슬을 마시면서 서로 털이나 골라주며 살 것이라는 굳건한 상상은 또다시 그녀를 비난의 구렁텅이로 빠트리고 말았다.

현실에서도 침팬지 세계의 4년 전쟁 같은 악몽이 벌어졌다. 1975

년 5월 자이레(지금의 콩고) 국경선을 넘어온 일단의 무장집단이 곰비의 연구소를 습격했다. 4명의 대학생 자원봉사자들을 납치해간 이들은 몸값을 요구했다. 길고 지루한 협상이 이어지면서 그녀에게 제대로 상황을 대처하고 있지 못하다는 비난과 의혹이 쏟아졌다. 그것보다 그녀를 더 괴롭게 만든 것은 그 사건 이후 곰비가 위험지역으로 선포되면서 철수를 해야만 한다는 것이었다.

대학생 자원봉사자들은 물론 그녀조차 머물지 못했다. 이후 그녀가 자서전에서도 밝혔듯 같은 해에 재혼한 남편 데릭 노엘 맥클레인 브라이슨이 아니었다면 연구 자체가 중단될 위기에 처했다. 그녀의 남편 데릭은 제2차 세계대전에 전투기 조종사로 참전했다가 부상을 입고 종전 후 케냐로 이주했다. 1952년 케냐에서 탕가니카로 이주한 그는 백인으로서는 특이하게도 탄자니아 독립에 헌신했다. 그 덕분에 탄자니아 의원으로 선출된 그는 사건 직전 곰비 국립공원 관리자로 임명되었다.

둘의 특별한 인연은 비행기 사고에서부터 시작되었다. 그들을 태우고 곰비로 가던 경비행기가 고장으로 불시착한 것이다. 죽었다고 생각한 순간 겨우 살아난 그들은 자신들이 특별한 인연으로 묶여 있다고 믿었다. 무사히 구조된 두 사람은 곧 결혼식을 올렸다. 결혼 후 두 사람은 곰비의 침팬지 연구소와 탄자니아의 수도 다르에스살람에 떨어져 지내다가 종종 만났다. 납치 사건이 터졌을 때 데릭이 협상을 책임진 덕분에 납치되었던 네 명 모두 무사히 돌아온 것이다. 후유증은 상당했다. 일단 자원봉사자 대학생들은 모두 집으로 돌아가야만 했다. 현실과 침팬지 세계 모두 혼란과 증오에 빠진 것이다.

곰비의 수컷 침팬지, 데이비드 그레이비어드 3

흥, 왜 털 없는 침팬지들은 우리보고 난리들인지 모르겠어. 우두머리 자리를 놓고 싸우면 도전하는 침팬지든 원래 우두머리였던 침팬지든 둘 중 하나는 죽어야지 끝났어. 같은 동족을 공격했던 것도 오래전부터 있던 일이야. 왜 그런지는 침팬지마다 틀리지. 새로 우두머리가 된 침팬지가 예전 우두머리 자식들을 죽이는 건 당연한 권리야. 그래야 암컷이 자기 새끼를 낳지. 다른 침팬지 새끼를 죽이고 그 고기를 먹는 게 이상해?

숲에서 보면 털 없는 침팬지들은 불이 나가는 이상한 도구로 같은 동족들을 떼거리로 죽이던데 말이야. 우리가 무슨 이슬만 먹고 사는 천사들도 아니고 말이야. 우린 옛날부터 그렇게 살았어. 그런데 인제 와서 무슨 신기한 일인 양 호들갑을 떠는지 원. 우리가 너희처럼 옷도 안 입고 나무 위에서 산다고 생각도 단순한 줄 아는데 말이야. 우리도 나름 복잡해. 고민도 하고, 우두머리 자리를 두고 암투도 벌여. 질투도 하고, 좋은 새끼를 낳으려고 덩치 좋은 수컷 앞에서 알짱거리기도 하지.

우리는 예전부터 해 오던 대로 싸우다가 화해하고, 갈라서면 증오하고, 그러다가 언제 그랬냐는 듯 털을 골라주면서 화해를 해. 침팬지들이 새끼를 죽이기만 하는 줄 아는데, 우리도 어미가 죽은 침팬지 새끼를 입양해서 돌보기도 하고, 죽은 어미 곁에서 슬퍼하기도 해. 우리한테서 폭력적인 모습을 봐서 슬퍼? 우리만은 안 그랬으면 좋겠다고? 그냥 지켜보고 관찰만 한다며 왜 우리가 사는 방식을 가지고 이러쿵저러쿵해? 사실은 우리가 털 없는 침팬지들 생각과는 다르게 사니까 우울해지는 거지. 지금까지 알고 있었던 걸 다 버리고 새로 공부해야 하니까 싫어서 그런 거지? 이거 왜 이래. 아마추어처럼.

❀ 침팬지의 친구

납치 사건은 하마터면 그녀의 연구를 중단시킬 뻔했다. 가뜩이나 침팬지의 공격성에 관한 발표가 학계 시선을 끌기 위한 쇼라는 의혹을 받는 와중이었기 때문에 더더욱 그러했다. 그녀로서는 다소 억울했겠지만 어쩔 수 없는 유명세였다. 학자들은 여전히 그녀의 발견을 이벤트성 내지는 자신에게 유리하게 결과를 조작했다고 믿었다.

그런 와중에도 그녀는 침팬지 연구를 지속적으로 해 나가려고 1977년 후원자들의 도움을 받아 제인 구달 침팬지 연구소를 설립했다. 그즈음 납치 사건과 연구소 해결에 결정적인 도움을 준 두 번째 남편 데릭이 암으로 쓰러졌다. 짧은 투병 생활 끝에 데릭은 1980년 눈을 감고 말았다.

그녀의 발견이 대단한 것은 자연 상태의 동물을 오랫동안 곁에서 지켜봤다는 점이다. 지금은 다큐멘터리를 찍는 데도 오랜 관찰이 당연시되었지만, 그 당시에는 그런 개념 자체가 존재하지 않았다. 따라서 자연 상태의 침팬지가 뭘 먹고 어떤 형태의 군집 생활을 하는지는 막연한 추론만 존재했다.

너무나 당연시되던 기존 관습이 대학도 졸업하지 못하고, 학위도 없는 젊은 여인에 의해서 깨어져 나간 것이다. 그들이 루이스 리키 박사와 제인 구달이 이상야릇한 관계라고 믿으면서 저항하려고 했던 사실들은 침팬지가 아니라 자신의 권위를 지키기 위해서였다. 학자들은 그녀가 침팬지에게 일일이 이름을 붙여주고, 바나나를 나눠주는 것을 비난했다.

하지만 그녀는 꿋꿋하게 견뎠다. 학자들의 질타에 타협하기에는 침팬지는 너무 진실했다. 같은 동족인 침팬지 새끼를 뜯어먹는 그들을 보면서 그녀는 울기보다는 그들이 보여주는 현실을 그대로 바라봤다. 적어도 인간보다는 덜 잔인하다는 사실로 위안을 삼으면서 말이다.

침팬지들이 동족들을 살해한다는 그녀의 발표는 극심한 혼란을 주었다. 사람들은 인간의 폭력성이 태초의 유전자에서부터 왔다는 주장에 인용될지 모른다는 사실을 우려했다. 실제로 몇몇 학자들은 침팬지의 예를 들면서 인간의 잔혹성을 변명했다. 원시 상태의 침팬지조차 동족을 죽이는 데 주저하지 않는다면 인간들의 학살은 좀 더 진화된 형태의 원시적 폭력의 발현이라고 말이다. 반대 측에서는 좋은 근거를 제시한 그녀를 비난했지만, 애초부터 없던 사실을 만들어낸 것이 아니었으니 그녀 잘못은 아니었다. 제인은 보고 기록하고 그것들을 토대로 침팬지들의 생태를 발표하는 관찰자의 입장에 충실했을 뿐이다.

첫 번째 이혼과 두 번째 남편의 암 투병과 사망으로 상심했지만, 제인은 곰비 숲에서 위안을 찾았다. 여성은 아무것도 할 수 없을 것이라는 편견은 동물과 자연을 사랑하는 한 여인의 끈기와 호기심 앞에 모래성처럼 무너져 내렸다.

두 번째 남편 데릭의 죽음 이후 그녀는 침팬지의 관찰에서 한발 물러나 자연보호와 멸종 위기에 처한 침팬지의 구호운동에 앞장섰다. 전 세계를 돌면서 강연회와 기자 회견을 열었다. 특히 실험용으로 이용되는 침팬지들을 돕는 데 앞장섰다. 그녀는 적어도 자신에게 주어진 몫은 충분히 해낸 것이다. 어쩌면 곰비 숲에 다가오는 인간들의 발길을 두려워하고 있는지도 모르겠다.

그녀의 이야기는 현재 진행형이고, 그녀가 이룩한 혁명 역시 아직 끝을 맺은 건 아니다. 고작 침팬지 하나를 살펴보는 일이 뭐가 그리 대단한 일이냐고 반문한다면 그녀는 아마 이렇게 대답하지 않을까?

"맞아요. 별거 아니죠. 그러니까 나 같은 사람도 해낼 수 있었고요. 하지만 전 침팬지들을 보면서 인간들을 봤어요. 평범하게 살았을지도 모를 영국 아가씨를 이렇게 자연보호에 앞장서게 하였으니까요. 쓸데없는 말은 그만두고 와서 침팬지 좀 보실래요?"

❀ 또 다른 이야기, 루이스 리키 박사의 세 딸들

루이스 리키 박사는 제인 구달 외에도 다른 여성들에게도 야생 상태의 유인원들을 연구 관찰하도록 했다. 제인 구달이 가장 먼저 침팬지 연구에 뛰어들었고, 1966년에는 다이언 포시가 마운틴고릴라를, 1968년에는 비루테 골디카스가 오랑우탄 연구를 시작했다.

모두 여성들이고, 관련 학위가 없었다. 전문가 아닌 관찰자로서의 그녀들은 관찰 대상에게 이름을 붙여주고, 친숙해졌다. 학회지보다는 주로 내셔널 지오그래픽 같은 곳에 연구 결과를 발표한 것도 공통점이라고 할 수 있겠다.

그러나 기존 학계는 루이스 리키 박사의 이런 방식을 맹렬히 비판했다. 하지만 이들이 아니었다면 아직 침팬지가 도구를 쓸 줄 안다는 사실이나 동족을 죽이는 일을 서슴지 않는다는 사실을 몰랐을 것이다. 반대로 사납고 거칠 것 같은 마운틴고릴라가 초식을 즐기는 온순한 성격이라는 사실도 밝혀지지 않았을 것이고, 오랑우탄이 도구를 쓸 줄 안다는 것 역시 아직 알려지지 못했을 것이다.

루이스 리키 박사의 '세 딸'들 중 가장 먼저 죽은 사람은 다이언 포시였다. 1932년 미국 캘리포니아에서 태어난 그녀는 제인 구달처럼 어린 시절부터 동물과 자연에 대한 왕성한 호기심을 자랑했다. 1954년 산호세 주립대학 수의학과를 졸업한 그녀는 동물을 치료하는 수의사로 일했다. 평범한 그녀의 일생을 뒤흔든 것은 아프리카, 그리고 루이스 리키 박사였다.

1963년 중앙아프리카의 비룽가 화산지대에 사는 고릴라를 보려고 여행을 떠난 그녀는 올두바이 계곡에서 발굴 작업을 하던 루이스 리키 박사와 마주친다. 그는 대번에 그녀에게 숨겨진 열정과 호기심을 찾아냈고, 제인 구달에게 했던 것처럼 그녀에게도 야생 상태의 마운틴고릴라를 연구하지 않겠느냐는 제안을 한다.

34살의 늦은 나이에 마운틴고릴라에 대한 아무런 사전 지식이 없었지만, 멸종 위기에 처한 마운틴고릴라를 돕기로 한 그녀는 제안을 수락한다. 미국 생활을 정리하고 다시 아프리카로 돌아온 그녀는 1966년 콩고 민주 공화국에 최초의 고릴라 연구를 위한 캠프를 차린다. 하지만 사전 지식이 전혀 없는 상태라 시행착오를 거듭했고, 옆친 데 덮친 격으로 콩고 내전이 발발하면서 생명이 위협까지 느낀다. 결국, 다음 해 르완다로 연구지를 옮긴다.

고릴라들의 생태 거주지인 키리심바산과 비소케산 근처에 자리를 잡은 그녀는 두 산의 이름을 합친 카리소케 연구센터를 세운다. 그곳에서 그녀는 본격적인 마운틴고릴라 연구에 들어갔다. 연구 방법은 간단했다. 제인 구달처럼 생태 서식지에 있는 그들을 관찰하고 가까이서 친근하게 지내는 것이다. 적극적인 성격의 그녀는 마운틴고릴라와 친해지기 위해 몇 미터 근처까지 접근하는 모험을 감행하기도 하고 그들의 울음소리를 흉내 내기도 했다.

1970년 이런 노력은 드디어 결실을 보았다. 그녀가 '피넛'이라고 이름을 붙인 수컷 마운틴고릴라가 그녀의 손을 잡은 것이다. 그들의 일원으로 인정을 받은 그녀는 가까이서 마운틴고릴라를 지켜보며 연구에 박차를 가했다. 제인 구달이 침팬지의 동족 살해와 사냥 같은 어두운 측면을 발견했다면 다이언은 큰 덩치에 험상궂게 생긴 그들이 의외로 온순한 초식 동물이라는 점을 알아냈다.

그녀의 연구 성과는 내셔널 지오그래픽을 통해 세계로 알려졌고, 1976년에는 영국 케임브리지 대학에서 박사학위를 받았다. 그녀가 쓴 《안갯속의 고릴라》는 멸종 위기에 처한 고릴라들에 대한 그녀의 애정과 열정이 담겨 있다.

1977년 그녀는 가깝게 지내던 수컷 고릴라 디지트가 밀렵꾼들에게 처참하게 살해당한 것을 계기로 멸종 위기에 처한 마운틴고릴라들을 지키려고 총을 들었다. 제인 구달이 침팬지들을 연구하면서도 정작 그들을 보호하는 일에는 소극적이었던 것과는 상반된다. 당시 마운틴고릴라는 개체 수가 수백 마리 수준에 불과했다. 디지트의 이름을 딴 디지트 재단을 세운 그녀는 고릴라를 지키는 전사로 거듭났다. 하지만 그런 그녀의 과격한 행동은 고릴라 사냥으로 생계를 유지하던 지역 원주민과 마찰을 빚었다.

1985년 12월 26일 밤, 그녀는 카리소케 연구 캠프에 있는 숙소에서 손도끼로 무참하게 살해당했다. 그녀의 나이 53세였다. 그녀를 죽인 범인은 아직 잡히지 않았다. 하지만 그녀의 죽음만큼은 큰 센세이션을 일으켰다. 그녀의 죽음 이후에도 마운틴고릴라에 대한 연구와 보호는 지속되었다. 디지트 재단은 그녀의 죽음 이후 다이언 포시 고릴라 재단으로 이름을 바꾼 채 여전히 활동 중이다. 급작스러운 죽음이었겠지만 그녀의 죽음을 계기로 마운틴고릴라에 대한 관심이 높아지면서 밀렵이 근절되었다. 그녀가 죽기 전 일기장에는 다음과 같은 글귀가 적혀 있다.

"인생의 가치를 깨닫는다면, 과거 속에서 살기보다는 미래를 지키는 것에 더 많은 관심을 둬야 할 것이다."

그녀의 드라마틱한 인생은 할리우드 영화 제작자들의 관심을 끌었다. 1998년 그녀의 이야기를 다룬 영화 〈안갯속의 고릴라〉가 완성되었다. 영화의 주인공은 시고니 위버가 맡아 열연을 펼쳤다.

루이스 리키 박사의 '세 딸'들 중에서 가장 조용하게 연구에 몰두했던 비루테 골디카스는 상대적으로 앞의 두 여성보다 남들의 주목을 덜 받는다. 제인 구달에게는 최초라는 타이틀이 붙었고, 다이언 포시는 극적인 죽음으로 이름을 남겼다. 반면 비루테 골디카스는 그가 관찰하는 오랑우탄처럼 사람들 눈에 잘 띄지 않았다. 천성일까? 아니면 운명일까? 이런 은둔 아닌 은둔은 그녀의 출신이나 자라난 환경과 연관이 있다.

1946년 독일 바덴바덴에서 태어난 그는 리투아니아 혈통이었다. 어린 시절 캐나다로 이주했고, 미국에 있는 UCLA에서 인류학을 전공했다. 매번 낯선 곳에서 시작하고 끝을 맺어야 했다. 여자 아이들은 불쑥 나타난 이름이 이상한 또래의 아이에게 거리를 두었다. 외톨이로 지낸 그녀는 침묵에 익숙해졌다. 타인에게 자신의 속내를 잘 드러내지 못했던 비루테와 '숲 속의 은둔자'라는 별명이 붙은 오랑우탄과의 만남은 우연을 넘어선 필연처럼 보인다.

제인 구달이나 다이언 포시가 호기심과 열정으로 뛰어들었다면 비루테는 애초부터 대학 졸업 후에 유인원을 관찰하는 일을 하고 싶어 했다. 그녀는 1969년 대학에 강연을 온 루이스 리키 박사에게 자신의 꿈을 털어 놓는다. 그녀에게서 앞선 두 딸과 비슷한 눈빛을 읽은 그는 유인원 중 하나인 오랑우탄을 관찰하는 일을 하지 않겠느냐고 넌지시 제안했다.

박사의 제안을 받아들인 그녀는 2년 후인 1971년 남편인 로드 브린다무어와 함께 인도네시아의 보르네오 섬 남쪽에 있는 단중푸팅 국립공원에 도착했다. 원주민이자 식인종으로 잘 알려진 다야크 족이 머무르는 곳이었다.

앞선 두 사람처럼 허름한 캠프를 차린 그녀는 루이스 리키 박사의 이름을 따서 리키 캠프라는 이름을 짓는다. 그녀가 관찰 대상으로 점찍은 오랑우탄은 침팬지나 고릴라처럼 군집 생활을 하지 않았다.

그들이 뭘 먹고, 어떻게 짝짓기를 하고 새끼를 몇 마리 낳는지는 알려진 게 하나도 없었다.

비루테는 종일 정글로 나가서 오랑우탄을 뒤쫓았다. 하지만 오랑우탄은 그녀 앞에 쉽사리 모습을 드러내지 않았다. 험한 자연환경은 그녀를 괴롭혔다. 하지만 그녀는 포기하지 않고 앞선 두 사람처럼 오랑우탄에게 이름을 붙이면 친숙해지려고 노력했다. 비루테가 파우치라는 별명을 붙인 수컷 오랑우탄과 가까워지는 데 6개월이 걸렸고, 그들이 도구를 사용하는 모습을 발견하는 데는 다시 8년이 걸렸다. 출산을 하는 모습을 보려면 다시 몇 년을 더 기다려야만 했다.

하지만 그녀는 앞선 두 사람과는 달리 대학에서 관련 교육을 받았다. 그녀가 제출한 논문은 몇 년 동안 그녀가 관찰한 오랑우탄의 숫자와 행동반경, 생활 습성, 그들이 내는 울음소리에 담긴 뜻을 명확하게 체계화했다. 제인과 다이언이 정규 교육을 받지 못한 탓에 학계 냉대를 받았던 것과는 달리 그녀의 박사 졸업 논문은 찬사를 받았다.

가장 늦게 출발했고, 관찰 대상 역시 쉽게 눈에 띄지 않았지만 적어도 학문적으로는 가장 뛰어난 업적을 남긴 셈이었다. 그렇지만 머나먼 오지에서의 생활을 견디다 못한 남편 로드가 1979년 여름 그녀와 헤어져 캐나다로 돌아갔다. 몇 개월 후에는 둘 사이에 낳은 아들 빈티도 떠났다. 그녀가 캠프에 어미를 잃은 오랑우탄을 데려다 기르면서 아들을 제대로 챙기지 못하면서 벌어진 일이었다. 연달아 가족을 떠나보냈지만, 그녀는 여전히 오랑우탄 곁을 지켰다.

1981년 35살의 그녀는 다야크족 출신인 팍 보합과 결혼한다. 아예 인도네시아 원주민과 결혼을 해서 뿌리를 내린 것이다. 둘의 결혼으로 그녀는 정글을 잘 아는 유능한 사냥꾼인 다야크 족을 관찰자로 쓸 수 있었다. 그들은 몇 날 며칠 동안 오랑우탄의 뒤를 쫓으며 지켜봤다. 그들 덕분에 오랑우탄에 대한 비밀들이 차례차례 벗겨져 나갔다. 그녀가 현지에 뿌리를 내리고 굳건히 버틴 덕분에 유인원 중 가장 비밀에 싸여 있던 오랑우탄에 대한 연구가 진일보한 것이다.

물론 세 사람에 대한 긍정적인 시선만 존재하는 것은 아니다. 제인은 더는 침팬지를 살펴보지 않고, 강연회와 책 출간에만 열을 올린다는 비난이 따른다. 사망한 다이언 포시 역시 마운틴고릴라에 대한 광적인 집착과 밀렵꾼들에게 행한 폭력이 종종 도마 위에 오른다. 비루테 골디카스에게도 학문적 연구보다는 캠프에 돈을 받고 관광객을 유치하고, 여왕처럼 군림한다는 비판이 잇따른다.

하지만 그런 비난들이 모두 사실이라고 해도 어떤 동물학자가 수십 년 동안 자신의 고향을 떠나 숲 속, 혹은 정글 속에서 동물을 관찰하면서 보낼 수 있을까? 남편과 헤어지고, 자식과 이별하는 아픔을 감내하면서까지 동물과의 끈을 놓지 않을 만한 사람이 있을까? 비난은 종종 균형을 잃는다. 무언가를 하기 때문에 쏟아지는 비난은 종종 그 무언가가 없을 때의 불편함에 대해서는 쳐다보질 않는다.

제인 구달과 다이언 포시, 그리고 비루테 골디카스의 의지와 노력이 없었다면 우리는 인간과 같은 뿌리에서 나왔다고 믿어지는 유인원들에 대해서 아는 것이 없었을 것이다. 그녀들의 오랜 관찰과 연구가 동물 생태학과 심리학에 혁명적인 변화를 가져왔다는 점은 그 누구도 부인할 수 없다.

끝나지 않은 그녀의 발자취

제인 구달의 연구방식이 극심한 반발을 산 이유 중 하나는 당시 학계의 연구방식 때문이었다. 당시에는 우리에 가둔 채 관찰을 하는 것이 당시에 보편화된 방법이었다. 오스트리아의 동물학자 콘라드 로렌츠는 그에 반발해 자연 상태의 동물들을 관찰하는 방식을 취했다. 갓 태어난 오리 새끼가 먹이를 주는 그를 어미로 착각해서 졸졸 따라다닌 것은 그의 연구 성과를 바로 보여주는 사례였다. 그 역시 제인이 곰비 숲에서 침팬지들에게서 발견한 것처럼 동물들의 공격성을 발견하고 그에 대한 논문을 작성했다. 제인보다 한 발짝 앞선 그의 연구 결과는 침팬지들의 습성을 연구하는 데 중요한 사례가 되었다. 동물학에서 중요한 업적을 남긴 그는 1989년 2월 27일 눈을 감았다.

그녀의 정신적 스승이라고 할 수 있었던 루이스 리키 박사는 1972년 10월 1일 눈을 감았다.

2004년 영국은 그녀에게 제2급 영국 제국 훈장Dame commander of order of the British Empire, 약칭으로는 DBE을 수여했다. 따라서 그녀의 이름 앞에는 Dame(데임, 여사)이라는 존칭을 붙여야 한다.

◆ 참고문헌 ◆

로자 룩셈부르크

거름신서편집부, 《대중운동 세미나》, 거름, 1985
김경미, 〈로자 룩셈부르크(Rosa Luxemburg)의 민주주의적 사회주의에 대한 일고찰〉, 《한독사회과학논총》제15권 1호, 2005
김후, 《불멸의 여인들》, 청아출판사, 2009
데보라 G. 펠더, 《세계사를 바꾼 여성들》, 에디터, 1998
로자 룩셈부르크, 《러시아 혁명 레닌주의냐 마르크스주의냐(두레문고 8)》, 두레, 1989
로자 룩셈부르크, 《룩셈부르크주의: 로자 룩셈부르크 정치저작집》, 풀무질, 2002
로자 룩셈부르크, 《사회 개혁이냐 혁명이냐》, 책세상, 2002
로자 룩셈부르크, 《자유로운 영혼 로자 룩셈부르크》, 예담, 2001
마리아 자이데만, 《나는 지배받지 않는다: 어느 여성 혁명가의 사랑과 투쟁》, 푸른나무, 2002
막스 갈로, 《로자 룩셈부르크 평전》, 푸른숲, 2002
바르바라 지히터만, 《여성: 세상을 움직인 절반의 힘, 위대한 여성 50》, 해냄, 2001
안성일, 《혁명에 배반당한 비운의 혁명가들》, 선인, 2004
윤동렬, 《獨逸社會民主黨의 政策理念과 政治路線 轉換》, 東亞大學校 政策科學大學院, 1999
이갑영, 《로자 룩셈부르크의 재인식을 위하여》, 한울, 1993
이갑영, 〈로자 룩셈부르크의 유산〉, 《동향과 전망》제32집, 1996
이갑영, 〈로자 룩셈부르크의 자발성과 평의회운동〉, 《동향과 전망》no.77, 2009
임지현, 〈포스트 맑스주의의 로자 룩셈부르크 읽기〉, 《역사비평》통권57호, 2001
장귀연, 〈교육문화 비평: 혁명과 혁명가에 대한 두 가지 해석〉, 《교육비평》제4집, 2001
장석준, 《혁명을 꿈꾼 시대: 육성으로 듣는 열정의 20세기》, 살림, 2007
주정립, 〈로자 룩셈부르크의 현재성: 임지현의 '로자 읽기' 비판〉, 《역사비평》통권60호, 2002
차문석, 《로자 룩셈부르크의 자발성이론에 관한 하나의 해석》, 성균관대학교, 1993
최순영, 〈로자 룩셈부르크〉, 《진보평론》제12호, 2002
토니 클리프, 《로자 룩셈부르크》, 북막스, 2001
헬무트 히르슈, 《로자 룩셈부르크》, 한길사, 1997

홍헌표, 《로자 룩셈부르크의 민족주의관 연구》, 서울大學校 大學院, 1990
황진성, 《독일 사회민주주의의 사회주의 이행론에 관한 일 연구: 베른슈타인과 카우츠키, 로자 룩셈부르크를 중심으로》, 서울大學校, 1991
효교정일, 《영원한 여성 로자 룩셈부르크: 생애, 사상, 편지》, 여래, 1983

신문기사
독일 여성 혁명가 로자 90년 만에 시신 발견, 〈경향신문〉, 2009-05-31
"로자 룩셈부르크 시신 90년 만에 발견" 엉뚱한 묘 조성해 논란, 〈한국일보〉, 2009-06-01
로자 룩셈부르크 시신 미스터리 밝혀지나, 〈연합뉴스〉, 2009-07-20

마가라테 폰 트로타 감독, 〈로자 룩셈부르크〉, 1986, 제6회 서울여성영화제 상영작

http://www.marxists.org/archive/cliff/works/1959/rosalux/index.htm
http://www.rosalux.de/cms/index.php?id=rosaluxemburg

이사도라 던컨

김정미, 《역사를 이끈 아름다운 여인들》, 눈과마음, 2005
김후, 《불멸의 여인들》, 청아출판사, 2009
바버라 캐디, 《아이콘: 차이를 만들어낸 200인의 얼굴》, 거름, 2006
신중신, 《예술가의 삶과 사랑》, 문학세계사, 1989
이사도라 던컨, 《맨발의 이사도라》, 오늘, 1992
이사도라 던컨, 《이사도라 던컨》, 경당, 2003
정의숙, 《몸짓의 빛 그 한순간의 자유》, 성균관대학교 출판부, 2004
프레데릭 꾸데르끄, 《이사도라 던컨: 프레데릭 꾸데르끄 장편소설》, 현대문학, 2005
피터 커스, 《이사도라 던컨, 매혹적인 삶》1-2, 홍익, 2003
황정, 이다, 《세기의 이슈메이커 여자》, 눈과마음, 2007

KBS, 〈KBS 문화다큐100선: 신발을 벗고 자유를 입은 여자-이사도라 던컨〉, KBS, 2000

http://isadoraduncan.net
http://www.sfmuseum.org/bio/isadora.html

헬렌 켈러

강은지, 〈(헬렌 켈러는 사회주의자)사회주의자 헬렌 켈러, 역사에서 사라진 시간들〉,
    《민족21》No.7, 2001, pp.118~121
데보라 G. 펠더, 《세계사를 바꾼 여성들》, 에디터, 1998
도로시 허먼, 《헬렌 켈러: A life》, 미다스북스, 2003
마가렛 데이비슨, 《헬렌 켈러의 위대한 스승 애니 설리번》, 동쪽나라, 2006
윤재설, 《세계의 사회주의자들: 교과서도 위인전도 알려 주지 않는》, 펜타그램, 2009
이용우, 《헬렌 켈러 앨범》, 부산구화학교, 1995
장석준, 《혁명을 꿈꾼 시대》, 살림, 2007
제임스 W. 로웬, 《미국의 거짓말: 미국은 역사를 어떻게 왜곡해 왔는가》, 갑인공방,
    2005
헬렌 켈러, 《나는 신비주의자입니다: 헬렌 켈러의 신앙고백》, 옛오늘, 2001
헬렌 켈러, 《나의 스승 설리번》, 문예출판, 2009
헬렌 켈러, 《헬렌 켈러 자서전》, 산해, 2008

http://en.wikipedia.org/wiki/Helen_Keller
http://ko.wikipedia.org/wiki/%ED%97%AC%EB%A0%8C_%EC%BC%88%EB%9F%AC
http://www.helenkellerbirthplace.org/
http://www.minjog21.com

코코 샤넬

김홍기, 《샤넬, 미술관에 가다: 미술 속 패션 이야기》, 미술문화, 2008
데보라 G. 펠더, 《세계사를 바꾼 여성들》, 에디터, 1998
바르바라 지히터만, 《여성: 세상을 움직인 절반의 힘, 위대한 여성 50》, 해냄, 2001
앙리 지델, 《코코 샤넬: 현대 여성의 스타일에 영원한 마법을 걸어 놓은 열정의 디자이
    너》, 작가정신, 2008
이신조, 《패션의 여왕 코코 샤넬》, 이룸, 2003
최경원, 《Great Designer 10: 20세기 위대한 디자이너 10인의 삶과 열정》, 길벗, 2007
카타리나 칠코프스키, 《코코 샤넬: 내가 곧 스타일이다》, 솔, 2005
폴 모랑, 《코코 샤넬》, 대륙, 1991

KBS 미디어, 《(TV 문화기행)패션으로 세상을 바꾼 혁명가 코코 샤넬》, 1999
앤 폰테인 감독, 〈코코 샤넬〉, 2009

애거서 크리스티

그웬 로빈스, 《애거서 크리스티의 비밀》, 해문출판사, 1990
김정미, 《역사를 이끈 아름다운 여인들》, 눈과마음, 2005
김진애, 《남녀열전: 파트너일까, 라이벌일까》, 샘터, 2005
로사 몬떼로, 《시대를 앞서간 여자들의 거짓과 비극의 역사: 조르주 상드에서 애거서 크
    리스티까지》, 작가정신, 2000
수잔 캔들, 《그리고 제인 마플이 죽었다: 애거서 크리스티, 그녀의 기억에서 영원히 사
    라진 이야기》, 지식의 숲, 2008
앤드류 노먼, 《애거서 크리스티: 완성된 초상》, 끌림, 2008

http://www.agathachristie.com/

아멜리아 에어하트

데이비드 사우스웰, 《미궁에 빠진 세계사의 100대 음모론》, 이마고, 2007
박정희, 《아멜리아 에어하트》, 아이세움, 2002
이병철, 《참 아름다운 도전》, 명상, 2001
프랜신 세이빈, 《아멜리아 에어하트: 꿈과 열정으로 하늘을 난 소녀 이야기》, 다산기획,
    2009

http://navercast.naver.com/worldcelebrity/history/721
http://tighar.org/
http://www.janesoceania.com/oceania_amelia_earhart/index.htm
http://www.ameliaearhart.com/

레니 리펜슈탈

기이 고티에, 《다큐멘터리, 또 하나의 영화》, 커뮤니케이션북스, 2006
김정미, 《역사를 이끈 아름다운 여인들》, 눈과마음, 2005
김진애, 《남녀열전: 파트너일까, 라이벌일까》, 샘터, 2005
니콜라우스 슈뢰더, 《영화》, 해냄, 2001
데보라 G. 펠더, 《세계사를 바꾼 여성들》, 에디터, 1998
마르크 페로, 《역사와 영화》, 까치글방, 1999
마이클 래비거, 《다큐멘터리》, 지호, 1997
안나 마리아 지그문트, 《영혼을 저당잡힌 히틀러의 여인들》, 청년정신, 2001
야마다 카즈오, 《영화가 시대를 말한다》, 한울, 1998
오드리 설킬드, 《레니 리펜슈탈: 금지된 열정》, 마티, 2006
이경기, 《세계 영화계를 뒤흔든 100대 사건: 영화 탄생에서부터 21세기 미래 영화계 청
        사진까지》, 우리문학사, 1995
이병철, 《참 아름다운 도전 1: 세상을 뒤바꾼 여성들 이야기》, 휴먼비전, 2008
정명섭, 《연인, the lovers》, 청아출판사, 2009
한나래 편집부, 《필름 컬쳐 2》, 한나래, 1999

레니 리펜슈탈, 〈올림피아〉 제1, 2부, 피디엔터테인먼트, 2008
레니 리펜슈탈, 〈의지의 승리〉, 피터팬픽쳐스, 2006

http://www.leni-riefenstahl.de

프리다 칼로

강태진, 《열정을 살다간 스페인 중남미 여성》, 대구가톨릭대학교출판부, 2007
김지애, 《프리다 칼로의 삶과 작품에 대한 고찰》, 제주대학교 교육대학원, 2007
데보라 G. 펠더, 《세계사를 바꾼 여성들》, 에디터, 1998
로다 자미, 《프리다 칼로: 사랑과 열정의 여자》, 산호출판사, 1992
로사 몬떼로, 《시대를 앞서간 여자들의 거짓과 비극의 역사: 조르주 상드에서 애거서 크
        리스티까지》, 작가정신, 2000
르 클레지오, 《프리다 칼로 & 디에고 리베라》, 다빈치, 2008
미술사연구회, 《20세기의 서양미술》, 조형교육, 2001

바버라 캐디, 《아이콘: 차이를 만들어낸 200인의 얼굴》, 거름, 2006
반나 체르체나, 《프리다 칼로: 사랑과 고통을 화폭에 담은 화가》, 대한교과서, 2006
살레안 마이발트, 《나체화의 역사: 여성화가들이 그린》, 다른우리, 2002
서지형, 《속미음을 들킨 위대한 예술가들》, 시공사, 2006
신혜순, 《여성의 모성 원형 이론에 의한 프리다 칼로 자화상 해석》, 원광대학교 대학원,
　　2008
심은실, 《프리다 칼로(Frida Kahlo)의 여성성 연구》, 경희대학교, 2009
안드레아 케텐만, 《프리다 칼로》, 마로니에북스, 2005
윤영순, 〈프리다 칼로와 욕망의 추구〉, 《西語西文研究》no.33, 2004
윤현주, 《지식 갤러리: 젊음을 위한 교양》, 스타북스, 2008
이미정, 《프리다 칼로(Frida Kahlo)의 자화상에 관한 연구》, 이화여자대학교 교육대학
　　원, 1997
이유리, 《세상을 바꾼 예술 작품들: 베토벤보다 불온하고 프리다 칼로보다 치열하게》,
　　시대의창, 2009
정금희, 《프리다 칼로와 나혜석, 그리고 까미유 끌로델》, 재원, 2003
크리스티나 버루스, 《프리다 칼로: 나는 나의 현실을 그린다》, 시공사, 2009
크리스티나 하베를리크, 《여성예술가》, 해냄, 2003
클라우디아 바우어, 《프리다 칼로》, 예경, 2007
택지구지, 《화가의 아내: 위대한 예술을 내조한 화가들의 아내 이야기》, 아트북스, 2006
토마스 쾨스터, 《우리가 알아야 할 예술가 50》, 세미콜론, 2008
톰 존슨, 《세계 명화 속 현대 미술 읽기》, 마로니에북스, 2009
프리다 칼로, 《나, 프리다 칼로: 프리다 칼로의 편지와 자화상들》, 다빈치, 2004
프리다 칼로, 《프리다 칼로》, 재원, 2003
함정임, 《나를 사로잡은 그녀, 그녀들》, 이마고, 2004
헤이든 헤레라, 《프리다 칼로》, 민음사, 2003
황영옥, 《사랑과 고통을 그린화가 프리다 칼로》, 이룸, 2005

죠피 숄

김홍식, 《세상의 모든 지식》, 서해문집, 2007
바바라 라이스너, 《조피 숄 평전: 백장미, 아무도 미워하지 않는 자의 죽음》, 강, 2005
잉게 숄, 《백장미의 수기》, 범우사, 2002
잉게 숄, 《아무도 미워하지 않는 자의 죽음》, 푸른나무, 2003

한스 할터, 《유언》, 말글빛냄, 2007

http://en.wikipedia.org/wiki/Sophie_Scholl
http://www.holocaustresearchproject.org/revolt/scholl.html
http://www.jewishvirtuallibrary.org/jsource/Holocaust/rose.html
http://www.raoulwallenberg.net/?en/holocaust/articles/sophie-scholl-white-rose.2786.htm
http://www.shoaheducation.com/whiterose.html
http://www.spartacus.schoolnet.co.uk/GERschollS.htm

제인 구달

고든 토마스, 《세계사를 바꾼 여성들》, 에디터, 1998
다이앤 포시, 《안개 속의 고릴라》, 승산, 2007
달렌 스틸, 《시대를 뛰어넘은 여성과학자들》, 양문, 2008
마츠자와 데츠로, 《공부하는 침팬지 아이와 아유무》, 궁리, 2003
마크 베코프, 《동물의 감정: 동물의 마음과 생각 엿보기》, 시그마북스, 2008
사이 몽고메리, 《유인원과의 산책》, 다빈치, 2001
제인 구달, 《인간의 그늘에서: 제인 구달의 침팬지 이야기》, 사이언스북스, 2001
제인 구달, 《인간의 위대한 스승들》, 바이북스, 2009
제인 구달, 《제인 구달: 침팬지와 함께한 나의 인생 》, 사이언스북스, 2005
제인 구달, 《희망의 밥상》, 사이언스북스, 2006
제인 구달, 《희망의 이유》, 궁리, 2003
진주현, 《제인 구달 & 루이스 리키: 인간과 유인원, 경계에서 만나다》, 김영사, 2008
프란스 드 발, 《침팬지 폴리틱스: 권력 투쟁의 동물적 기원》, 바다출판사, 2004

http://www.janegoodall.org/
http://www.lessonsforhope.org/